SAVEURS DES MERS

SAVEURS DES MERS

KÖNEMANN

Published by Murdoch Books® a division of Murdoch Magazines Pty Ltd,
GPO Box 1203, Sydney NSW 1045`

Series Editor: Wendy Stephen
Managing Editor: Jane Price
Designer: Wing Ping Tong
Design Concept: Marylouise Brammer
Managing Food Editor: Kathy Knudsen
Food Director: Jody Vassallo
Seafood Consultant: Con Nemitsas, Demcos Seafoods Pty Ltd, Sydney NSW
Photographers (cover and special features): Chris Jones, Lyndsay Ross, Howard Shooter
Stylist (cover and special features): Mary Harris
Stylist's Assistants (cover and special features): Jane Hann, Briget Palmer, Justine Poole
Indexer: Russell Brooks
Picture Librarian: Annette Irish

Titre original : *The Essential Seafood Cookbook*

Traduction de l'anglais : Annick de Scriba et Sylvie Fontaine
Réalisation : Bookmaker, Paris
PAO : Elisabeth Fally
Lecture : Roxanne Camporeale
Fabrication : Ursula Schümer
Impression et reliure : Leefung Asco Printers Ltd.
Imprimé à Hong Kong, Chine

ISBN : 3-8290-3999-9
10 9 8 7 6 5 4 3 2 1

NOTRE SYSTÈME D'ÉTOILES

Lorsque nous testons les recettes, nous leur attribuons des étoiles en fonction de la facilité de leur préparation.

★ Une seule étoile indique une recette simple et généralement rapide à préparer, idéale pour les débutants.

★ ★ Deux étoiles indiquent qu'il faut juste un peu plus de soin, ou de temps.

★ ★ ★ Trois étoiles indiquent des plats particuliers nécessitant davantage de temps, de soin et de patience. Mais les résultats en valent la peine. Même les débutants peuvent les réaliser, à condition de suivre attentivement la recette.

SAVEURS DES MERS

Des croquettes de crabe d'un café-restaurant de New York aux moules marinière d'un bistrot français, en passant par *le* fish and chips vendu sur un front de mer balayé par les vents, poissons et fruits de mer se dégustent aux quatre coins du monde. Les aliments du jeûne ont gagné leurs lettres de noblesse. De nos jours, le caviar est devenu l'une des denrées les plus chères, et les mets de poisson et de crustacés sont proposés dans les meilleurs restaurants. Appréciés pour leurs vertus gastronomiques et diététiques, les saveurs de la mer ne cessent de gagner en popularité. Alors, pourquoi s'en priver !

SOMMAIRE

PAGES THÉMATIQUES

TOUT SUR LES POISSONS ET LES FRUITS DE MER

Cet ouvrage souhaite vous guider dans la préparation et la cuisson des poissons et des fruits de mer. Ceux-ci sont considérés à tort comme « difficiles à cuisiner », parce qu'ils nécessitent, dans certains cas, une préparation délicate. Bien que leur cuisson soit le plus souvent rapide, plus d'une cuisinière recule devant une tâche décourageante en apparence. Les modes de cuisson sont identiques à ceux de la viande, mais le poisson se « défait », notamment, plus rapidement au contact de la chaleur. Et, pour ajouter à ces « tracas », bien des espèces possèdent plusieurs noms, ce qui prête souvent à confusion. Nous avons tenu compte de ces deux problèmes pour que chacun ait envie de « se lancer » dans la préparation de ces produits variés.

Vous trouverez donc un glossaire illustré de ces produits. Bien entendu, nous ne pouvions les représenter tous et n'avons retenu que les plus courants dans le monde, en indiquant leurs différents noms. Ce glossaire indique, par ailleurs, les modes de cuisson les plus adaptés pour chacun, certains se cuisant de plusieurs façons. Les filets de poisson, par exemple, peuvent être poêlés, panés et cuits en pleine friture, pochés, étuvés et employés, hachés, dans des pâtés, des terrines ou des croquettes. D'autres, de par leur saveur et leur texture, connaissent un nombre d'apprêts plus limité.

Dans le chapitre consacré à la préparation (pages 24 à 31), nous expliquons comment nettoyer et préparer les fruits de mer et les poissons avant de les faire cuire, mais également comment servir un poisson entier. Si l'idée de lever des filets ou de préparer un calmar ne vous enthousiasme guère, adressez-vous à votre poissonnier : il s'en chargera après vous avoir recommandé les variétés locales de poisson ou de crustacé qui conviendront le mieux à la recette que vous avez choisie.

Au sein même des recettes, nous avons indiqué des produits de remplacement au cas où tel ou tel produit ne serait pas disponible.

CHAIR FERME OU TENDRE ? GRASSE OU MAIGRE ?

Il existe bien des façons de différencier les types de poissons : d'eau de mer ou d'eau douce, d'eau froide ou d'eau chaude, plats ou ronds. En matière culinaire, les principaux termes employés sont : chair ferme, tendre, grasse et maigre.

Chair ferme : elle est relativement solide, se tient et résiste à la plupart des modes de cuisson.

Couleur et saveur :

Une chair de couleur pâle indique le plus souvent une saveur plus délicate. Les poissons d'eau douce sont généralement de saveur douce ; quelques-uns ont un goût plus fort et légèrement vaseux parfois.

Chair grasse : la matière grasse des poissons gras est dispersée dans toute la chair. La plupart des poissons blancs sont moins gras, car ils la stockent dans leur foie.

FRAÎCHEUR

Qui ignore que les poissons ou les fruits de mer doivent être de toute fraîcheur à l'achat ? Mais, s'ils ne sentent pas mauvais, comment savoir s'ils sont frais ? Les produits de la mer sont divisés en trois catégories (poissons, crustacés et coquillages) dont chacune possède ses propres caractéristiques de fraîcheur.

Poisson entier :

- Les yeux doivent être clairs, brillants et bombés (éviter les poissons aux yeux vitreux).
- La peau et la chair doivent être luisantes et fermes au toucher. Si l'on peut recourber un poisson au point que sa tête touche sa queue, c'est qu'il n'est plus dans sa première fraîcheur.
- La queue des poissons doit être humide, flexible et non desséchée.
- Les écailles des poissons qui en possèdent doivent être bien réparties, fermes et intactes.
- Les branchies doivent être brillantes (rouge vif à rouge sombre selon l'espèce).

Filets/darnes de poisson :

- La chair doit être humide, sans être détrempée, lustrée et sans trace de décoloration.

• Le bord des poissons en morceaux ne doit pas être desséché.

CRUSTACÉS (crevettes, crabes, langoustes, cigales de mer, écrevisses) :
• Ils ne doivent présenter ni décoloration ni trace noire, surtout au niveau des articulations (pinces, têtes, etc.).
• Les coffres, pinces, pattes, etc., doivent être intacts, et aucune patte ou pince ne doit manquer.
• Les coffres ne doivent pas contenir de liquide et doivent être lourds par rapport à leur taille.

CRUSTACÉS VIVANTS :
• Ils doivent encore bouger. Les pattes et les pinces doivent être intactes et ne pas manquer.
• Les étrilles doivent rester ficelées jusqu'à ce qu'elles soient cuites.
Tous les crustacés doivent être lourds par rapport à leur taille. Ils muent en grandissant et, au bout de 4 mois, se constituent une nouvelle carapace. S'ils semblent légers, c'est qu'ils sont en cours de croissance et leur chair sera aqueuse.

MOLLUSQUES (invertébrés à corps mou non segmenté, possédant souvent une coquille) :
Gastéropodes (une coquille) : bigorneau, bulot, etc.
Bivalves (deux coquilles) : moule, huître, coquille Saint-Jacques, etc :
• La coquille doit être fermée ou se fermer lorsqu'on la cogne sur une surface. Elle doit être intacte et lustrée et la chair ferme et « charnue ».
Céphalopodes (poulpe, calmar, seiche) :
• La chair doit être ferme et élastique et se rétracter lorsqu'on la touche.
• Toutes les parties doivent être intactes.

CONSERVATION

RÉFRIGÉRATION

POISSON ENTIER : écailler, vider, nettoyer, rincer sous l'eau froide et essuyer pour éliminer toute écaille ou trace de boyau (ou demander au poissonnier de s'en charger). Le mettre dans un récipient couvert (ou un sac plastique) et le placer dans la partie la plus froide du réfrigérateur. Utiliser dans les 2 à 3 jours suivant l'achat.
CRUSTACÉS ET COQUILLAGES : envelopper les grands crustacés (langouste, crabe, etc.) d'aluminium ménager et les placer dans un récipient ou sur une assiette. Tous les autres crustacés peuvent être conservés dans un récipient couvert ou dans un sac à congélation, sur une assiette, dans la partie la plus froide du réfrigérateur, et s'emploient dans les 2 à 3 jours. Les crustacés et coquillages vivants se conservent 1 à 2 jours. Pour conserver vivants les moules, les flions et les écrevisses, les mettre dans un seau d'eau, le couvrir d'un linge humide et le placer dans l'endroit le plus froid de la maison, à l'abri du soleil. Par temps chaud, ils se conservent jusqu'à 3 jours au réfrigérateur.

CONGÉLATION

Idéalement, les produits de la mer se consomment frais. Mais, lorsqu'on les a pêchés soi-même ou qu'ils sont parfaitement frais, on peut les congeler. Veiller à ce que ceux achetés dans le commerce n'aient pas été déjà surgelés puis décongelés. Étiqueter les sacs de congélation, sans oublier la date. Les fruits de mer se décongèlent toujours au réfrigérateur. Certains, comme les filets de poisson, les calmars et les crevettes peuvent être cuits encore congelés. Ne jamais recongeler.
FILETS ET DARNES DE POISSON : écailler, nettoyer, vider, rincer sous l'eau froide, essuyer à l'aide de papier absorbant et congeler dans un sac hermétique. Les poissons entiers se conservent jusqu'à 6 mois (3 mois seulement pour les poissons gras comme le thon, le mulet, le saumon de l'Atlantique et les sardines). Les filets et les darnes se conservent jusqu'à 3 mois, en plus petites quantités, dans des sacs.
CREVETTES : les mettre non décortiquées dans un récipient en plastique et les couvrir d'eau : elles seront isolées par le bloc de glace qui va se former. Elles se conservent jusqu'à 3 mois et se décongèlent en une nuit au réfrigérateur.
AUTRES CRUSTACÉS ET COQUILLAGES : ils se congèlent tous jusqu'à 3 mois. Pour les manipuler plus facilement, envelopper les gros crustacés d'aluminium ménager et les mettre dans un sac hermétique avant de les placer au congélateur. Le poulpe, le calmar et la seiche doivent être vidés avant congélation et se conservent jusqu'à 3 mois. Les huîtres ne doivent jamais être congelées.

CI-DESSUS : Crabe farci (page 95)

QUELQUES MOTS SUR LA CUISSON

Trop cuits, les fruits de mer se dessèchent, durcissent et deviennent caoutchouteux. On les ôte du feu à peine cuits, et la chaleur interne achève le processus de cuisson. Mais comment savoir quel est le bon moment ? Pour la plupart, c'est lorsqu'ils perdent leur transparence et deviennent opaques. Le poisson est cuit lorsqu'il commence à se détacher de l'arête centrale. Mais certains, comme le thon et le saumon de l'Atlantique, sont meilleurs lorsque la chair reste rose à l'arête, à la manière d'un steak.

Les filets de poisson sont largement utilisés dans cet ouvrage du fait de leurs multiples emplois. Il faut les faire cuire le plus vite possible après leur préparation ou leur achat, sinon ils risquent de se dessécher.

Les coquillages se mangent crus ou légèrement cuits. On peut les ouvrir vivants, en tranchant le muscle reliant les coquilles, ou à la vapeur. S'ils sont trop cuits, la chair devient dure.

Les petits poulpes peuvent être frits, cuits au barbecue ou grillés, mais les plus grands doivent d'abord être attendris par le poissonnier, puis longuement mijotés. Lorsqu'ils sont attendris, les tentacules se recourbent.

Les petits calmars et seiches sont délicieux frits, et leur corps est idéal à farcir. Les plus gros doivent mijoter longtemps.

DIFFÉRENTS MODES DE CUISSON

Pocher : cela consiste à cuire un aliment dans un liquide légèrement frémissant, sur la cuisinière ou au four, et permet aux poissons, surtout à chair ferme, ou aux coquillages de rester humides. L'eau salée convient, mais un court-bouillon ou un fumet de poisson rehaussent les saveurs. On peut pocher un poisson entier, des filets ou des darnes. Les poissons à chair délicate et à saveur douce, comme le merlan, sont meilleurs pochés dans un court-bouillon ou un fumet de poisson. Pour le pochage des poissons de grande taille, comme le

saumon, une poissonnière est indispensable. Les calmars et les crustacés comme la langouste et le crabe, ainsi que les coquillages comme les moules et les palourdes, peuvent également être pochés.

La cuisson à la vapeur, autre cuisson douce, convient à presque tous les types de poissons (filets à chair blanche, darnes, tranches et petits poissons entiers) et de coquillages (moules, crabes, Saint-Jacques, crevettes), mais encore plus aux poissons délicats et aux coquillages, surtout les moules. Les bivalves comme les moules sont ouverts à feu vif dans un fond de vin ou de liquide. Les autres doi-

vent cuire au-dessus et non dans le liquide frémissant, qui peut être de l'eau, du bouillon, un court-bouillon ou du vin blanc. Ne nécessitant aucune matière grasse, la cuisson à la vapeur rend les aliments très digestes. Pour ajouter de la saveur, le poisson doit être assaisonné avant la cuisson ou cuire sur un lit d'herbes aromatiques ou de légumes.

La cuisson au four d'un poisson entier est le plus simple mode de cuisson. Le poisson peut cuire dans du liquide ou au-dessus, ce qui remplace le pochage et la cuisson à la vapeur. La température du four

doit être comprise entre 170 °C et 190 °C et le poisson ne se desséchera pas s'il est placé sur des légumes d'une haute teneur en eau. C'est la cuisson idéale pour l'églefin, le bar, la brème et la dorade.

La cuisson au gril et au barbecue implique une chaleur intense, le préchauffage étant essentiel. Elle convient aux tranches et aux darnes de gros poissons gras comme le saumon, aux petits poissons entiers comme le rouget et aux poissons à chair ferme. Si le poisson a plus de 5 cm d'épaisseur, il sera trop cuit à l'extérieur et pas assez à l'intérieur. Pour une cuisson uniforme, il doit demeurer à température ambiante avant d'être posé sur le gril ou le barbecue. Mieux vaut faire mariner

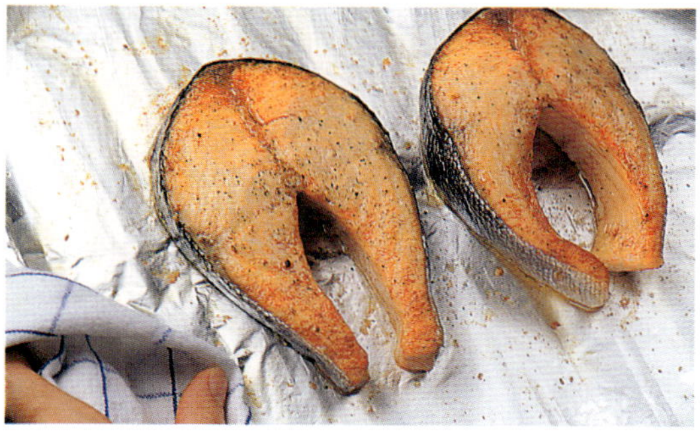

les poissons maigres pour qu'ils ne se dessèchent pas, ou les arroser de beurre ou d'huile pendant la cuisson ; on peut aussi les envelopper d'aluminium ménager afin qu'ils cuisent à la vapeur dans leur propre jus.

La cuisson en cocotte consiste à faire cuire peu de temps de gros morceaux de poisson et des crustacés dans une grande quantité de liquide. La majorité des poissons conviennent, qu'ils aient

une chair délicate comme le saint-pierre ou ferme comme le bar. Il faut éviter de mélanger dans les ragoûts des poissons gras à forte saveur, comme le maquereau et le hareng, qui domineraient les autres fruits de mer. Les moules, les crevettes et la langouste sont délicieuses ajoutées à ces ragoûts.

La cuisson en pleine friture de poisson pané ou enrobé de pâte se fait dans une sauteuse remplie aux deux tiers d'huile (d'arachide ou de maïs) chauffée entre 180 et 190 °C. Les aliments étant exposés à une chaleur presque deux fois plus forte que celle de l'eau bouillante, ils doivent être enrobés : l'enrobage devient croustillant et doré mais la chair reste tendre. À défaut d'enrobage, l'humidité s'échappera et la chair sera trop cuite et desséchée. Les tout petits poissons entiers comme les équilles conviennent le mieux. Les autres tendent à sécher et à ne pas cuire à l'intérieur.

Le rissolage consiste à rouler le poisson dans la farine et à le cuire sur une seule couche dans de l'huile ou du beurre, si possible clarifié, très chauds. La farine forme une croûte dorée et isole

le poisson qui n'attache pas à la poêle. Cette méthode convient aux poissons à chair blanche et ferme, aux filets de poissons plats, aux poissons entiers de taille moyenne, aux darnes et aux tranches. Cuire les filets épais à feu vif des deux côtés jusqu'à la formation d'une croûte dorée, puis réduire le feu pour cuire le centre.

Le poêlage, simple et rapide, consiste à cuire les aliments dans l'huile sur feu vif, dans un wok ou une poêle. Ils sont cuits en plusieurs fournées pour que la température du wok ou de la poêle ne baisse pas.

En fin de cuisson, on réchauffe tous les aliments ensemble dans le wok. Cette méthode convient surtout aux poissons à chair ferme, aux crevettes, au calmar et à la seiche.

GLOSSAIRE

Parmi les centaines de variétés de poissons et de fruits de mer pêchées dans le monde, voici les plus courantes. Nous avons indiqué le type de chair et les méthodes de cuisson possibles. Les dimensions sont données à titre indicatif.

ANCHOIS (8-15 cm)
CUISSON : four, barbecue, gril, poêle
CHAIR : tendre, grasse ; saveur forte

BARRAMUNDA AUSTRALIEN (60-120 cm)
CUISSON : four, barbecue, gril, poêle, pochage, vapeur
CHAIR : ferme, blanche ; saveur douce

BLUE EYE (55-90 cm)
CUISSON : four, barbecue, poêle, pochage, vapeur
CHAIR : ferme, blanche ; saveur douce

BONITE (35-60 cm)
CUISSON : barbecue, gril, poêle
CHAIR : ferme ; saveur douce

PAGEOT (20-40 cm)
AUTRES NOMS : pageau, rousseau
CUISSON : four, barbecue, gril, poêle, pochage
CHAIR : tendre, blanche ; saveur douce

CARPE (35-60 cm)
CUISSON : four, poêle, pochage, vapeur
CHAIR : ferme ; saveur sucrée, peut être vaseuse

CABILLAUD (40-90 cm)
CUISSON : four, barbecue, gril, poêle,
pochage, vapeur
CHAIR : ferme, blanche ; saveur sucrée

MORUE DE MURRAY (40-60 cm)
CUISSON : four, barbecue, gril, poêle, pochage,
vapeur
CHAIR : ferme, blanche ; saveur douce

MORUE SALÉE (30-40 cm)
CUISSON : faire dessaler une nuit, cocotte,
ragoût, four, croquettes, purée (brandade)
CHAIR : ferme ; saveur distincte, salée

ORUE FUMÉE (non cuite)
5-30 cm)
UISSON : four, gril, poêle, pochage, vapeur
HAIR : ferme, s'effeuille en gros morceaux ;
veur fumée

LIEU NOIR (40-90 cm)
CUISSON : cocotte, friture,
poêle, soupe
CHAIR : tendre, blanche

MANDE (15 cm)
UISSON : barbecue, gril, poêle,
chage, vapeur
HAIR : blanche ; saveur délicate
sucrée

BARBUE DE RIVIÈRE (30-60 cm)
CUISSON : four, barbecue, friture, gril, vapeur
CHAIR : ferme, maigre, blanche ; saveur douce et
sucrée

FLET (25-30 cm)
Cuisson : four, barbecue, gril, pochage
Chair : blanche, tendre ; saveur délicate

ORPHIE (30-35 cm)
Autres noms : bécassine, bécasse de mer, aiguille de mer, aiguillette
Cuisson : four, barbecue, gril, poêle, pochage
Chair : tendre, fine, blanche ; saveur délicate et sucrée

ESCOLIER ROYAL (60-90 cm)
Cuisson : four, barbecue, gril, poêle, pochage
Chair : ferme ; saveur douce

MÉROU (80-120 cm)
Autre nom : cernier
Cuisson : four, barbecue, gril, poêle, pochage, vapeur
Chair : ferme ; saveur douce

ÉGLEFIN (60 cm)
Autre nom : aiglefin
Cuisson : barbecue, gril, poêle, fumage (haddock), salage
Chair : tendre, blanche ; souvent fumé

COLIN (60 cm)
Autres noms : merlu, merluche
Cuisson : four, barbecue, gril, poêle, pochage, vapeur
Chair : blanche, texture délicate ; saveur douce

LÉTAN (3-4 m)
UISSON : four, pochage, fumage
HAIR : ferme, blanche, maigre ; saveur
élicate

HARENG (18-40 cm)
CUISSON : four, barbecue, cocotte, gril, poêle
CHAIR : tendre, grasse ; saveur forte

AIGRE (30-120 cm)
UTRES NOMS : courbine, haut-bar, sciène
UISSON : four (à couvert), gril ou barbecue
rroser fréquemment)
CHAIR : ferme, blanche, peut être maigre ; saveur douce

SAINT-PIERRE (30-45 cm)
AUTRES NOMS : jean-doré, zée
CUISSON : four, barbecue, friture, gril, poêle, pochage, vapeur
CHAIR : fine, ferme, blanche ; saveur douce

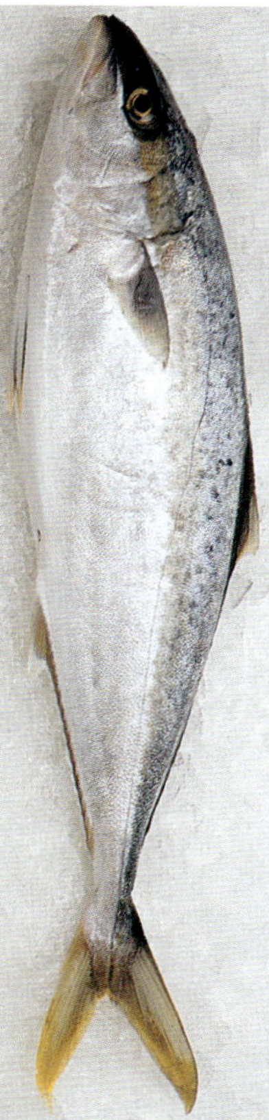

AQUEREAU BONITE (60-120 cm)
UISSON : four, cocotte, poêle, pochage,
peur ; sashimi (cru)
HAIR : grasse, ferme, blanche et foncée,
xture délicate ; saveur délicate, les plus gros
t une saveur plus marquée

LEATHERJACKET (35 cm)
CUISSON : four, barbecue, gril, poêle, pochage, vapeur
CHAIR : ferme, blanche ; saveur très douce

LIMANDE-SOLE (50 cm)
CUISSON : barbecue, gril, poêle
CHAIR : blanche, texture délicate ; saveur douce et délicate

LINGUE (90-100 cm)
AUTRE NOM : julienne
CUISSON : four, barbecue, gril, poêle, pochage, vapeur
CHAIR : ferme, blanche, humide, s'effeuille en gros morceaux ; saveur douce

MAQUEREAU (55-120 cm)
CUISSON : four, barbecue, poêle
CHAIR : ferme, blanche et foncée, grasse ; saveur forte et distincte

MAQUEREAU FUMÉ (30-40 cm)
CHAIR : rosée ; saveur légèrement fumée

DORADE CORYPHÈNE (1,5-1,8 m)
AUTRES NOMS : mahi mai
CUISSON : four, barbecue, gril, poêle, pochage
CHAIR : ferme, blanche ; saveur douce

LOTTE (30-120 cm)
AUTRES NOMS : baudroie, crapaud, diable de mer
CUISSON : four, barbecue, gril, poêle, pochage
CHAIR : ferme, blanche, charnue ; saveur douce

MULET (30-45 cm)
AUTRE NOM : muge
CUISSON : four, barbecue, gril, poêle
CHAIR : rose, grasse ; saveur forte

ORANGE ROUGHY (35-50 cm)
CUISSON : four, barbecue, friture, gril, poêle, pochage, vapeur
CHAIR : ferme, blanche ; saveur douce

ERRAN (20-30 cm)
UTRE NOM : perche de mer
CUISSON : gril, poêle, pochage, vapeur
CHAIR : ferme, blanche ; saveur délicate

BROCHET (80-90 cm)
CUISSON : four, barbecue, gril, poêle, pochage, vapeur
CHAIR : fine, tendre, blanche ; saveur sucrée

CARRELET (45 cm)
CUISSON : gril, poêle, pochage, vapeur
CHAIR : blanche ; saveur délicate

MPEREUR (60-100 cm)
UISSON : four, barbecue, friture, gril, poêle, apeur
HAIR : ferme, blanche ; saveur délicate

ROUGET (20-40 cm)
CUISSON : gril, four, barbecue, poêle, pochage, vapeur (entier)
CHAIR : ferme, blanche ; saveur délicate

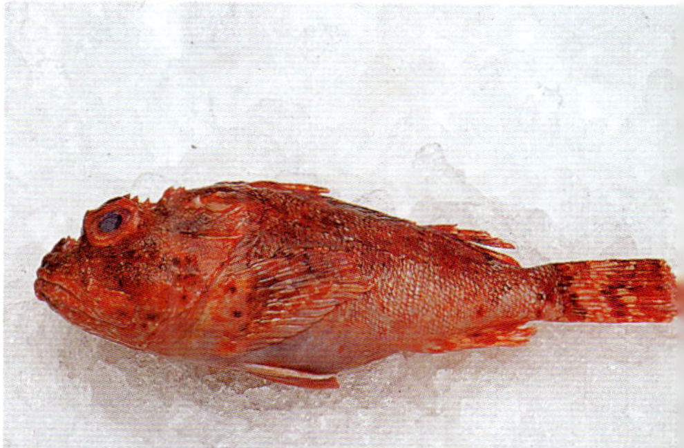

RASCASSE (20-35 cm)
AUTRES NOMS : scorpion de mer, scorpène
CUISSON : four, barbecue, gril, pochage, vapeur
CHAIR : ferme, blanche ; saveur douce

DORADE ROSE (20-30 cm)
AUTRE NOM : pageot rose
CUISSON : four, barbecue, gril, pochage, vapeur
CHAIR : ferme, blanche à rosée ; saveur douce

ŒUFS DE CABILLAUD FUMÉS (1-2 mm)
SUBSTITUT : œufs de mulet salés et pressés
CUISSON : à l'eau, la poche entière peut être frite ou grillée, mixée en sauce
CHAIR : saveur salée

ŒUFS DE LUMP (2 mm)
CHAIR : petites perles rouges ou noires ; saveur salée

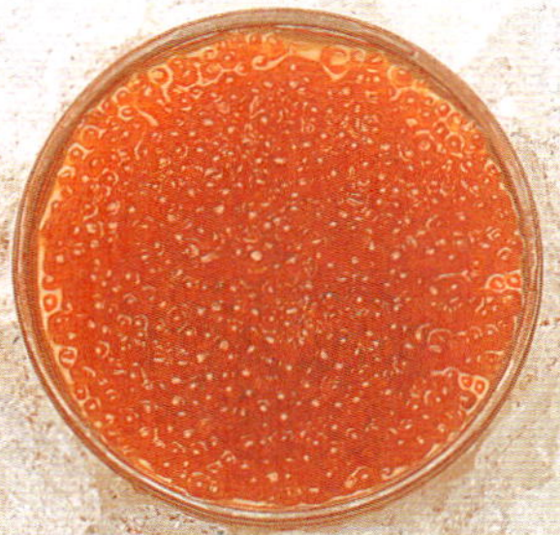

ŒUFS DE SAUMON (4 mm)
CHAIR : grosses perles orange et luisantes ; saveur salée

SAUMON DE L'ATLANTIQUE (65-75 cm)
CUISSON : barbecue, four, gril, pochage, vapeur, poêle ; sashimi (cru)
CHAIR : ferme, grasse, rose orangé ; saveur riche et distincte

ŒUFS D'ESTURGEON (CAVIAR)
CHAIR : perles gris foncé et luisantes ; saveur salée

SARDINE (12-20 cm)
CUISSON : four, barbecue, gril, poêle
CHAIR : tendre, fine, grasse ; saveur forte

RAIE (jusqu'à 2 m)
CUISSON : après avoir ôté la peau, four, gril, poêle, pochage
CHAIR : tendre, blanc rosé ; délicieuse saveur douce

BAR (80-100 cm)
CUISSON : four, barbecue, gril, poêle, pochage, vapeur
CHAIR : ferme, blanche ; saveur délicate

DORADE (45-75 cm)
AUTRE NOM : brème de mer
CUISSON : four, barbecue, gril, poêle, pochage, fumage, vapeur ; sashimi (crue)
CHAIR : ferme, blanche, légèrement grasse saveur douce

SPADON (1,5-3 m)
UTRES NOMS : sabre, épée de mer
UISSON : gril, four, barbecue, poêle
HAIR : ferme, charnue, tend à être maigre ; saveur douce

ARANGUE (40-100 cm)
UISSON : four, barbecue, gril, cocotte, poêle, ochage ; sashimi (cru)
CHAIR : ferme, rose, maigre à légèrement grasse ; saveur douce à forte

UITE DE MER (30-55 cm)
ISSON : four, barbecue, gril, poêle, pochage, eur
AIR : ferme, rose orangé ; saveur délicate sucrée

TRUITE ARC-EN-CIEL (30-55 cm)
CUISSON : four, barbecue, gril, pochage, fumage
CHAIR : grasse, tendre, rose ; saveur douce et délicate, peut être vaseuse

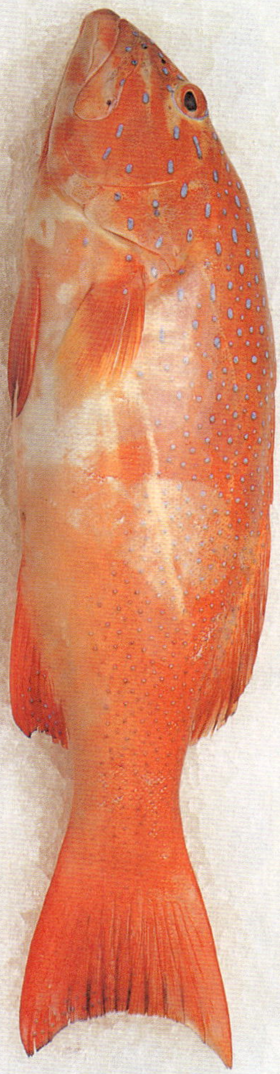

TRUITE FARIO (35-80 cm)
AUTRES NOMS : truite de rivière, truite sauvage
CUISSON : four, barbecue, poêle, pochage, vapeur
CHAIR : ferme, blanche ; saveur douce et sucrée

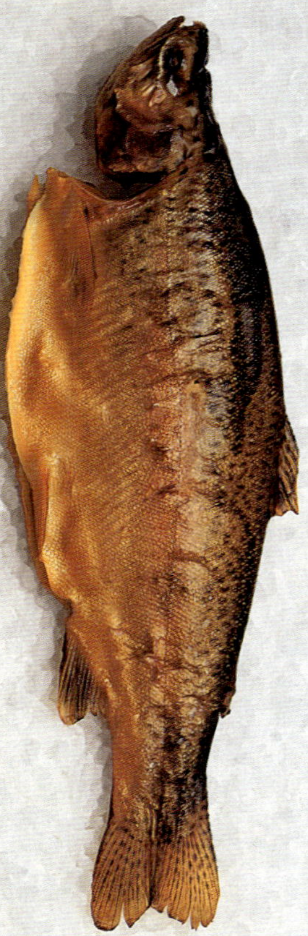

TRUITE FUMÉE (30 cm)
Cuisson : four ; soupes, salades
Chair : rose pâle, ferme ; saveur légèrement fumée

CARANGUE BLEUE (35-55 cm)
Cuisson : barbecue, gril, poêle, croquettes, pochage, fumage, vapeur
Chair : ferme, blanche, légèrement grasse ; saveur douce

THON YELLOWFIN (50-190 cm)
Autre nom : albacore
Cuisson : four, barbecue, gril, fumage ; sashimi (cru)
Chair : ferme, rouge foncé, grasse ; saveur moyenne

ÉQUILLE (6 cm)
Autre nom : lançon
Cuisson : friture, croquettes, beignets, omelettes
Chair : saveur délicate (se consomme entière)

TURBOT (100 cm)
Cuisson : four, barbecue, gril, poêle, pochage, vapeur
Chair : blanche ; saveur délicate

KING GEORGE WHITING (merlan des eaux du Pacifique) (20-30 cm)
Cuisson : four, barbecue, gril, poêle, pochage
Chair : tendre, blanche ; saveur délicate et sucrée

SAND WHITING (merlan des eaux du Pacifique) (20-30 cm)
Cuisson : four, barbecue, gril, poêle, pochage
Chair : texture délicate, fine, blanche, tendre ; saveur délicate

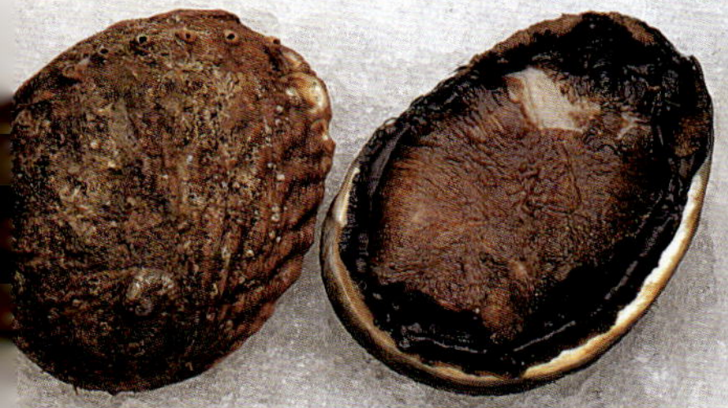

RMEAU (12 cm de diamètre)
UTRES NOMS : ormet, ormier
UISSON : les petits sont marinés et
›nsommés crus ; les plus gros sont émincés
rapidement frits ou cuits en cocotte
HAIR : couleur crème ; saveur douce

CIGALES DE MER (8 cm)
CUISSON : four, barbecue, gril, poêle
CHAIR : saveur sucrée distincte

PALOURDE (coquille : 4 cm)
AUTRE NOM : clovisse
CUISSON : poêle, soupe, vapeur
CHAIR : légèrement caoutchouteuse ; saveur salée

OQUE (coquille : 6 cm)
JTRE NOM : bucarde, hénon (en Picardie)
JISSON : four, barbecue, poêle, pochage,
peur
HAIR : ferme ; saveur distincte

CRABE NAGEUR BLEU (15 cm)
CUISSON : à l'eau, poêle, rissolage, vapeur ; en curry, soupes
CHAIR : tendre ; saveur douce et sucrée

BROWN CRAB (25 cm)
CUISSON : à l'eau, pochage, vapeur
CHAIR : tendre ; saveur distincte

'RILLES (18 cm)
JISSON : friture, poêle, pochage, vapeur,
solage ; soupe
HAIR : ferme ; saveur sucrée distincte

SEICHE (20-25 cm)
AUTRES NOMS : margate, sépia, supion
CUISSON : four, barbecue, friture, poêle, vapeur
CHAIR : ferme ; saveur sucrée

LANGOUSTINE (25 cm)
CUISSON : barbecue, gril, poêle
CHAIR : ferme ; saveur sucrée

HOMARD (30 cm)
SUBSTITUT : langouste

CUISSON : barbecue, gril, poêle, pochage, vapeur
CHAIR : ferme ; saveur sucrée

LANGOUSTE (30 cm)
CUISSON : barbecue, gril, poêle, pochage, vapeur
CHAIR : ferme ; saveur sucrée

MARRON (27 cm)
CUISSON : barbecue, à l'eau, gril, poêle, pochage, vapeur

CHAIR : ferme ; saveur sucrée

CIGALE DE MER (8 cm)
CUISSON : four, barbecue, gril, poêle
CHAIR : ferme ; saveur sucrée

MOULES DE BOUCHOT (coquille : 8 cm)
CUISSON : barbecue, four, poêle, pochage, vapeur ; crue
CHAIR : humide ; saveur distincte

MOULES DE NOUVELLE-ZÉLANDE (coquille : 8 cm)
CUISSON : barbecue, four, poêle, pochage, vapeur ; crue
CHAIR : humide ; saveur distincte

POULPE (15-30 cm)
AUTRE NOM : pieuvre
CUISSON : barbecue, cocotte, gril, poêle, vapeur
CHAIR : ferme ; saveur douce et sucrée

HUÎTRE PLATE (coquille : 8 cm)
CUISSON : four, friture, gril, poêle, vapeur ; crue
CHAIR : tendre ; saveur très prononcée

HUÎTRE CREUSE (coquille : 8 cm)
AUTRE NOM : huître japonaise
CUISSON : four, friture, gril, poêle, vapeur ; crue
CHAIR : tendre ; forte saveur salée

HUITRE CREUSE (coquille : 8 cm)
Cuisson : four, friture, gril, poêle, vapeur
Chair : tendre ; saveur iodée

FLION (coquille 4-5 cm)
Cuisson : barbecue, pochage, rissolage, vapeur
Chair : légèrement caoutchouteuse ; saveur sucrée

BOUQUET (10-12cm)
Autre nom : salicoque
Cuisson : four, barbecue, friture, gril, poêle, pochage, vapeur
Chair : ferme ; saveur sucrée

CREVETTE JAPONAISE (8 cm)
Autres noms : crevette tigrée, crevette kuruma
Cuisson : four, barbecue, friture, gril, poêle, pochage, vapeur
Chair : ferme ; saveur sucrée

COQUILLE SAINT-JACQUES DU PACIFIQUE (coquille : 10 cm)
Cuisson : barbecue, gril, poêle, pochage, vapeur
Chair : tendre ; saveur distincte

COQUILLE SAINT-JACQUES (coquille : 8 cm)
Cuisson : barbecue, gril, poêle, pochage, vapeur
Chair : humide ; saveur douce

SCAMPI (15 cm)
Cuisson : barbecue, gril, poêle
Chair : ferme ; saveur sucrée

OURSIN (5 cm de diamètre)
Autres noms : châtaigne de mer, hérisson de mer
Cuisson : sauces crémeuses, soufflés ; cru
Chair : saveur sucrée-salée

CALMAR (5-23 cm)
Autre nom : calamar, encornet, chipiron, supion
Cuisson : four, friture, poêle, pochage, vapeur
Chair : saveur sucrée et douce

BULOT (coquille : 8 cm)
Autres noms : rang, buccin
Cuisson : à l'eau, vapeur
Chair : légèrement caoutchouteuse

BIGORNEAU (coquille : 2-3 cm)
Autres noms : vigneau, brelin, lottorine, guignette
Cuisson : à l'eau, vapeur
Chair : légèrement caoutchouteuse ; saveur distincte

ÉCREVISSE AUSTRALIENNE (15 cm)
Cuisson : barbecue, gril, poêle
Chair : ferme ; saveur sucrée

PRÉPARATION

• Pour préparer un poisson, il faut plonger ses doigts dans le sel pour le saisir et employer un couteau bien aiguisé.
• Le filet est un morceau sans arêtes. On l'obtient en détachant la chair de part et d'autre de l'arête centrale. Une darne est une tranche épaisse découpée dans la largeur du poisson.
• Les yeux des poissons ronds (saumon, truite, brème) sont situés de part et d'autre de la tête. Ces poissons présentent un filet de chaque côté.
• Les yeux des poissons plats (flet, carrelet, sole) sont situés du même côté. Ces poissons donnent quatre filets, deux de chaque côté.
• Il faut rincer avec soin les fruits de mer : tout résidu peut leur donner un goût amer.
• La langouste et le crabe sont meilleurs achetés vivants. La méthode la plus simple pour les tuer est de les plonger 20 à 30 minutes dans de l'eau additionnée de glace, ou de les percer entre les yeux à l'aide d'un couteau pointu ou d'une brochette. Pour immobiliser les crustacés vivants, il suffit de les placer 1 heure au congélateur.
• Les coquillages doivent dégorger dans de l'eau froide pour éliminer le sable qu'ils contiennent.

L'écailleur présente un bord dentelé très aiguisé. On peut le remplacer par un couteau ou une cuillère.

Pour tenir un poisson cru, il est conseillé de plonger ses doigts dans du sel pour éviter qu'il ne glisse.

NETTOYER ET LEVER LES FILETS D'UN POISSON ROND

1 Tenir le poisson par la queue. Soulever légèrement et écailler dans le sens contraire des écailles. Rincer.

2 À l'aide d'un couteau bien aiguisé, fendre le ventre et ôter les viscères. Rincer à l'eau froide, puis essuyer avec du papier absorbant.

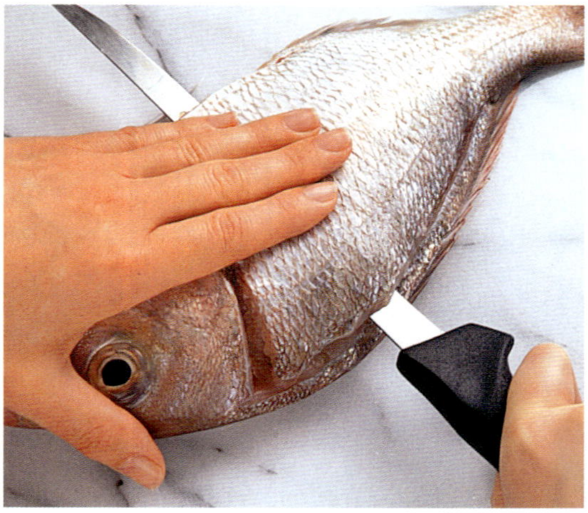

3 Inciser de part et d'autre de l'arête dorsale en suivant celle-ci. Détacher le filet de la tête vers la queue.

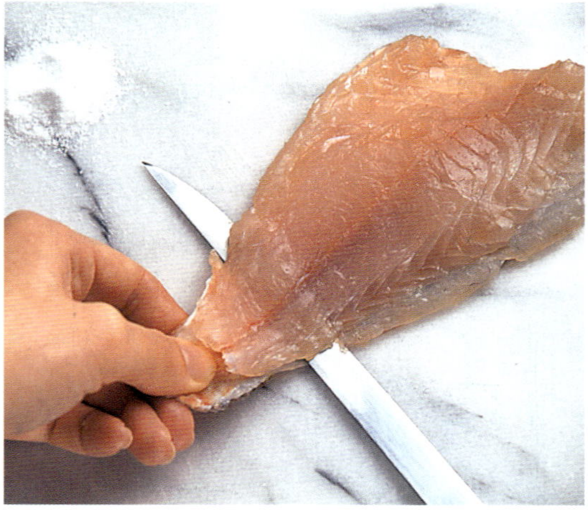

4 Placer le filet peau en dessous. En partant de la queue, passer un couteau entre la peau et la chair afin d'ôter la peau.

DÉCOUPAGE DES DARNES DE POISSON ROND

1 Pour découper des darnes, il faut un grand couteau ou un fendoir si le poisson est gros.

2 Couper le poisson entier en tranches et réserver la tête et la queue pour un fumet.

LEVER LES FILETS D'UN POISSON PLAT

1 Inciser le long de l'arête centrale. Glisser le couteau entre l'arête et le filet et détacher celui-ci.

2 Pour ôter la peau, passer un couteau entre la peau et la chair.

SERVIR UN POISSON ENTIER

1 Inciser le long de l'arête dorsale, de part et d'autre, et détacher les filets de chair avec précaution.

2 Soulever l'arête et la couper au ciseau au niveau de la queue. On peut replacer les filets sur le poisson avant de servir.

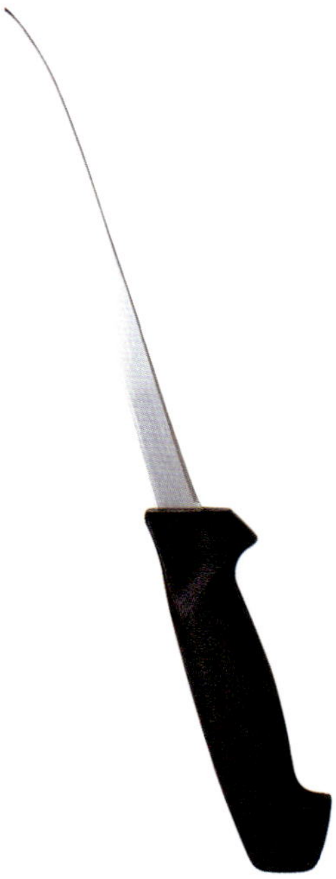

La longue lame flexible du couteau à « filets de sole » est idéale pour préparer le poisson cru. Penser à aiguiser la lame.

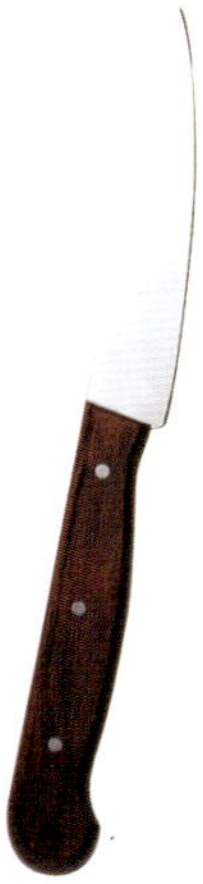

Il est préférable d'employer un petit couteau aiguisé pour les opérations délicates, ainsi que pour les petits fruits de mer.

ÔTER LES ARÊTES D' UNE ORPHIE

1 Laver à l'eau courante l'intérieur du poisson vidé, afin d'ôter toute trace de viscère qui pourrait rendre la chair amère.

2 Trancher la tête. Ouvrir le poisson et le poser à plat. Passer un couteau de part et d'autre de l'arête dorsale. Ne pas couper dans la largeur.

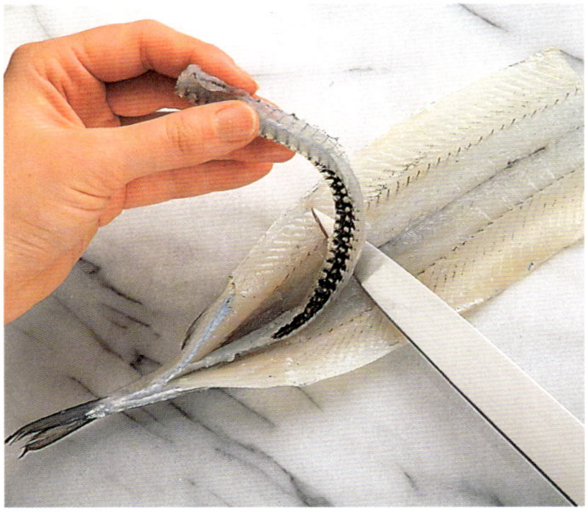

3 Détacher l'arête en se servant du couteau pour couper le tissu conjonctif. Couper l'arête au niveau de la queue à l'aide de ciseaux.

DÉCOUPER UN HOMARD À CRU

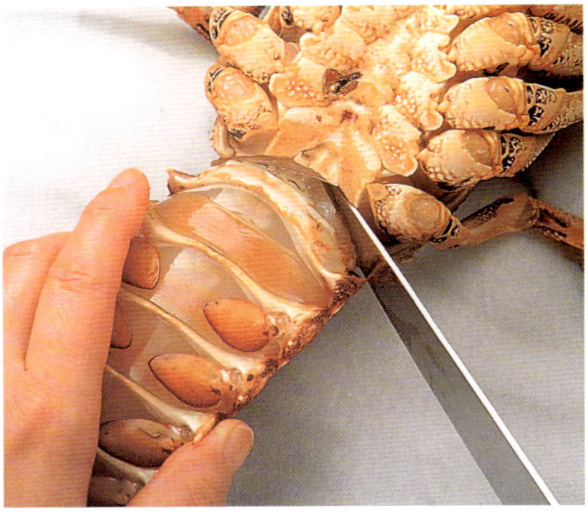

1 Séparer la tête de l'abdomen en coupant la membrane située entre les deux. Détacher la queue en la torsadant ou en la coupant.

2 À l'aide de ciseaux, couper le coffre en deux dans la longueur au niveau de la partie molle du ventre.

3 Ôter la carapace et retirer la chair en un seul morceau. Sortir le boyau du dos avec les doigts, ou au moment de tronçonner la chair.

DÉCOUPER UN HOMARD CUIT

1 Tenir la tête dans une main et le corps dans l'autre et tirer d'un geste vif pour les séparer.

2 À l'aide de ciseaux, couper le coffre en deux dans la longueur au niveau de la partie molle du ventre.

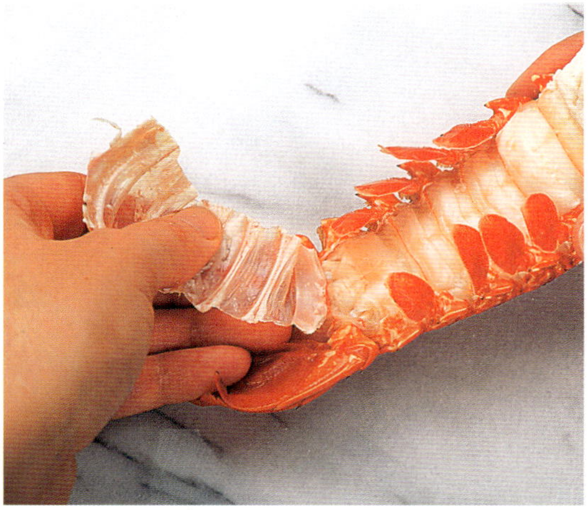

3 Ôter la carapace et retirer la chair en un seul morceau. Retirer la chair des pinces à l'aide d'une pique à crabe.

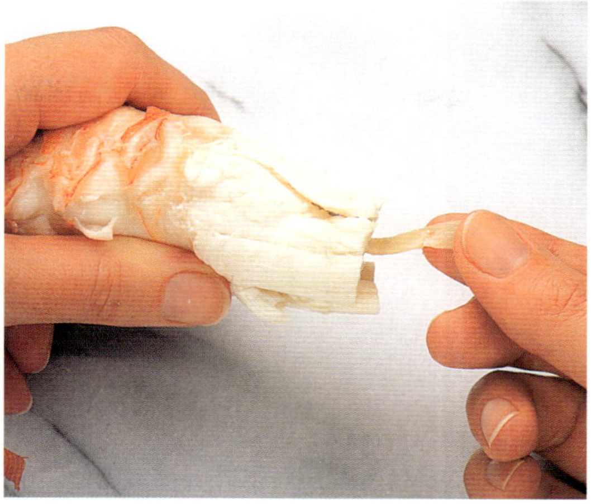

4 Ôter doucement le boyau sombre, en partant de la tête, ou au moment de tronçonner la chair en médaillons.

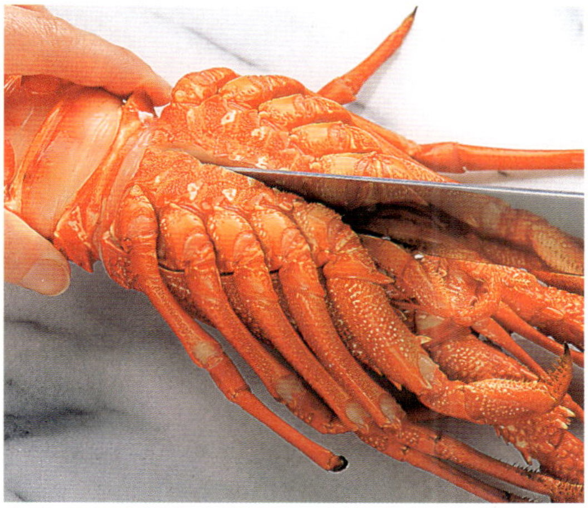

OU : 1 Poser le homard à plat sur le dos, insérer un couteau dans la carapace, entre les pattes, et trancher. Trancher également la queue.

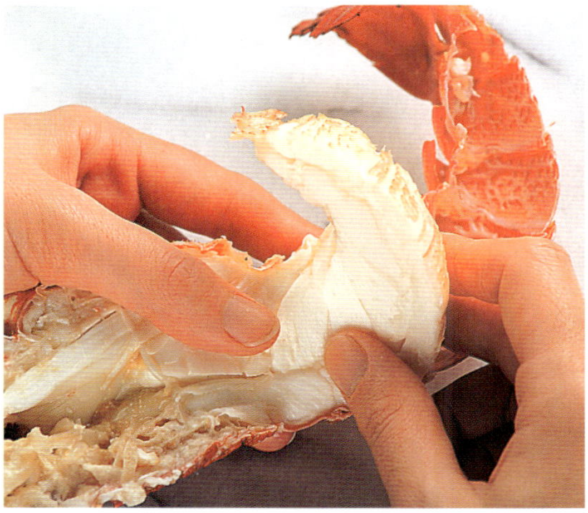

2 Retirer la chair de la queue et émincer en lamelles. Laver la carapace sous l'eau froide et ôter tout résidu restant dans la tête.

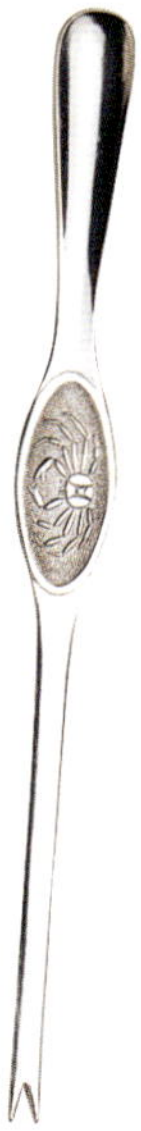

On emploie une pique à crabe pour extraire la chair des pinces et des parties des crustacés difficiles à atteindre.

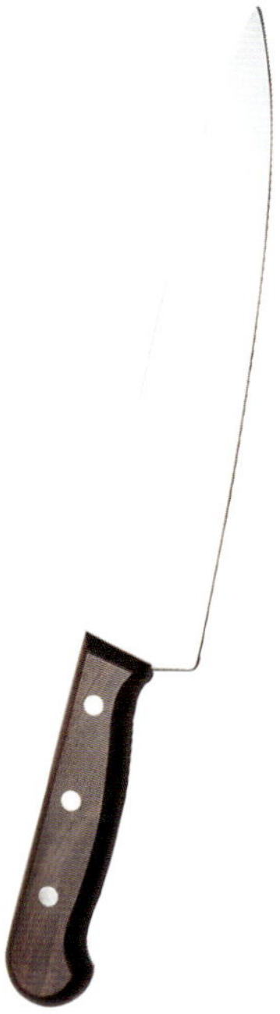

Un gros couteau solide est nécessaire pour couper la carapace dure et l'émincer en lamelles régulières.

PRÉPARER UN CRABE

L'instrument servant à casser les carapaces est une sorte de casse-noix dont le bord intérieur cannelé permet de saisir le crustacé.

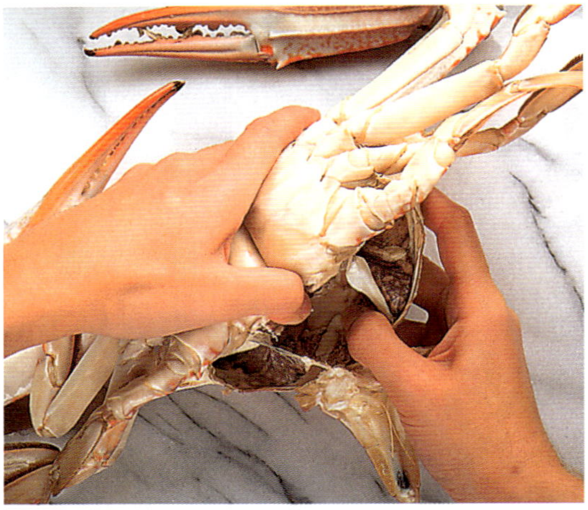

1 Soulever le plastron, petit rabat situé sous le crabe, et tirer pour séparer le coffre de l'intérieur.

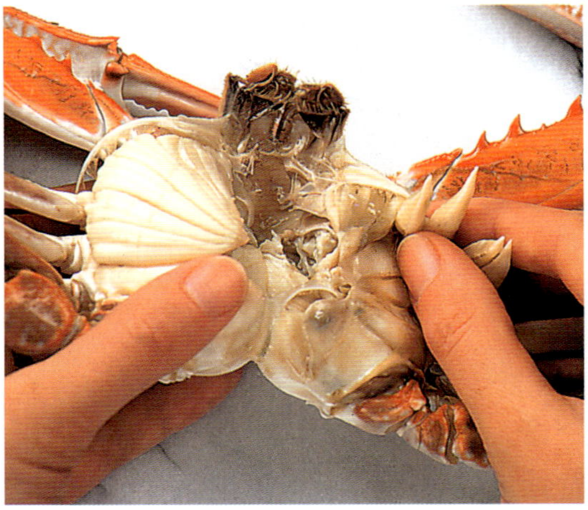

2 Ôter les organes internes mous et les branchies grises et spongieuses.

3 Couper le crabe dans la largeur pour obtenir deux moitiés auxquelles sont attachées les pattes.

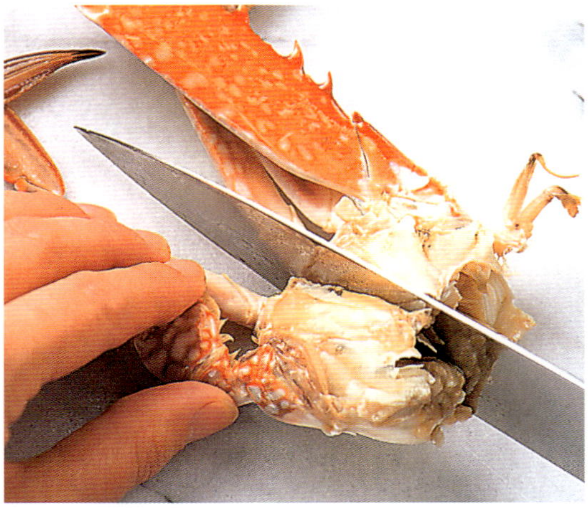

4 Recouper le crabe en deux dans l'autre sens. Retirer la chair avec les doigts, un couteau ou une pique à crabe.

ÉCAILLER LES HUÎTRES

Le couteau à huîtres sert à écailler les huîtres et d'autres coquillages vivants. La garde protège les mains.

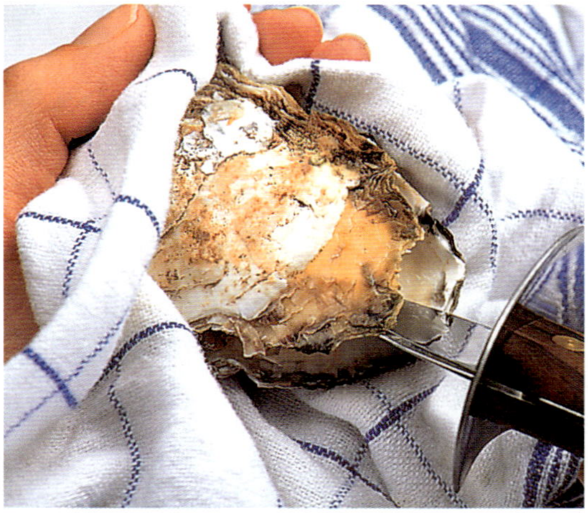

1 Tenir l'huître dans un linge. Insérer le couteau à huîtres entre les deux coquilles et tordre pour briser la charnière.

2 Ôter la coquille supérieure et glisser le couteau entre l'huître et la coquille pour les séparer. Rincer le tout et remettre en place.

PRÉPARER LES CIGALES DE MER

1 Inciser la membrane située entre la tête et le corps, puis torsader ou trancher la queue.

2 Couper le coffre en deux dans la longueur au niveau de la partie molle du ventre

3 Ôter la carapace et retirer la chair en un seul morceau. Jeter la carapace.

OU Poser la cigale à plat sur le dos. Insérer un grand couteau dans la carapace, entre les pattes, puis trancher. Trancher également la queue.

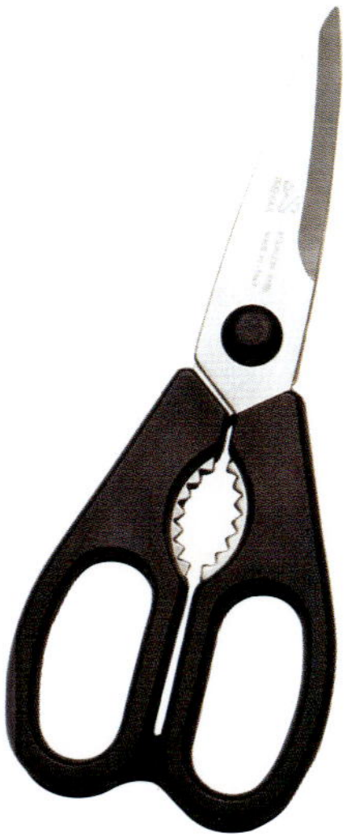

On peut aussi se servir de ciseaux de cuisine solides pour couper la carapace des crustacés.

DÉCORTIQUER ET ÔTER LE BOYAU DES CREVETTES

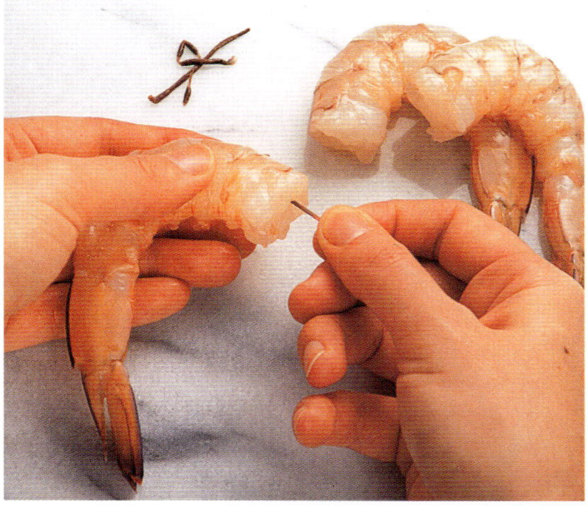

Décortiquer les crevettes en laissant la queue intacte. Tirer doucement sur le boyau sombre situé dans le dos, en partant de la tête.

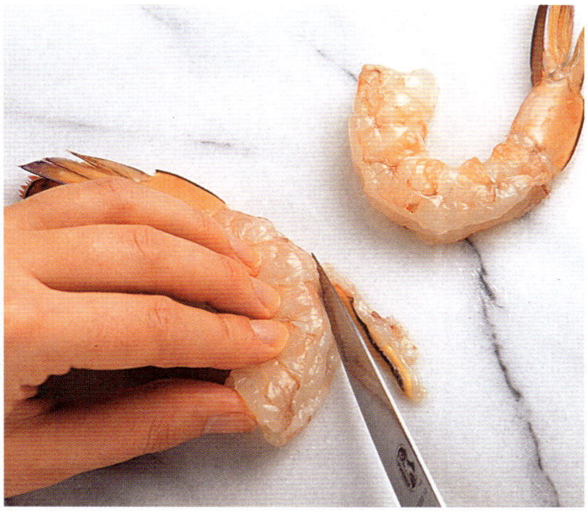

OU Inciser le dos de chaque crevette décortiquée à l'aide d'un couteau pointu. Gratter le boyau sombre avec le couteau.

Choisir une brosse à poils bien durs pour gratter la coquille des moules et des autres coquillages.

Pour écailler un coquillage, il est conseillé de se servir d'un linge pour le tenir, mais aussi se protéger les mains.

PRÉPARER LES MOULES

1 Nettoyer les moules en grattant soigneusement les coquilles avec une brosse dure, afin d'éliminer toute trace de saleté et d'algue.

2 Tenir la moule et tirer sur la barbe pour l'ôter complètement. Jeter les moules ouvertes que l'on ne parvient pas à refermer.

3 Tenir la moule dans un linge. Insérer un couteau à huîtres entre les deux coquilles et briser la charnière. Sortir la moule.

NETTOYER UN CALMAR

1 Tenir le corps d'une main et la tête et les tentacules de l'autre. Tirer fermement pour les séparer. Si l'on n'utilise que les tentacules, trancher la tête.

2 Ôter la plume (cartilage transparent) située à l'intérieur du corps (poche), ainsi que toute membrane blanche, puis jeter le tout.

3 Retirer la peau de la poche sous l'eau froide. On peut utiliser le calmar entier ou couper le corps en lanières ou en anneaux.

PRÉPARER UN POULPE

1 À l'aide d'un petit couteau, inciser avec soin entre la tête et les tentacules du poulpe, juste sous les yeux.

2 Tenir le corps du poulpe et, avec le doigt, retirer le bec en le faisant passer au milieu des tentacules.

3 Couper les yeux en incisant tout autour à l'aide d'un petit couteau pointu. Ôter toute la partie entourant chaque œil.

4 Pour nettoyer la tête du poulpe, inciser d'un côté à l'aide d'un couteau pointu et gratter les viscères situés à l'intérieur.

5 Une fois la tête ouverte, rincer avec soin à l'eau froide.

NETTOYER LES SAINT-JACQUES

À l'aide d'un petit couteau, ôter toute veine, membrane ou tout muscle blanc dur de chaque noix de Saint-Jacques.

Ces longues brochettes fines en métal sont parfaites pour faire griller les noix de Saint-Jacques.

SOUPES ET POTAGES

La diversité des soupes de poissons de par le monde est véritablement étonnante. Certaines, d'ailleurs, sont devenues des plats nationaux de renommée internationale: c'est le cas de la clam chowder de la Nouvelle-Angleterre, à base de palourdes, et de la bouillabaisse française. Soupe, potage, velouté, bisque, consommé: chaque région du globe bordée d'une mer ou traversée par un grand fleuve se distingue par ses spécialités. En France, ce sont notamment la cotriade de Bretagne, la bouillabaisse de Marseille, la chaudrée de Vendée, la caudière du Nord et la marmite dieppoise…

COURT-BOUILLON ET FUMET DE POISSON

La différence entre une bonne soupe et une soupe délicieuse ? Un bouillon bien parfumé, fait maison...

Contrairement aux autres bouillons, le fumet de poisson cuit peu de temps (20 minutes) à feu doux - une cuisson trop longue le rendrait amer. Les arêtes et les parures doivent être nettoyées de tout résidu de sang ou de viscère qui affecterait sa saveur. Si la plupart des arêtes conviennent, celles des poissons gras sont cependant moins bonnes. Il est important d'écumer la surface du liquide pendant la cuisson pour que celui-ci ne se trouble pas. Le fumet de poisson et le court-bouillon se conservent 1 semaine au réfrigérateur et 6 mois au congélateur.

FUMET DE POISSON

Pour obtenir 1,75 l environ de fumet, suivre les indications suivantes. Préparer les parures : ôter les yeux et les branchies et hacher grossièrement les arêtes, les têtes et les queues des poissons. Faire tremper ces parures dans de l'eau froide salée pendant environ 10 minutes pour éliminer toute trace de sang. Les égoutter et les rincer à l'eau froide. Dans une casserole à fond épais ou une marmite, mettre 2 kg de parures de poissons hachées, 1 branche de céleri grossièrement hachée, avec ses feuilles, 1 oignon

haché, 1 carotte non pelée hachée, 1 poireau émincé en rondelles et 2 l d'eau. Amener lentement à ébullition, écumer la mousse à mesure qu'elle se forme à la surface, puis ajouter 1 bouquet garni et 12 grains de poivre noir. Réduire le feu et laisser frémir 20 minutes à feu très doux en écumant régulièrement. À l'aide d'une louche, verser le fumet en plusieurs fois dans un tamis tapissé d'une mousseline humide, posé sur une jatte. Afin que le fumet reste transparent, ne pas presser les éléments solides et les laisser simplement égoutter. Laisser refroidir et conserver au réfrigérateur pendant 1 semaine.

COURT-BOUILLON

Le court-bouillon est un liquide aromatisé dans lequel on poche traditionnellement les poissons. Dans une grande casserole, mettre 1 l d'eau, 125 ml de vin blanc, 1 oignon, 1 carotte et 1 branche de céleri émincés, 6 grains de poivre et un bouquet garni. Porter à ébullition, réduire le feu et laisser frémir 30 minutes. Égoutter et réfrigérer. On peut ajouter des épices et des aromates selon le goût. Pour un parfum légèrement anisé, ajouter un peu de fenouil émincé dans la casserole. Pour un léger goût d'agrume, ajouter quelques lanières de zeste de citron jaune ou vert, ou d'orange.
En règle générale, les petits tronçons ou les filets de poisson se pochent dans le court-bouillon qui commence à frémir, tandis que les gros poissons sont plongés dans le court-bouillon froid qui est ensuite mis à chauffer, afin d'assurer une cuisson uniforme. Le poisson qui sera servi froid doit refroidir dans le bouillon.

BOUQUET GARNI

Rassembler une feuille de laurier, un brin de thym et quelques brins de persil et envelopper le tout dans les parties vertes d'un poireau. Ficeler l'ensemble en petit fagot.

CONGÉLATION

Le fumet de poisson peut se préparer à l'avance et se congeler. Laisser refroidir le liquide tamisé, puis le verser dans un sac à congélation après avoir mesuré la quantité désirée à l'aide d'un verre-doseur. Fermer le sac à l'aide d'un lien, l'étiqueter et le mettre au congélateur. Répéter l'opération jusqu'à épuisement du fumet. On peut aussi faire réduire le fumet de moitié à feu vif, le laisser refroidir et en remplir des bacs à glaçons que l'on place dans le congélateur. Au moment de l'emploi, diluer le fumet dans une quantité d'eau égale.

SOUPE DE POISSON MÉDITERRANÉENNE

Préparation : 30 minutes
Cuisson : 45 minutes
Pour 4 personnes

★

1/2 cuil. à café de stigmates de safran
3 cuil. à café d'huile
2 gros oignons, émincés en fines rondelles
1 blanc de poireau, haché
4 gousses d'ail, finement hachées
1 feuille de laurier, déchirée
1/2 cuil. à café d'origan séché
1 cuil. à café de zeste d'orange râpé
2 cuil. à soupe de vin blanc sec
1 poivron rouge, coupé en dés
500 g de tomates mûres, hachées
125 ml de purée de tomates
500 ml de fumet de poisson
2 cuil. à soupe de concentré de tomates
2 cuil. à café de cassonade
500 g de filets de poisson sans arêtes (dorade, rouget, rascasse, serran, etc.), coupés en cubes
3 cuil. à soupe de persil frais, haché

1 Dans un bol, faire tremper les stigmates de safran dans 2 cuil. à soupe d'eau bouillante.

2 Faire chauffer l'huile à feu doux dans une grande casserole à fond épais. Jeter l'oignon, le poireau, l'ail, le laurier et l'origan. Couvrir et faire revenir 10 minutes (jusqu'à ce que l'oignon devienne tendre) ; secouer la casserole pour que cela n'accroche pas. Ajouter le zeste, le vin, le poivron et les tomates. Couvrir et laisser mijoter 10 minutes.

3 Incorporer la purée de tomates, le fumet, le concentré de tomates, la cassonade et le safran (avec son liquide de trempage). Bien mélanger, porter à ébullition et laisser frémir 15 minutes sans couvrir.

4 Ajouter le poisson dans la soupe, couvrir, puis poursuivre la cuisson 8 minutes : il doit devenir tendre. Assaisonner de sel et de poivre et de la moitié du persil. Retirer la feuille de laurier. Parsemer la soupe du reste du persil, puis servir avec des tranches de pain.

CI-DESSUS : Soupe de poissons méditerranéenne

CRÈME DE POISSON

Préparation : 10 minutes
Cuisson : 35 minutes
Pour 4 à 6 personnes

★

1/4 de cuil. à café de stigmates de safran
1 l de fumet de poisson
125 ml de vin blanc sec
1 oignon, finement haché
1 petite carotte, finement hachée
1 branche de céleri, hachée
1 feuille de laurier
45 g de beurre
2 cuil. à soupe de farine
300 g de filets de poissons (dorade, brème, etc.), dépouillés de leur peau et coupés en cubes
250 ml de crème fleurette
2 cuil. à café de ciboulette fraîche, ciselée, pour décorer

1 Dans un bol, faire tremper les stigmates de safran dans 2 cuil. à soupe d'eau bouillante.
2 Dans une casserole, amener doucement à ébullition le fumet, le vin, l'oignon, la carotte, le céleri et le laurier. Couvrir et laisser frémir 20 minutes. Tamiser et jeter les légumes. Verser le safran et son liquide de trempage dans le bouillon chaud.
3 Dans une casserole à fond épais, faire fondre le beurre et incorporer la farine. Remuer 2 minutes, jusqu'à ce que le roux soit pâle et mousseux. Retirer du feu, puis verser le fumet par petites quantités. Remettre sur le feu et remuer jusqu'à ébullition et épaississement.
4 Ajouter les poissons et laisser mijoter 2 minutes. Incorporer la crème et réchauffer sans faire bouillir. Saler et assaisonner de poivre blanc à volonté. Parsemer de ciboulette, puis servir.
NOTE : Plutôt onéreux, les stigmates de safran confèrent une saveur subtile et une belle couleur jaune au plat. Les filaments orange vif se vendent en petits flacons de verre ou en sachets de plastique. On peut aussi les presser après le trempage afin de colorer davantage l'eau.

CI-DESSOUS : Crème de poisson

SOUPE DE HADDOCK

Préparation : 20 minutes
Cuisson : 35 minutes
Pour 4 à 6 personnes

☆

500 g de haddock ou de morue fumée
1 pomme de terre, coupée en dés
1 branche de céleri, hachée
1 oignon, finement haché
50 g de beurre
1 tranche de lard fumé, finement hachée
2 cuil. à soupe de farine
1/2 cuil. à café de moutarde sèche
1/2 cuil. à café de sauce Worcestershire
250 ml de lait
3 cuil. à soupe de persil frais, haché
60 ml de crème fleurette (facultatif)

1 Pour le fumet de poisson, disposer le poisson dans une sauteuse, le recouvrir de 1,25 l d'eau, puis porter à ébullition. Réduire le feu et laisser frémir 8 minutes environ, le temps que la chair se défasse. Égoutter en réservant le bouillon. Dépouiller le poisson de sa peau, ôter les arêtes et effeuiller le poisson. Réserver.
2 Mettre la pomme de terre, le céleri et l'oignon dans une casserole avec 750 ml du bouillon réservé. Amener à ébullition, réduire le feu et laisser frémir 8 minutes, le temps que les légumes deviennent tendres. Réserver.
3 Dans une grande casserole, faire fondre le beurre à feu doux. Ajouter le lard et remuer 3 minutes. Incorporer la farine, la moutarde et la sauce Worcestershire et laisser cuire 1 minute. Lorsque le roux est pâle et mousseux, retirer du feu et verser le lait petit à petit. Remettre sur le feu et remuer jusqu'à ébullition et épaississement. Réduire le feu et laisser frémir 2 minutes. Ajouter les légumes et leur bouillon, le persil et le poisson. Réchauffer 5 minutes à feu doux. Assaisonner et servir avec la crème.

CI-DESSOUS : Soupe de haddock

CRÈME DE MOULES

Préparation : 30 minutes
Cuisson : 40 minutes
Pour 4 personnes

☆

750 g de moules
1 branche de céleri, hachée
1 carotte, hachée
1 oignon, haché
10 grains de poivre noir
4 brins de persil frais
100 g de beurre, ramolli
3 oignons nouveaux, hachés
2 gousses d'ail, écrasées
1 grosse pomme de terre, coupée en dés
185 ml de vin blanc
40 g de farine
250 ml de crème fleurette
2 cuil. à soupe de persil frais, haché

1 Gratter et ébarber les moules. Les mettre dans une grande casserole avec le céleri, la carotte, l'oignon, les grains de poivre, le persil et 1,5 l d'eau. Amener à ébullition, réduire le feu, couvrir, puis laisser frémir 4 à 5 minutes.
2 Tamiser le bouillon à travers une passoire fine et jeter les moules fermées. Décoquiller les autres

moules et les réserver. Jeter coquilles et légumes. Remettre le bouillon dans la casserole et laisser frémir 15 minutes. Ôter du feu.

3 Dans une grande casserole, faire fondre la moitié du beurre. Ajouter l'oignon nouveau, l'ail et la pomme de terre, et remuer 3 minutes à feu doux : l'oignon doit devenir tendre. Verser le vin, porter à ébullition, réduire le feu et laisser frémir 1 minute.

4 Mélanger la farine et le reste du beurre dans une jatte. Verser 875 ml du bouillon dans la casserole contenant le mélange à l'ail. Incorporer le beurre en fouettant jusqu'à ébullition et épaississement. Réduire le feu et laisser frémir 15 minutes environ, le temps que la pomme de terre soit cuite. Incorporer la chair des moules et la crème, puis réchauffer en remuant. Parsemer de persil juste avant de servir.

CLAM CHOWDER

Préparation : 35 minutes + trempage
Cuisson : 45 minutes
Pour 4 personnes

★

1,5 kg de palourdes avec leurs coquilles
2 cuil. à café d'huile
3 tranches de lard fumé, hachées
1 oignon, haché
1 gousse d'ail, écrasée
750 g de pommes de terre, coupées en dés
315 ml de fumet de poisson
500 ml de lait
125 ml de crème fleurette
3 cuil. à soupe de persil frais, haché

1 Jeter les palourdes abîmées, déjà ouvertes, ou celles que l'on ne parvient pas à refermer. Si nécessaire, les faire dégorger 1 à 2 heures dans de l'eau froide pour ôter le sable. Les égoutter et les mettre dans une grande casserole à fond épais avec 250 ml d'eau. Couvrir et laisser les coquilles s'ouvrir (5 minutes à feu doux). Jeter les palourdes fermées. Égoutter les autres en réservant le liquide. Les décoquiller.

2 Faire chauffer l'huile dans la casserole lavée. Ajouter le lard, l'oignon et l'ail et poursuivre la cuisson à feu moyen, tout en remuant : l'oignon doit être tendre et le lard, doré. Ajouter les pommes de terre et bien remuer.

3 Mesurer le liquide réservé et l'allonger d'eau pour obtenir 315 ml. Le verser dans la casserole avec le fumet et le lait. Porter à ébullition, réduire le feu, couvrir et laisser frémir 20 minutes. Quand les pommes de terre sont tendres, retirer le couvercle et laisser épaissir 10 minutes.

4 Ajouter la crème fleurette, la chair des palourdes et le persil. Saler et poivrer à volonté. Réchauffer lentement avant de servir. Ne pas laisser bouillir : le liquide risquerait de tourner.

CI-DESSUS :
Clam chowder

LA BISQUE
Les ingrédients de base de cette riche soupe épaisse sont des fruits de mer hachés ou réduits en purée, du fumet de poisson et de la crème. À l'origine, la bisque était composée de gibier à plumes ou de volaille cuits à l'eau, mais ceux-ci ont été remplacés par des fruits de mer après le XVIIe siècle. Les bisques les plus réputées sont composées de homard, de crevettes, de crabe et de palourdes. On remplace parfois le fumet de poisson par un bouillon de viande blanche.

PAGE CI-CONTRE : Bisque de homard (en haut) ; bisque de crevettes

BISQUE DE HOMARD

Préparation : 20 minutes
Cuisson : 1 heure
Pour 4 à 6 personnes

☆☆☆

1 queue de homard crue de 400 g environ
90 g de beurre
1 gros oignon, haché
1 grosse carotte, hachée
1 branche de céleri, hachée
60 ml de cognac
250 ml de vin blanc
6 brins de persil frais
1 brin de thym frais
2 feuilles de laurier
1 cuil. à soupe de concentré de tomates
1 l de fumet de poisson
2 tomates mûres, hachées
2 cuil. à soupe de farine de riz ou de Maïzena
125 ml de crème fleurette

1 Prélever la chair du homard. Laver la carapace et l'écraser en gros morceaux à l'aide d'un maillet ou d'un rouleau à pâtisserie. La réserver. Hacher la chair en petits morceaux, la couvrir et la réfrigérer.
2 Dans une sauteuse, faire fondre le beurre. Ajouter l'oignon, la carotte et le céleri et laissez revenir 20 minutes à feu doux, en remuant de temps en temps.
3 Faire chauffer le cognac dans une petite casserole. L'enflammer à l'aide d'une allumette, puis en arroser les légumes avec précaution. Secouer la casserole jusqu'à extinction de la flamme. Verser le vin blanc et ajouter la carapace en morceaux. Augmenter le feu, afin que le liquide réduise de moitié. Ajouter le persil, le thym, le laurier, le concentré, le fumet et les tomates. Laisser frémir 25 minutes en remuant de temps en temps.
4 Tamiser le mélange à travers une passoire fine ou une mousseline humide, et presser doucement pour exprimer tout le liquide. Retirer les légumes et les morceaux de carapace, puis les jeter.
5 Remettre le liquide dans la casserole lavée. Dans un bol, délayer la farine de riz ou la Maïzena dans la crème. Incorporer ce mélange au liquide et remuer à feu moyen jusqu'à ébullition et épaississement. Ajouter la chair de homard et assaisonner à volonté. Laisser cuire 10 minutes, sans bouillir, jusqu'à ce que le homard soit cuit. Servir chaud.
NOTE : Si l'on n'humecte pas la mousseline avant de tamiser, elle absorbera trop de liquide.

BISQUE DE CREVETTES

Préparation : 25 minutes
Cuisson : 15-20 minutes
Pour 4 à 6 personnes

☆

500 g de crevettes moyennes crues
60 g de beurre
2 cuil. à soupe de farine
2 l de fumet de poisson
1/2 cuil. à café de paprika
250 ml de crème fleurette
80 ml de xérès sec
1 à 2 cuil. à soupe de crème fleurette, en plus, pour servir
Paprika, en plus, pour décorer

1 Décortiquer les crevettes et retirer doucement le boyau situé dans le dos, en partant de la tête. Réserver les têtes et les carapaces. Faire fondre le beurre dans une casserole. Ajouter les têtes et les carapaces des crevettes, puis faire cuire 5 minutes à feu moyen, en remuant et en écrasant légèrement les têtes à l'aide d'une cuillère en bois.
2 Incorporer la farine, sans cesser de remuer. Ajouter le fumet de poisson et le paprika, puis, de nouveau, remuer jusqu'à ce que le mélange bout. Réduire le feu, couvrir et laisser frémir 10 minutes. Tamiser le mélange à travers une passoire fine posée sur une jatte et remettre le liquide dans la casserole. Ajouter la chair des crevettes et la cuire 2 à 3 minutes à feu doux. Laisser refroidir légèrement, puis mixer le mélange en plusieurs fois afin d'obtenir une préparation homogène. Remettre dans la casserole.
3 Ajouter la crème fleurette et le xérès dans la casserole et réchauffer en remuant. Assaisonner à volonté de sel et de poivre noir fraîchement moulu. Napper de crème fleurette, saupoudrer de paprika, puis servir.
NOTE : Les têtes et les carapaces des crevettes confèrent à cette bisque sa riche saveur. On peut réserver quelques petites crevettes cuites pour la décoration.

LAKSA
Parmi les nombreuses versions de cette soupe épicée de Malaisie et d'Indonésie, la plus connue est le laksa de Singapour ou laksa Lemak. Il est enrichi de crème de coco et contient des fruits de mer et des nouilles de riz. Pour gagner du temps, on peut remplacer toutes les épices par une pâte à laksa. Il en faudra 2 cuil. à soupe dans la recette ci-contre. On peut remplacer les boulettes de poisson et les cubes de tofu par une sélection de fruits de mer.

CI-DESSUS : Laksa de fruits de mer

LAKSA DE FRUITS DE MER

Préparation : 45 minutes
Cuisson : 45 minutes
Pour 4 à 6 personnes

☆☆

1 kg de crevettes moyennes crues
80 ml d'huile
2 à 6 piments rouges frais, égrainés et finement hachés
1 oignon, grossièrement haché
3 gousses d'ail, coupées en deux
2 cm de gingembre ou de galanga frais, haché
1 cuil. à café de curcuma moulu
1 cuil. à soupe de coriandre moulue
3 tiges de citronnelle (partie blanche), hachées
1 à 2 cuil. à café de pâte de crevettes
600 ml de crème de coco
2 cuil. à café de sucre de palme râpé ou de sucre roux
4 feuilles de citron kaffir, légèrement écrasées
1 à 2 cuil. à soupe de sauce de poisson
200 g de boulettes de poisson en sachet
190 g de cubes de tofu
250 g de vermicelle de riz séché
250 g de germes de soja
4 cuil. à soupe de menthe fraîche, hachée, pour décorer
2 cuil. à café de feuilles de coriandre fraîche, pour décorer

1 Décortiquer les crevettes et retirer doucement le boyau situé dans le dos, en partant de la tête. Réserver les carapaces, les queues et les têtes. Couvrir la chair des crevettes et la réfrigérer.
2 Pour le fumet, faire chauffer 2 cuil. à soupe de l'huile dans une grande casserole ou un wok. Ajouter les parures réservées. Remuer jusqu'à ce que les têtes deviennent orange vif. Verser 1 l d'eau, amener à ébullition, réduire le feu et laisser frémir 15 minutes. Tamiser et jeter les parures.
3 Mixer finement le piment, l'oignon, l'ail, le gingembre, le curcuma, la coriandre, la citronnelle et 60 ml du fumet.

4 Faire chauffer le reste de l'huile dans la casserole lavée et incorporer le mélange au piment et la pâte de crevettes. Remuer 3 minutes à feu doux : il doit se dégager une odeur agréable. Verser le reste du fumet et laisser frémir 10 minutes. Ajouter la crème de coco, le sucre, les feuilles de citron kaffir et la sauce de poisson. Laisser frémir 5 minutes.
5 Ajouter les crevettes et laisser mijoter 2 minutes. Adjoindre les boulettes de poisson et les cubes de tofu et réchauffer doucement.
6 Faire tremper le vermicelle de riz 2 minutes dans une jatte d'eau bouillante. L'égoutter et le répartir entre les bols. Ajouter les germes de soja, puis verser la soupe. Parsemer de menthe et de coriandre.
NOTE : Les boulettes de poisson, la sauce de poisson et les cubes de tofu s'achètent dans les épiceries asiatiques.

SOUPE DE MAÏS AU CRABE ET À LA CORIANDRE

Préparation : 15 minutes
Cuisson : 10 minutes
Pour 4 personnes

✯

1 1/2 cuil. à soupe d'huile
6 gousses d'ail, hachées
6 échalotes asiatiques, hachées
2 tiges de citronnelle (partie blanche), hachées
1 cuil. à soupe de gingembre frais râpé
1 l de bouillon de volaille
250 ml de lait de coco
375 g de grains de maïs surgelés
340 g de chair de crabe en boîte, égouttée
2 cuil. à soupe de sauce de poisson
2 cuil. à soupe de jus de citron vert
1 cuil. à café de sucre de palme râpé ou de cassonade
Feuilles de coriandre fraîche, pour décorer

1 Faire chauffer l'huile dans une grande poêle. Ajouter l'ail haché, les échalotes asiatiques, la citronnelle et le gingembre râpé. Faire revenir 2 minutes à feu moyen.
2 Verser le bouillon et le lait de coco et porter à ébullition. Ajouter le maïs et laisser cuire 5 minutes.
3 Ajouter la chair de crabe, la sauce de poisson, le jus de citron vert et le sucre et remuer. Saler, poivrer et servir sans attendre, parsemé des feuilles de coriandre et de piments émincés, le cas échéant.
NOTE : Pour une variante, incorporer 2 œufs battus avec 2 cuil. à soupe d'eau avant de servir.
Les échalotes asiatiques, à peau rouge, poussent en grappes comme l'ail. Elles sont extrêmement répandues dans la cuisine de l'Asie du Sud-Est.
On peut les remplacer par de oignons frais.

CI-DESSOUS : Soupe de maïs au crabe et à la coriandre

TOM YUM GOONG

Préparation : 25 minutes
Cuisson : 45 minutes
Pour 4 à 6 personnes

☆☆

500 g de crevettes moyennes crues
1 cuil. à soupe d'huile
2 cuil. à soupe de pâte de curry rouge ou de pâte tom yum
2 cuil. à soupe de purée de tamarin
2 cuil. à café de curcuma moulu
1 cuil. à café de piment rouge, haché
4 feuilles de citron kaffir, coupées en lanières
2 cuil. à soupe de sauce de poisson
2 cuil. à soupe de jus de citron vert
2 cuil. à café de sucre de palme râpé ou de cassonade
2 cuil. à soupe de feuilles de coriandre fraîche, pour décorer

1 Décortiquer les crevettes, sauf la queue, et ôter le boyau. Réserver les carapaces et les têtes. Couvrir et réfrigérer la chair de crevettes. Chauffer l'huile dans une poêle ou un wok, et cuire les carapaces et les têtes 10 minutes à feu moyen, en remuant souvent (elles doivent devenir orange foncé).

2 Ajouter 250 ml d'eau et la pâte de curry dans la poêle. Amener à ébullition 5 minutes et laisser réduire un peu. Verser 2 l d'eau en plus et laisser frémir 20 minutes. Tamiser, jeter les têtes et les carapaces et remettre le fumet dans la poêle.

3 Ajouter le tamarin, le curcuma, le piment et les feuilles de citron kaffir. Faire bouillir 2 minutes. Ajouter les crevettes et laisser cuire 5 minutes : elles doivent être roses. Ajouter la sauce de poisson, le jus de citron et le sucre et bien mélanger. Parsemer de coriandre, puis servir.

SOUPE AUX WON-TONS

Préparation : 40 minutes + 20 minutes de trempage
Cuisson : 5 minutes
Pour 4 à 6 personnes

☆☆

4 champignons chinois séchés
250 g de crevettes crues
250 g de porc, haché
1 cuil. à soupe de sauce de soja

CI-DESSOUS :
Tom yum goong

1 cuil. à café d'huile de sésame
2 oignons nouveaux, finement hachés
1 cuil. à café de gingembre frais, râpé
2 cuil. à soupe de châtaignes d'eau émincées
250 g de carrés de pâte won-ton
1,5 l de bouillon de volaille ou de bœuf
4 oignons nouveaux, très finement émincés, pour décorer

1 Faire tremper les champignons 20 minutes dans l'eau chaude. Les égoutter et les presser pour exprimer l'eau. Retirer les pieds et hacher finement les chapeaux. Décortiquer les crevettes, ôter le boyau et hacher la chair. Dans une jatte, mélanger crevettes, champignons, porc, sauce de soja, huile, oignon, gingembre et châtaignes.
2 Préparer les carrés de pâte won-ton un par un (couvrir d'un linge humide jusqu'à l'emploi). Au centre de chacun d'eux, disposer 1 cuil. à café bombée du mélange.
3 Humecter les bords, replier en deux dans la diagonale et pincer les pointes ensemble. Dresser les won-tons sur un plat saupoudré de Maïzena.
4 Cuire les won-tons 4 à 5 minutes dans de l'eau bouillante. Dans une autre casserole, amener le bouillon à ébullition. Ôter les won-tons avec une écumoire et les placer dans des bols. Répartir l'oignon émincé, puis verser le bouillon.

SOUPE DE CREVETTES AU POTIRON ET À LA NOIX DE COCO

Préparation : 15 minutes
Cuisson : 20 minutes
Pour 4 à 6 personnes

✩✩

500 g de potiron, coupé en dés
4 cuil. à soupe de jus de citron vert
1 kg de grosses crevettes crues
2 oignons, hachés
1 petit piment rouge frais, finement haché
1 tige de lemon-grass (partie blanche), hachée
1 cuil. à café de pâte de crevettes
1 cuil. à café de sucre
375 ml de lait de coco
1 cuil. à café de purée de tamarin
125 ml de crème de coco
1 cuil. à soupe de sauce de poisson
2 cuil. à soupe de feuilles de basilic thaï frais, hachées

1 Mélanger le potiron et la moitié du jus de citron dans une jatte. Décortiquer les crevettes et ôter le boyau.
2 Mixer l'oignon, le piment, le lemon-grass, la pâte de crevettes, le sucre et 3 cuil. à soupe du lait de coco en pâte.
3 Dans une grande casserole, mélanger la pâte avec le reste du lait de coco, la purée de tamarin et 250 ml d'eau. Ajouter le potiron et le jus de citron vert et porter à ébullition. Réduire le feu, couvrir et laisser frémir 10 minutes (le potiron doit devenir tendre).
4 Ajouter les crevettes et la crème de coco et laisser mijoter 3 minutes : les crevettes doivent être juste roses. Incorporer la sauce de poisson, le reste du jus de citron vert et le basilic thaï. Verser la soupe dans des bols préchauffés et décorer de basilic thaï.

CI-DESSUS : Soupe de crevettes au potiron et à la noix de coco

POTAGE AUX QUENELLES DE SAUMON

Préparation : 20 minutes
Cuisson : 25 minutes
Pour 6 personnes

✯✯✯

400 g de darnes de saumon
1 l de fumet de poisson
125 ml de vin blanc sec
2 cuil. à café de jus de citron
1 petite carotte, finement hachée
2 oignons nouveaux, finement émincés
2 brins d'aneth frais
2 brins de persil frais
3 grains de poivre noir
1 blanc d'œuf, bien froid
125 ml de crème fleurette, bien froide
2 cuil. à soupe de feuilles de cerfeuil frais, hachées

1 Dépouiller le saumon de sa peau, ôter les arêtes et réserver la chair. Pour les quenelles, prélever 150 g de poisson, le hacher grossièrement, le couvrir et le réfrigérer. Pour la soupe, mélanger dans une casserole la peau, les arêtes, le reste du saumon, le fumet de poisson, le vin, le jus de citron, la carotte, les oignons, l'aneth, le persil et les grains de poivre. Porter lentement à ébullition, réduire le feu, couvrir et laisser frémir 15 minutes. Tamiser, puis jeter les légumes (réserver la chair de saumon pour garnir des sandwiches : lorsqu'elle est froide, l'effeuiller et la mélanger avec un peu de mayonnaise).
2 Verser la soupe dans une casserole propre, porter à ébullition et réduire dès qu'elle frémit. Assaisonner à volonté.
3 Pour les quenelles, mixer finement le saumon réservé. Ajouter le blanc d'œuf petit à petit, de manière à obtenir une purée. Transférer le mélange dans une jatte réfrigérée et assaisonner de sel et de poivre blanc. Fouetter la crème et l'incorporer au saumon. Former des quenelles à l'aide de 2 cuillères à café plongées dans de l'eau froide. Les ajouter ensuite dans la soupe, en deux fournées, les pocher 2 minutes, puis les disposer dans des bols préchauffés.
4 Réchauffer la soupe ; la retirer du feu dès qu'elle bout. En arroser les quenelles. Parsemer de cerfeuil, puis servir.

NOTES : On peut employer de la truite de mer. Pour que les quenelles soient très légères, les ingrédients doivent être extrêmement froids. Les quantités sont indiquées pour 24 quenelles.

MARMITE DIEPPOISE

Préparation : 45 minutes
Cuisson : 30 minutes
Pour 4 personnes

✯✯

500 g de crevettes moyennes crues
600 g de moules
350 g de noix de Saint-Jacques
300 g de filets de poissons (lotte, dorade, saumon, etc.), dépouillés de leur peau
1/2 blanc de poireau moyen, émincé
1/2 petit bulbe de fenouil, émincé
375 ml de vin blanc sec
2 brins de thym frais
1 feuille de laurier
150 g de champignons de Paris, émincés
250 ml de crème fleurette
1 cuil. à soupe de persil plat frais, haché

1 Décortiquer les crevettes et ôter le boyau en partant de la tête.
2 Gratter les moules avec une brosse dure et les ébarber. Jeter les moules abîmées et celles que l'on ne parvient pas à refermer. Bien les rincer.
3 Ôter tout boyau, membrane et tout muscle blanc dur des Saint-Jacques, en laissant le corail attaché. Couper le poisson en cubes.
4 Dans une grande casserole à fond épais, mélanger le poireau, le fenouil, le vin, le thym, le laurier et les moules. Porter à ébullition, couvrir et laisser les moules s'ouvrir (4 à 5 minutes) ; remuer de temps en temps. Retirer les moules à l'aide d'une écumoire ; se débarrasser de celles qui sont fermées. Décoquiller, puis jeter les coquilles.
5 Amener le liquide de cuisson au point de frémissement. Ajouter les crevettes et les Saint-Jacques, couvrir et laisser frémir 2 minutes. Ôter les crevettes et les Saint-Jacques et les réserver.
6 Ramener le liquide de cuisson au point de frémissement et ajouter le poisson. Le pocher 3 minutes, le retirer dès qu'il est cuit et le réserver. Tapisser une passoire d'une double épaisseur de mousseline humide, puis tamiser le liquide au-dessus d'une casserole propre. Porter à ébullition, ajouter les champignons et faire cuire 3 minutes à feu vif. Incorporer la crème, puis laisser frémir 5 minutes, en remuant de temps, jusqu'à ce que le mélange s'épaississe. Ajouter les moules, les crevettes, les Saint-Jacques et le poisson et réchauffer. Assaisonner, parsemer de persil, puis servir.

SAUMON
Lorsqu'on achète des darnes de saumon, certains signes de fraîcheur sont à rechercher. La chair doit adhérer à l'arête centrale : avec le temps, les tissus conjonctifs se défont et se séparent de l'arête. La chair ne doit présenter ni tache ni trace de décoloration ou de dessèchement. Elle doit être translucide et luisante. Et, comme tous les poissons frais, elle doit dégager une agréable odeur d'iode. Les darnes baignant dans du liquide sont à éviter.

PAGE DE GAUCHE : Potage aux quenelles de saumon (en haut) ; marmite dieppoise

BOUILLABAISSE
Les pêcheurs de Marseille accommodaient les poissons qu'ils n'arrivaient pas à vendre. Ils les cuisaient dans une casserole d'eau avec d'autres ingrédients, d'où le nom de bouillabaisse, qui n'est que la contraction des verbes bouillir et abaisser (réduire). Toutes les sortes de poissons conviennent pour cette soupe.

CI-DESSUS : Bouillabaisse

BOUILLABAISSE

Préparation : 40 minutes
Cuisson : 30 minutes
Pour 4 personnes

☆☆

- 300 g de crevettes moyennes crues
- 16 à 18 moules
- 200 g de noix de Saint-Jacques
- 1,5 kg de filets de poissons blancs (rascasse, dorade, rouget, lotte, etc.)
- 2 cuil. à soupe d'huile
- 1 bulbe de fenouil, finement émincé
- 1 oignon, haché
- 5 tomates mûres, pelées, épépinées et hachées
- 1,25 l de fumet de poisson
- 1 pincée de stigmates de safran
- 1 feuille de laurier
- 1 bouquet garni
- 1 lanière de zeste d'orange de 5 cm
- 1 cuil. à soupe de persil frais haché, pour décorer

Rouille

- 1 petit poivron rouge
- 1 piment rouge
- 1 tranche de pain blanc, sans croûte
- 2 gousses d'ail
- 1 jaune d'œuf
- 80 ml d'huile d'olive

1 Décortiquer les crevettes et ôter le boyau en partant de la tête. Gratter les moules avec une brosse dure et les ébarber. Jeter les moules abîmées et celles que l'on ne parvient pas à refermer. Ôter tout boyau, membrane et muscle blanc dur des Saint-Jacques, en laissant le corail attaché. Couper le poisson en cubes. Couvrir et réfrigérer les fruits de mer.

2 Dans une grande casserole, faire dorer le fenouil et l'oignon 5 minutes dans l'huile chaude. Ajouter la tomate et faire cuire 3 minutes. Incorporer le fumet, le safran, le laurier, le bouquet garni et le zeste. Porter à ébullition et laisser bouillir 10 minutes. Réduire le feu et ajouter Saint-Jacques, crevettes, moules et poisson. Laisser frémir 4 à 5 minutes, le temps que les moules s'ouvrent. Jeter les moules fermées. Retirer le bouquet garni et le zeste.

3 Pour la rouille, débarrasser le poivron et le

piment de leurs graines et de leurs filaments blancs, puis les couper en gros morceaux. Les disposer dans un plat, peau sur le dessus ; les enfourner jusqu'à ce que leur peau se boursoufle. Les laisser refroidir, puis les peler.

4 Faire tremper le pain dans 3 cuil. à soupe d'eau. Le presser pour exprimer le liquide. Mixer ensemble le poivron, le piment, le pain, l'ail et le jaune d'œuf, tout en versant l'huile en filet.

5 Verser la bouillabaisse dans quatre bols, parsemer de persil, puis servir avec la rouille.

SOUPE DE FRUITS DE MER MANHATTAN

Préparation : 30 minutes
Cuisson : 30 minutes
Pour 4 à 6 personnes

☆

60 g de beurre
3 tranches de lard fumé, hachées
2 oignons, hachés
2 gousses d'ail, finement hachées
2 branches de céleri, émincées
3 pommes de terre, coupées en dés
1,25 l de fumet de poisson ou de bouillon de volaille
3 cuil. à café de thym frais, haché
12 grosses crevettes crues
1 cuil. à soupe de concentré de tomates
425 g de tomates en boîte, concassées
375 g de filets de poissons blancs (lingue, cabillaud, colin, etc.), dépouillés de leur peau et coupés en cubes
310 g de petites palourdes en boîte, non égouttées
2 cuil. à soupe de persil frais, haché
Zeste d'orange râpé, pour décorer

1 Dans une grande casserole, faire fondre le beurre à feu doux, puis le lard, l'oignon, l'ail et le céleri ; remuer sans laisser brunir.

2 Ajouter les pommes de terre, le fumet et le thym et porter à ébullition. Réduire le feu, couvrir et laisser frémir 15 minutes.

3 Pendant ce temps, décortiquer les crevettes et ôter le boyau en partant de la tête. Ajouter le concentré de tomates et les tomates concassées dans la casserole, remuer et ramener à ébullition. Ajouter le poisson, les crevettes et les palourdes avec leur liquide. Laisser frémir 3 minutes à feu doux. Assaisonner à volonté et incorporer le persil. Décorer du zeste d'orange et servir.

CI-DESSOUS : Soupe de fruits de mer Manhattan

SOUPE DE POISSON AUX NOUILLES

Préparation : 15 minutes
Cuisson : 20 minutes
Pour 4 personnes

☆

200 g de vermicelle de riz séché
1 cuil. à soupe d'huile
2,5 cm de gingembre frais, râpé
3 petits piments rouges, finement hachés
4 oignons nouveaux, hachés
800 ml de lait de coco
2 cuil. à soupe de sauce de poisson
2 cuil. à soupe de purée de tomates
500 g de filets de poissons blancs (serran, rouget, cabillaud, dorade, etc.), dépouillés de leur peau et coupés en cubes
2 tranches de jambon très épaisses, coupées en cubes
150 g de haricots kilomètres, coupés en tronçons de 3 cm
180 g de germes de soja
1 cuil. à soupe de feuilles de menthe fraîche, hachées
80 g de cacahuètes grillées non salées

1 Faire tremper le vermicelle 5 minutes dans de l'eau bouillante. Bien l'égoutter.
2 Dans une sauteuse, faire chauffer l'huile, ajouter le gingembre, les piments et les oignons nouveaux. Cuire le tout 3 minutes à feu moyen.
3 Ajouter le lait de coco, la sauce de poisson et la purée de tomates, couvrir et laisser mijoter 10 minutes.
4 Ajouter le poisson, le jambon et les haricots kilomètres et laisser mijoter 10 minutes, le temps que le poisson soit tendre. Dans quatre bols, répartir le vermicelle, les germes de soja et la menthe, verser la soupe, puis parsemer de cacahuètes.

CI-DESSOUS : Soupe de poisson aux nouilles

SOUPE D'HUÎTRES À LA CRÈME

Préparation : 15 minutes
Cuisson : 20 minutes
Pour 4 personnes

☆

18 huîtres fraîches
15 g de beurre
1 petit oignon, finement haché
125 ml de vin blanc
375 ml de fumet de poisson
250 ml de crème fleurette
6 grains de poivre noir
6 feuilles de basilic frais, déchirées
1 cuil. à café de jus de citron vert
Oignons nouveaux émincés, pour décorer
Lanières de feuilles de basilic frais, pour décorer

1 Égoutter les huîtres en recueillant le liquide. Faire fondre le beurre dans une petite casserole, ajouter l'oignon, puis couvrir. Faire revenir l'oignon à feu doux, jusqu'à ce qu'il soit tendre ; remuer de temps en temps, pour qu'il ne brunisse pas. Verser le vin, le laisser frémir 5 minutes, afin qu'il réduise de moitié.
2 Ajouter le fumet et laisser frémir 2 minutes. Ajouter la crème, le poivre, le basilic et 6 huîtres grossièrement hachées. Laisser frémir 5 minutes. Tamiser en pressant bien le mélange pour extraire le maximum de saveur. Enlever les résidus solides de la passoire.
3 Remettre le liquide dans la casserole et l'amener à ébullition. Ajouter le jus de citron et le liquide des huîtres réservé. Assaisonner à volonté. Verser la soupe dans des bols, ajouter 3 huîtres dans chacun d'eux. Rehausser de poivre noir concassé et décorer d'oignon nouveau et de basilic.

SOUPE DE NOUILLES UDON AUX CREVETTES

Préparation : 20 minutes
Cuisson : 30 minutes
Pour 6 personnes

☆

- 500 g de crevettes moyennes crues
- 1 cuil. à soupe 1/2 d'huile
- 1 tige de lemon-grass (partie blanche), hachée
- 2 gousses d'ail, hachées
- 2 petits piments rouges frais, coupés en deux
- 2 feuilles de citron kaffir fraîches
- 1 citron vert, coupé en quatre
- 4 oignons nouveaux, émincés en biais
- 500 g de nouilles udon séchées
- 2 cuil. à soupe de sauce de soja
- 100 g de champignons shiitake, coupés en deux
- 1 cuil. à soupe de feuilles de coriandre fraîche
- 500 g de pak-choï, équeuté et feuilles séparées

1 Décortiquer les crevettes en réservant têtes et carapaces. Ôter le boyau en partant de la tête.

2 Chauffer l'huile dans une grande casserole, ajouter les têtes et les carapaces des crevettes et les cuire à feu vif jusqu'à ce qu'elles deviennent roses. Ajouter le lemon-grass, l'ail, les piments, les feuilles de citron, les quartiers de citron vert, la moitié des oignons nouveaux et 2 l d'eau. Porter à ébullition, puis réduire le feu et laisser frémir 20 minutes. Tamiser dans une passoire fine au-dessus d'une jatte et enlever les résidus solides. Rincer la casserole et y remettre le bouillon.

3 Plonger les nouilles dans une grande casserole d'eau bouillante salée, les cuire 5 minutes environ, le temps qu'elles soient tendres. Les égoutter.

4 Amener le fumet à ébullition. Ajouter la sauce de soja et la chair des crevettes et laissez cuire 5 minutes : les crevettes doivent être roses. Ajouter le reste des ingrédients. Saler et poivrer à volonté.

5 Répartir les nouilles dans six bols, puis arroser de la soupe. Le cas échéant, décorer de quartiers de citron vert.

NOUILLES UDON
Cylindriques, carrées ou plates, ces longues nouilles épaisses et blanches sont à base de farine de blé. Les nouilles udon se trouvent dans le commerce séchées, fraîches ou précuites. Elles s'emploient principalement dans les soupes et les plats mijotés japonais.

CI-DESSUS : Soupe de nouilles udon aux crevettes

SOUPE DE POISSON

Épépiner la tomate à l'aide d'une cuillère.

Écumer la mousse se formant à la surface.

Tamiser la soupe au-dessus d'une casserole propre à travers une mousseline humide.

PAGE CI-CONTRE : Zuppa di cozze (en haut) ; soupe de poisson

SOUPE DE POISSON

Préparation : 30 minutes
Cuisson : 45 minutes
Pour 6 personnes

☆☆

1 grosse tomate mûre
1,5 kg d'arêtes de poissons blancs, hachées
1 blanc de poireau, haché
1 carotte, hachée
1 branche de céleri, hachée
1 grosse gousse d'ail, hachée
1 feuille de laurier
3 brins de persil frais
6 grains de poivre noir
250 ml de vin blanc sec
1 cuil. à soupe de jus de citron
250 g de filets de poissons (dorade, perche, cabillaud, rouget), dépouillés et coupés en cubes
2 cuil. à soupe de feuilles de cerfeuil
1/4 de citron, coupé en très fines rondelles

1 Inciser en croix la base de la tomate. La disposer dans une jatte en Pyrex et la recouvrir d'eau bouillante. La faire blanchir 30 secondes, la plonger dans de l'eau froide, l'égoutter et la peler en partant de la croix. La couper en deux, l'épépiner avec une cuillère à café et hacher finement la pulpe.
2 Rincer les arêtes à l'eau froide et les mettre dans une grande casserole avec le poireau, la carotte, le céleri, l'ail, la feuille de laurier, le persil, le poivre, le vin, le jus de citron et 2 l d'eau. Amener à ébullition ; écumer la mousse se formant à la surface. Réduire le feu et laisser frémir 20 minutes.
3 Tamiser et enlever les arêtes et les légumes. Tamiser de nouveau la soupe à travers une passoire tapissée de mousseline humide, au-dessus d'une casserole propre. Chauffer de nouveau et laisser frémir 10 minutes.
4 Ajouter le poisson et laisser frémir 2 minutes, jusqu'à ce qu'il soit tendre. Assaisonner à volonté de sel et de poivre blanc moulu.
5 Répartir la tomate hachée et le cerfeuil entre six bols préchauffés et arroser de la soupe chaude. Ajouter les rondelles de citron et servir sans plus attendre.
NOTE : Humecter la mousseline pour qu'elle n'absorbe pas trop de soupe.

ZUPPA DI COZZE

Préparation : 25 minutes
Cuisson : 35 minutes
Pour 6 personnes

☆☆

200 g de tomates mûres
1 kg de moules
2 cuil. à soupe d'huile d'olive
40 g de beurre
1 blanc de poireau, finement haché
3 gousses d'ail, écrasées
1 pincée de stigmates ou de poudre de safran
1 cuil. à soupe de coriandre ou de persil frais, finement haché
1 petit piment rouge frais, finement haché
170 ml de vin blanc sec

1 Inciser en croix la base de chaque tomate. Les disposer ensuite dans une jatte en Pyrex et les recouvrir d'eau bouillante. Les faire blanchir 30 secondes, les plonger dans de l'eau froide, les égoutter et les peler en partant de la croix. Ensuite, les couper en deux, les épépiner avec une cuillère à café, puis hacher finement la pulpe.
2 Gratter les moules avec une brosse dure et les ébarber. Jeter les moules abîmées et celles que l'on ne parvient pas à refermer. Bien les rincer.
3 Chauffer l'huile et le beurre dans une grande casserole. Faire revenir le blanc de poireau et l'ail à feu doux jusqu'à ce que le poireau soit tendre ; veiller à ce qu'il ne brunisse pas. Ajouter le safran, la coriandre ou le persil et le piment. Laisser cuire 1 à 2 minutes en remuant. Augmenter le feu et verser le vin. Porter le tout à ébullition, puis laisser cuire 1 à 2 minutes. Ajouter la tomate hachée et 250 ml d'eau. Couvrir et laisser frémir 20 minutes.
4 Ajouter les moules, couvrir afin qu'elles s'ouvrent. Au bout de 4 à 5 minutes, enlever celles qui ne se sont pas ouvertes. Afin que la soupe ne contienne pas trop de coquilles, retirer un tiers des moules, les décoquiller et remettre leur chair dans la soupe. Saler et poivrer à volonté. Servir sans plus attendre avec du pain.

POTAGE DE SAINT-JACQUES LIÉ À L'ŒUF

Préparation : 30 minutes
+ 10 minutes de réfrigération
Cuisson : 45 minutes
Pour 4 personnes

☆☆

300 g de noix de Saint-Jacques
1 cuil. à soupe de xérès sec
1/4 de cuil. à café de poivre blanc moulu
1 cuil. à café de gingembre frais râpé
7 oignons nouveaux
2 cuil. à soupe d'huile
1 cuil. à soupe de Maïzena
750 ml de bouillon de volaille
2 cuil. à soupe de sauce de soja
75 g de champignons en boîte, coupés en deux
50 g de petits pois surgelés
1 œuf, légèrement battu
Xérès sec, en plus, à volonté
2 cuil. à café de sauce de soja, en plus

1 Ôter boyau, membrane et muscle blanc dur des noix de Saint-Jacques, en laissant le corail attaché. Les mélanger dans une jatte avec le xérès, le poivre et le gingembre, puis réfrigérer 10 minutes.

2 Hacher finement les oignons nouveaux, en séparant les parties blanches des vertes.

3 Faire chauffer l'huile dans un wok ou une poêle à fond épais ; bien répartir l'huile dans le fond et sur les parois. Faire revenir 30 secondes la partie blanche des oignons. Ajouter les Saint-Jacques et leur liquide et les cuire à feu vif, en les retournant, jusqu'à ce qu'elles soient d'un blanc laiteux. Les disposer dans une jatte.

4 Délayer la Maïzena dans un peu de bouillon et l'ajouter dans le wok avec le reste du bouillon et la sauce de soja. Porter à ébullition et laisser épaissir en remuant. Ajouter les champignons et les petits pois et laisser cuire 2 minutes. Remettre les Saint-Jacques dans le wok, remuer.

5 Ajouter le jaune d'œuf ; remuer jusqu'à ce qu'il soit opaque. Incorporer la partie verte des oignons nouveaux et ajouter du xérès à volonté et la sauce de soja. Décorer d'oignon nouveau émincé.

NOTE : Égoutter et rincer les champignons avant l'emploi. Le reste de la boîte se conservera 3 jours au réfrigérateur, dans un bol d'eau.

CI-DESSUS : Potage de Saint-Jacques lié à l'œuf

SOUPE DE FRUITS DE MER ASIATIQUE

Préparation : 30 minutes
Cuisson : 40 minutes
Pour 6 personnes

☆

4 tomates mûres
1 cuil. à soupe d'huile
5 cm de gingembre frais, râpé
3 tiges de lemon-grass (partie blanche), finement hachées
3 petits piments rouges frais, finement hachés
2 oignons, hachés
750 ml de fumet de poisson
4 feuilles de citron kaffir, coupées en fines lanières
160 g d'ananas frais, coupé en très petits morceaux
1 cuil. à soupe de concentré de tamarin
1 cuil. à soupe de sucre de palme râpé ou de cassonade
2 cuil. à soupe de jus de citron vert
1 cuil. à soupe de sauce de poisson
500 g de crevettes moyennes crues
500 g de filets de poissons (dorade, serran, rascasse, rouget, etc.), dépouillés de leur peau et coupés en cubes
2 cuil. à soupe de coriandre fraîche, hachée

1 Inciser en croix la base de chaque tomate. Les disposer dans une jatte et les couvrir d'eau bouillante. Les faire blanchir 30 secondes, les plonger dans de l'eau froide, les égoutter et les peler en partant de la croix. Les couper en deux, les épépiner avec une cuillère à café et hacher finement la pulpe.

2 Faire chauffer l'huile dans une sauteuse, ajouter le gingembre, le lemon-grass, le piment et l'oignon, et faire sauter le tout 5 minutes à feu moyen : l'oignon doit devenir doré.

3 Incorporer les tomates et laisser cuire 3 minutes. Ajouter le fumet, les feuilles de citron, l'ananas, le tamarin, le sucre, le jus de citron vert, la sauce de poisson et 750 ml d'eau. Couvrir et amener à ébullition. Réduire le feu et laisser frémir 15 minutes.

4 Pendant ce temps, décortiquer les crevettes et ôter le boyau. Ajouter la chair des crevettes, le poisson et la coriandre dans la sauteuse, et laisser mijoter 10 minutes (le poisson doit être tendre). Assaisonner à volonté.

CI-DESSOUS : Soupe de fruits de mer asiatique

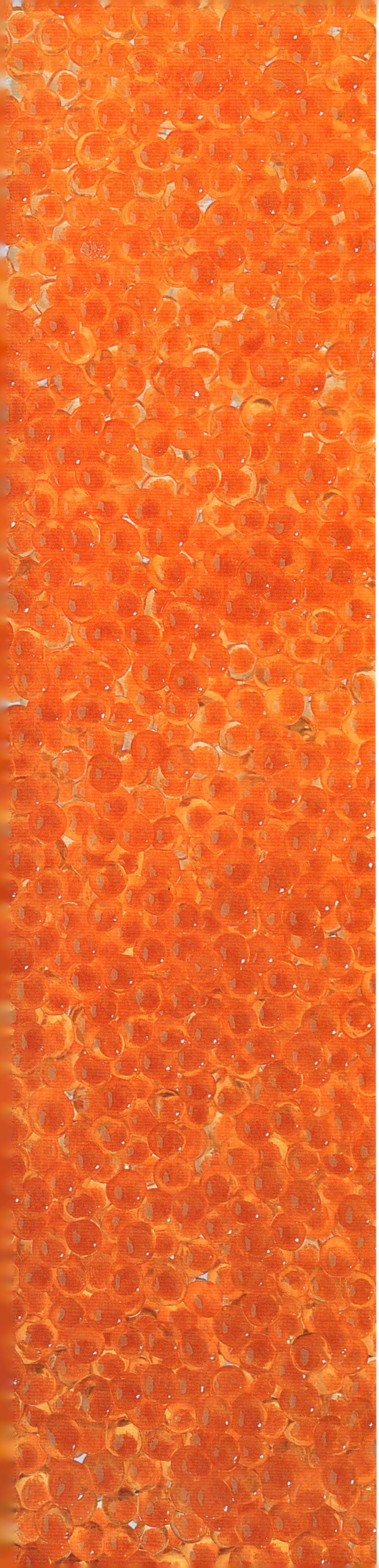

AMUSE-GUEULES ET EN-CAS

Parfaits pour un pique-nique, un dîner léger, un déjeuner informel entre amis ou une soirée, les en-cas sont de tailles et de formes extrêmement variées. Du bol fumant de moules marinières à déguster avec un verre de vin blanc au pâté de poisson fumé à tartiner sur du pain grillé beurré, le poisson et les fruits de mer s'accommodent de mille et une façons. Ce chapitre propose quelques recettes exotiques, comme celle des corbeilles de nouilles aux crevettes et aux petits pois, qui donnent toujours un air de fête aux repas. Des instructions détaillées permettent de confectionner ces bouchées raffinées que sont les sushis et les sashimis.

TARAMA
La version traditionnelle de ce plat grec emploie des œufs de mulet séchés et salés, de couleur orange. On peut se les procurer dans les boutiques spécialisées, dans les ingrédients grecs et turcs. À défaut, on les remplace par des œufs de cabillaud fumés. Le tarama peut se servir avec du pain dans un assortiment de mézès.

CI-DESSUS: Tarama

TARAMA

Préparation: 10 minutes
Cuisson: aucune
Pour 250 ml

☆

4 tranches de pain blanc, sans croûte
1 petit oignon, finement râpé
100 g d'œufs de cabillaud fumés
2 cuil. à soupe de jus de citron
60 ml d'huile d'olive

1 Faire tremper la mie de pain dans une jatte d'eau froide. L'essorer en exprimant le plus d'eau possible et la remettre dans la jatte lavée.
2 Ajouter l'oignon, les œufs de cabillaud, le jus de citron et l'huile et bien mélanger à l'aide d'une fourchette. Saler et poivrer à volonté.
3 On peut aussi mixer tous les ingrédients ensemble. Servir avec des tranches de pain.
NOTE: Le tarama se conserve 3 jours au réfrigérateur dans un récipient hermétique.

MOUSSE À L'ŒUF ET AU CAVIAR

Préparation: 1 heure + 2 heures de réfrigération
Cuisson: 6 minutes
Pour 10 à 12 personnes

☆☆

7 œufs
3 cuil. à soupe de persil frais, finement haché
3 cuil. à soupe de mayonnaise à l'œuf entier
80 g de ciboulette, finement hachée
500 g de fromage frais, ramolli à température ambiante
90 g d'œufs de lump noirs
300 g de crème fraîche
Ciboulette ciselée et œufs de lump noirs, en plus, pour décorer

1 Déposer délicatement les œufs dans une casserole d'eau froide. Porter à ébullition, réduire le feu et laisser frémir 6 minutes. Égoutter et plonger les œufs dans l'eau glacée pour arrêter la cuisson. Les laisser refroidir, puis les retirer de l'eau. Les écaler et les écraser. Ajouter à ce hachis le persil, la mayonnaise, du sel et du poivre.
2 Tapisser de film alimentaire un moule à flan cannelé à fond amovible (d'environ 18 cm de diamètre); laisser le film dépasser: le démoulage n'en sera que plus aisé.
3 Mettre la moitié du mélange aux œufs dans le moule. Bien tasser et lisser le dessus avec une spatule ou le dos d'une cuillère, en pressant bien contre les parois du moule. Parsemer la moitié de la ciboulette, en l'enfonçant bien. À l'aide d'une spatule propre et chaude, étaler la moitié du fromage frais afin de former une seconde couche. Recouvrir de la moitié des œufs de lump et tasser doucement.
4 Alterner à nouveau les couches de mélange aux œufs, de ciboulette, de fromage frais et d'œufs de lump. Recouvrir de film alimentaire en appuyant bien pour que les couches adhèrent les unes aux autres. Réfrigérer 2 heures.
5 Retirer le film alimentaire du dessus et poser une assiette sur le moule. Retourner le tout en tenant bien le moule et démouler doucement. Enlever le film alimentaire en veillant à ne pas abîmer les cannelures.
6 Répartir des petits tas de crème fraîche sur le dessus et étaler un peu. Décorer avec la ciboulette ciselée et quelques cuillerées d'œufs de lump. Servir avec des crackers.

MOUSSE PIMENTÉE AU CRABE ET À LA TOMATE

Préparation : 25 minutes
Cuisson : aucune
Pour 6 personnes

☆

- 1 petite tomate mûre
- 340 g de chair de crabe en boîte, égouttée
- 200 g de neufchâtel (voir note)
- 2 cuil. à soupe de sauce de piment
- 2 cuil. à café de concentré de tomates
- 1 cuil. à café de zeste de citron râpé
- 2 cuil. à café de jus de citron
- 1 petit oignon, finement râpé
- 2 oignons nouveaux, finement émincés

1 Inciser en croix la base de la tomate. La mettre dans un bol en Pyrex et la couvrir d'eau bouillante. La faire blanchir 30 secondes, la plonger dans l'eau froide, l'égoutter et la peler en partant de la croix. La couper en deux, l'épépiner avec une cuillère à café, puis hacher finement la pulpe.

2 Exprimer tout le liquide du crabe avec les mains. Dans une jatte, battre le neufchâtel avec une cuillère en bois jusqu'à ce qu'il soit onctueux. Incorporer la chair de crabe, la sauce de piment, le concentré de tomates, le zeste de citron râpé, le jus de citron et l'oignon râpé. Bien assaisonner de sel et de poivre. Mélanger et transférer dans un bol de service.

3 Décorer avec les oignons nouveaux émincés et de la tomate hachée. Couvrir et réfrigérer. Cette sauce peut se servir avec de fines tranches de pain, grillées ou non.

NOTE : Le neufchâtel est un fromage frais onctueux, doux et de bonne qualité.

CI-DESSOUS : Mousse pimentée au crabe et à la tomate

CI-DESSUS : Mousse aux crevettes, au maïs et au piment doux

MOUSSE AUX CREVETTES, AU MAÏS ET AU PIMENT DOUX

Préparation : 1 heure
+ 2 heures de réfrigération
Cuisson : 3 minutes
Pour 8 personnes

☆

1 kg de crevettes moyennes cuites
60 ml de jus de citron vert
100 g de grains de maïs surgelés
3 cuil. à café de zeste de citron vert, finement râpé
250 g de fromage frais, ramolli
3 cuil. à soupe de ciboulette finement hachée
1 cuil. à soupe de sauce de piment douce
4 grosses crevettes cuites, pour décorer

1 Décortiquer les crevettes et ôter le boyau en partant de la tête. Essuyer la chair avec du papier absorbant et la mettre dans une jatte. Asperger de jus de citron vert, couvrir et réfrigérer 10 minutes.
2 Cuire les grains de maïs dans de l'eau bouillante 2 à 3 minutes, le temps qu'ils soient cuits. Les égoutter et les plonger dans de l'eau glacée pour arrêter la cuisson. Les égoutter et les essuyer avec du papier absorbant.
3 Mixer la chair des crevettes citronnée 2 à 3 secondes. Transférer cette mousse dans une jatte, puis incorporer le maïs, le zeste de citron vert, le fromage frais et la ciboulette. Ajouter la sauce de piment et bien mélanger. Couvrir de film alimentaire et réfrigérer au moins 2 heures.
4 Juste avant de servir, décortiquer les grosses crevettes, en laissant les queues intactes. Ôter le boyau situé dans le dos, en partant de la tête. Transférer la sauce dans un bol de service ; décorer avec les crevettes décortiquées. Servir avec des crevettes cuites et décortiquées supplémentaires et du pain pita.

PÂTÉ DE POISSON FUMÉ

Préparation : 10 minutes
+ plusieurs heures de réfrigération
Cuisson : aucune
Pour 4 à 6 personnes

☆

4 filets de maquereau fumé ou de truite fumée
2 à 3 cuil. à soupe de jus de citron jaune ou vert
125 g de fromage frais, ramolli
200 g de beurre, fondu
Brins d'herbes aromatiques fraîches (aneth, fenouil, persil plat, etc.)
Tranches de citron, pour décorer

1 Dépouiller le poisson de sa peau et ôter les arêtes, puis effeuiller grossièrement la chair. La mixer avec le jus de citron, le fromage frais et le beurre, de manière à obtenir une purée onctueuse. Poivrer à volonté.
2 Mettre le mélange dans un plat de service d'une contenance de 500 ml et réfrigérer plusieurs heures. Décorer de brins d'herbes aromatiques fraîches et de tranches de citron. Servir avec du pain grillé ou des crackers.

BÛCHE AU SAUMON ET À LA CIBOULETTE

Préparation : 10 minutes
+ plusieurs heures de réfrigération
Cuisson : aucune
Pour 4 à 6 personnes

☆

250 g de fromage frais, ramolli
2 cuil. à soupe de crème fraîche
1 cuil. à soupe de jus de citron
3 oignons nouveaux, hachés
420 g de saumon rouge en boîte, égoutté, arêtes et peau retirées
1 cuil. à café de poivre noir fraîchement moulu
40 g de noix de pécan, finement hachées
80 g de ciboulette fraîche, finement hachée

1 Dans une jatte, battre ensemble le fromage frais, la crème fraîche et le jus de citron jusqu'à ce que le mélange soit onctueux. Incorporer les oignons, le saumon, le poivre, les noix de pécan et un quart de la ciboulette. Réfrigérer plusieurs heures, jusqu'à ce que le mélange soit ferme.

2 Placer le mélange sur une feuille de film alimentaire, puis rouler le tout en une longue bûche. Retirer le film, puis rouler la bûche dans le reste de la ciboulette hachée. Réfrigérer jusqu'à l'emploi. Servir avec des crackers ou du pain.

CI-DESSUS : Pâté de poisson fumé (en haut) ; bûche au saumon et à la ciboulette

GRAVLAX

Ôter avec soin toutes les arêtes du saumon.

Frotter le second filet de saumon du reste du mélange au sucre.

Fouetter ensemble tous les ingrédients de la sauce moutarde.

Pour servir, on peut émincer finement le saumon en biais vers la queue.

PAGE CI-CONTRE : Rillettes de crevettes (en haut) ; gravlax

RILLETTES DE CREVETTES

Préparation : 12 minutes
+ 1 nuit de réfrigération
Cuisson : 3 minutes
Pour 350 g

☆

250 g de petites crevettes cuites
100 g de beurre
1/4 de cuil. à café de muscade râpée
1/4 de cuil. à café de gingembre en poudre
1 pincée de poivre de Cayenne

1 Décortiquer les crevettes et ôter le boyau en partant de la tête. Hacher finement la chair. Faire fondre 60 g du beurre à feu doux dans une petite casserole. Ajouter la chair de crevettes, la muscade, le gingembre, le poivre de Cayenne, du sel et du poivre à volonté.
2 Remuer 2 minutes à feu doux, pour que le beurre soit complètement absorbé. Verser le mélange dans une terrine de 350 ml, bien le tasser et lisser la surface.
3 Faire fondre le reste du beurre dans une petite casserole et en arroser les rillettes (en laissant le dépôt blanc dans la casserole). Réfrigérer une nuit pour que les saveurs se développent. Sortir la terrine un peu avant de la servir et la laisser à température ambiante.

GRAVLAX

Préparation : 10 minutes
+ 24 heures de réfrigération
Cuisson : 5 minutes
Pour 12 personnes

☆☆

60 g de sucre
2 cuil. à soupe de sel de mer
1 cuil. à café de grains de poivre noir écrasés
2,5 kg de filets de saumon avec la peau
1 cuil. à soupe de vodka ou de cognac
4 cuil. à soupe d'aneth frais, haché menu

Sauce moutarde
1 cuil. à soupe 1/2 de vinaigre de cidre
1 cuil. à café de sucre en poudre
125 ml d'huile d'olive
2 cuil. à café d'aneth frais, haché
2 cuil. à soupe de moutarde forte

1 Mélanger le sucre, le sel et le poivre dans un petit plat. Ôter les arêtes du saumon. L'essuyer avec du papier absorbant. Disposer ensuite un filet, peau en dessous, dans un plat à gratin. L'arroser de la moitié de la vodka, frotter la chair de la moitié du mélange au sucre et parsemer de la moitié de l'aneth. Arroser le second filet du reste de la vodka et frotter la chair du reste du mélange au sucre. Le poser, peau en dessous, sur le premier filet. Recouvrir de film alimentaire, placer une planche en bois sur le dessus, puis 3 grosses boîtes de conserve ou de briques enveloppées d'aluminium ménager. Réfrigérer le tout 24 heures, en retournant au bout de 12 heures.
2 Pour la sauce moutarde, fouetter ensemble tous les ingrédients et couvrir jusqu'à l'emploi.
3 Placer les deux filets de saumon sur une planche en bois. Les débarrasser de tout l'aneth et de l'assaisonnement à l'aide d'une brosse dure. Parsemer du reste de l'aneth frais. Secouer pour ôter l'excédent. Servir, avec la sauce, entier ou bien finement émincé.
NOTE : Le gravlax se conserve 1 semaine au réfrigérateur, à couvert.

SCOTCH WOODCOCK

Préparation : 10 minutes
Cuisson : 5 minutes
Pour 4 personnes

☆

2 œufs
4 jaunes d'œufs
150 ml de crème fleurette
2 cuil. à soupe de persil frais, finement haché
1 pincée de poivre de Cayenne
45 g de filets d'anchois en boîte, égouttés
20 g de beurre, ramolli
4 tranches de pain épaisses, grillées

1 Fouetter ensemble les œufs entiers, les jaunes d'œufs, la crème, la moitié du persil et le poivre de Cayenne dans une jatte. Saler et poivrer. Verser le mélange dans une petite casserole à fond épais et faire cuire à feu doux, en remuant fréquemment, jusqu'à ce que les œufs brouillés soient cuits. Ne pas trop cuire ni trop remuer.
2 Écraser les anchois et le beurre à la fourchette en une pâte onctueuse. En tartiner le pain.
3 Napper ensuite les tartines d'œufs brouillés, parsemer du reste du persil, puis servir. On peut couper les tranches de pain grillé en triangles.

CI-DESSUS : Croquettes au thon

CROQUETTES AU THON

Préparation : 30 minutes
+ 30 minutes de réfrigération
Cuisson : 40 minutes
Pour 8 pièces

☆

3 pommes de terre à chair farineuse, coupées en 4
30 g de beurre
1 oignon, finement haché
1 gousse d'ail, écrasée
1 poivron rouge, finement haché
420 g de thon en boîte
1 œuf, légèrement battu
2 cuil. à soupe de jus de citron
3 cuil. à soupe de persil frais, haché
30 g de farine
100 g de chapelure sèche
1 œuf, légèrement battu, en plus
2 cuil. à soupe de lait
Huile, pour la friture

1 Cuire les pommes de terre 8 à 10 minutes à l'eau ou à la vapeur (la pointe d'un couteau doit y pénétrer facilement). Les égoutter et les remettre dans la casserole. Les sécher à feu doux, puis les réduire en purée. Laisser refroidir.

2 Dans une poêle, faire fondre le beurre, puis l'oignon et l'ail pendant 5 minutes. Ajouter le poivron rouge et le laisser cuire 5 minutes, le temps qu'il soit tendre ; ne pas cesser de remuer.

3 Égoutter le thon, puis l'écraser à la fourchette dans une jatte. Incorporer la pomme de terre, l'œuf battu, le mélange à l'oignon, le jus de citron et le persil.

4 Mettre la farine et la chapelure dans deux assiettes creuses distinctes. Dans une troisième, battre à la fourchette l'œuf battu et le lait. Former 8 croquettes avec le mélange au thon. Les rouler dans la farine, les plonger dans l'œuf, puis les rouler dans la chapelure. Les ranger ensuite dans un plat ou une lèchefrite. Couvrir et réfrigérer 30 minutes.

5 Dans une poêle à fond épais, faire chauffer environ 3 cuil. à soupe d'huile à feu moyen, y faire dorer les croquettes 2 à 3 minutes sur chaque face, en plusieurs fournées. Les égoutter et les servir très chaud.

NOTE : On peut remplacer le thon par du saumon.

BAGNA CAUDA

Préparation : 5 minutes
Cuisson : 8 minutes
Pour environ 250 ml

☆

320 ml de crème fleurette
45 g de filets d'anchois en boîte, égouttés
10 g de beurre
2 gousses d'ail, écrasées

1 Dans une petite casserole à fond épais, amener lentement la crème à ébullition. Laisser bouillir 8 minutes en remuant fréquemment. Veiller à ce que la crème ne déborde pas. Au bout des 8 minutes, elle doit avoir réduit et épaissi.

2 Pendant ce temps, hacher finement les anchois. Faire fondre le beurre dans une petite casserole, puis ajouter les anchois et l'ail et laisser cuire 1 minute à feu doux, en remuant, sans laisser brunir.

3 Verser la crème et bien mélanger. Saler et poivrer à volonté. Verser dans un bol de service. Servir à température ambiante avec des crudités. En refroidissant, le mélange s'épaissit.

CORBEILLES DE NOUILLES AUX CREVETTES ET PETITS POIS

Préparation : 40 minutes
Cuisson : 20-25 minutes
Pour 4 personnes

★★★

700 g de crevettes moyennes crues
Huile, pour la friture
200 g de nouilles fraîches aux œufs
2 oignons nouveaux, hachés
1 gousse d'ail, écrasée
1/2 cuil. à café de gingembre frais, finement râpé
1/2 cuil. à café d'huile de sésame
1/2 cuil. à café de sauce de poisson
100 g de petits pois, cuits
3 châtaignes d'eau en boîte, émincées
1 cuil. à soupe de menthe fraîche, hachée
2 cuil. à café de ciboulette fraîche, hachée
80 g de germes de pois mange-tout
Brins de ciboulette ou partie verte d'oignon nouveau, pour décorer

1 Décortiquer les crevettes et ôter le boyau en partant de la tête.

2 Remplir une sauteuse d'huile au tiers de sa hauteur et chauffer à 180 °C (une nouille doit brunir en 8 à 10 secondes). Avant que l'huile ne soit trop chaude, plonger 2 paniers métalliques (voir note) dans l'huile, l'un plus petit que l'autre, puis les égoutter en les secouant. Le film d'huile qui s'est formé empêchera les nouilles de coller.

3 Séparer les nouilles et les diviser en 4 portions. Placer 1 portion dans le grand panier et presser le petit panier à l'intérieur pour mouler. En tenant bien les poignées, plonger les paniers dans l'huile et faire dorer les nouilles. Séparer les paniers et ôter la corbeille de nouilles (attention : le métal est très chaud). L'égoutter sur du papier absorbant et la garder au chaud. Répéter l'opération avec le reste des nouilles.

4 Faire chauffer 2 cuil. à soupe de l'huile dans un wok. Faire sauter les crevettes, l'oignon nouveau, l'ail et le gingembre 2 minutes à feu vif : les crevettes doivent être roses. Incorporer l'huile de sésame, la sauce de poisson, les petits pois et les châtaignes d'eau. Retirer du feu, saler et poivrer à volonté. Ajouter la menthe, la ciboulette et les germes de pois mange-tout.

5 Remplir les corbeilles de nouilles du mélange aux crevettes et aux petits pois, décorer, puis servir.

NOTE : On peut remplacer les paniers métalliques, que l'on achète dans les magasins spécialisés, par deux petites écumoires asiatiques.

CORBEILLES DE NOUILLES AUX CREVETTES ET PETITS POIS

Séparer les nouilles aux œufs et les diviser en 4 portions.

Placer une portion à l'intérieur du plus grand panier.

Poser le petit panier à l'intérieur et plonger les deux paniers dans l'huile.

Faire sauter les crevettes, l'oignon nouveau, l'ail et le gingembre à feu vif jusqu'à ce que les crevettes soient roses.

CI-CONTRE : Corbeilles de nouilles aux crevettes et petits pois

CREVETTES EN FAGOT DE NOUILLES

Décortiquer les crevettes avec soin, en laissant les queues.

À l'aide d'un couteau aiguisé, couper les nouilles à la même longueur que les crevettes (sans la queue).

Enrouler chaque crevette enrobée de pâte dans un fagot de nouilles, et lier le tout avec une lanière de nori.

Plonger les fagots dans l'huile très chaude et les faire dorer 1 minute environ.

À DROITE: Crevettes en fagot de nouilles

CREVETTES EN FAGOT DE NOUILLES

Préparation: 45 minutes
Cuisson: 10 minutes
Pour 24 pièces

★★★

1 kg de crevettes moyennes crues
250 g de nouilles somen séchées
2 feuilles de nori (algues séchées)
60 g de farine
2 jaunes d'œufs
Huile, pour la friture

Sauce

80 ml de sauce tonkatsu ou barbecue
2 cuil. à soupe de jus de citron
1 cuil. à soupe de saké ou de mirin
1 à 2 cuil. à café de gingembre frais, râpé

1 Décortiquer les crevettes, sauf la queue, et ôter le boyau en partant de la tête. Les réserver.

2 À l'aide d'un couteau bien aiguisé, couper les nouilles à la même longueur que les crevettes (hors la queue). Couper le nori en lanières de 2,5 cm de largeur.

3 Tamiser la farine au-dessus d'une jatte et creuser une fontaine au centre. Battre les jaunes d'œufs avec 3 cuil. à soupe d'eau, puis les incorporer petit à petit dans la fontaine en fouettant pour obtenir une pâte fluide. Si la pâte est trop épaisse, ajouter 1 cuil. à soupe d'eau. La réserver.

4 Mélanger les ingrédients de la sauce dans un bol; rehausser de gingembre à volonté.

5 Plonger 1 crevette dans la pâte et retirer l'excédent. Poser la crevette sur une portion de nouilles et ramasser le tout en un fagot bien serré (voir photo). Enrouler une lanière de nori au centre de chaque fagot et souder avec un peu de pâte. Répéter l'opération avec le reste des nouilles.

6 Remplir une sauteuse d'huile au tiers de sa hauteur et chauffer à 180 °C (un cube de pain doit brunir en 15 secondes). Frire les fagots par 2 ou 3 pendant 1 à 2 minutes, le temps que les nouilles soient cuites. Les égoutter sur du papier absorbant et les servir chaud avec la sauce.

NOTE : Le nori, la sauce tonkatsu, les nouilles somen séchées et le saké s'achètent dans les épiceries asiatiques.

TOASTS À LA CREVETTE

Préparation : 20 minutes
Cuisson : 10 à 15 minutes
Pour 48 pièces

☆☆

350 g de crevettes moyennes crues
1 gousse d'ail
75 g de châtaignes d'eau ou de pousses de bambou en boîte, égouttées
1 cuil. à soupe de coriandre fraîche, hachée
2 cm de gingembre frais
2 œufs, jaunes et blancs séparés
1/4 de cuil. à café de poivre blanc
1/4 de cuil. à café de sel
12 tranches de pain blanc
160 g de graines de sésame
Huile, pour la friture
Sauce de piment, pour servir

1 Décortiquer les crevettes et ôter le boyau en partant de la tête.

2 Mixer 20 à 30 secondes la chair des crevettes, l'ail, les châtaignes ou les pousses de bambou, la coriandre, le gingembre, les blancs d'œufs, le poivre et le sel. À l'aide d'un emporte-pièce, découper des cercles de 5 cm de diamètre dans les tranches de pain.

3 Badigeonner chaque cercle de jaune d'œuf légèrement battu, puis les tartiner de mélange à la crevette. Saupoudrer d'une généreuse quantité de graines de sésame. Remplir une sauteuse d'huile au tiers de sa hauteur et chauffer à 180 °C (un cube de pain doit brunir en 15 secondes). Faire frire les cercles en plusieurs petites fournées, jusqu'à ce qu'ils soient dorés et croustillants des deux côtés, soit 15 secondes. Les égoutter sur du papier absorbant. Ôter de l'huile à l'aide de pincettes ou d'une écumoire. Égoutter de nouveau sur du papier absorbant. Servir très chaud avec de la sauce de piment.

CHÂTAIGNES D'EAU

La châtaigne d'eau chinoise est cultivée en Chine, au Japon et aux Indes orientales. Il s'agit de la racine à pulpe blanche d'une variété d'herbe aquatique. Les châtaignes d'eau ont une texture croquante et un goût sucré. Elles s'emploient aussi bien dans des plats salés que sucrés. Généralement vendues en boîte, elles sont prêtes à l'emploi. Après ouverture, elles se conservent dans un récipient hermétique rempli d'eau, 3 jours au réfrigérateur.

CI-DESSUS : Toasts à la crevette

MOULES THAÏES

Après avoir bien gratté toutes les moules, les ébarber.

Sortir les moules de l'eau au fur et à mesure qu'elles s'ouvrent.

Décoquiller les moules à l'aide d'un couteau pointu.

PAGE CI-CONTRE : Moules thaïes (en haut, à gauche) ; huîtres à l'estragon ; saumon fumé et vinaigrette à l'aneth

MOULES THAÏES

Préparation : 15 minutes + 10 minutes de repos
Cuisson : 15 minutes
Pour 4 personnes

✯

1 kg de moules
80 ml de jus de citron vert
1 cuil. à soupe de sauce de piment douce
1 cuil. à soupe de sucre de palme râpé ou de cassonade
1 cuil. à soupe de sauce de poisson
1 cuil. à soupe de lemon-grass (partie blanche), finement haché
2 cuil. à soupe de coriandre fraîche, hachée
1 piment rouge, finement haché

1 Gratter les moules à l'aide d'une brosse dure et les ébarber. Jeter les moules cassées ou entrouvertes, ou celles que l'on ne parvient pas à refermer quand on les choque. Bien les rincer.
2 Mélanger le reste des ingrédients dans un bol. Laisser reposer 10 minutes.
3 Cuire les moules en plusieurs fournées dans une casserole d'eau frémissante. Les ôter au fur et à mesure qu'elles s'ouvrent ; ne pas garder celles qui sont toujours fermées au bout de 4 à 5 minutes. Décoquiller les moules et les servir, dans une moitié de coquille, nappées de la sauce.

SAUMON FUMÉ ET VINAIGRETTE À L'ANETH

Préparation : 15 minutes
Cuisson : aucune
Pour 4 personnes

✯

400 g de saumon fumé
2 cuil. à soupe d'huile d'olive
2 cuil. à soupe d'huile
2 cuil. à soupe de jus de citron
3 cuil. à café de cassonade
3 cuil. à soupe d'aneth frais, haché

1 Dresser les tranches de saumon dans des assiettes ou un grand plat, en une seule couche.
2 Mélanger les huiles, le jus de citron et la cassonade dans un bol et remuer jusqu'à dissolution du sucre. Assaisonner à volonté et ajouter 2 cuil. à soupe de l'aneth.
3 Arroser le saumon de la vinaigrette. Étaler avec le dos d'une cuillère. Parsemer du reste de l'aneth et d'un peu de poivre concassé. Décorer avec des quartiers de citron et servir avec du pain de seigle.

HUÎTRES À L'ESTRAGON

Préparation : 15 minutes + 30 minutes de marinade
Cuisson : aucune
Pour 4 personnes

✯

1 cuil. à soupe d'estragon frais, haché
2 cuil. à café d'oignon nouveau, haché menu
2 cuil. à café de vinaigre de vin blanc
1 cuil. à soupe de jus de citron
2 cuil. à soupe d'huile d'olive vierge extra
24 huîtres fraîches

1 Dans un bol, fouetter ensemble l'estragon, l'oignon, le vinaigre, le jus de citron et l'huile.
2 Écailler les huîtres en conservant les coquilles. Mélanger les huîtres avec la vinaigrette, couvrir et réfrigérer 30 minutes. Rincer et réfrigérer les coquilles.
3 Remettre les huîtres dans les coquilles, arroser du reste de la vinaigrette, puis servir.

CIGARETTES DE NORI AU CRABE ET À LA CREVETTE

Égoutter 170 g de crabe en boîte et mixer avec 350 g de crevettes moyennes crues, décortiquées, 1 blanc d'œuf et 2 cuil. à café de gingembre frais râpé. Ajouter 2 cuil. à soupe de coriandre fraîche hachée et 1 oignon nouveau haché ; mixer pour mélanger. Saler et poivrer à volonté. Diviser le mélange entre 2 feuilles de nori et étaler. Rouler en enfermant la garniture. À l'aide d'un couteau aiguisé, couper chaque rouleau en 8 tranches en lavant le couteau après chaque tranche. Les ranger dans un panier de bambou ou une marmite à vapeur métallique, en les espaçant de 2 cm. Les cuire 5 minutes à la vapeur au-dessus d'une grande casserole d'eau frémissante. Décorer de feuilles de coriandre fraîche et servir chaud. Pour 16 rouleaux.

CROQUETTES DE POISSON THAÏES

Préparation : 30 minutes
Cuisson : 10 minutes
Pour 4 à 6 personnes

☆

450 g de filets de poisson blanc à chair ferme (cabillaud, colin, lingue, dorade rose), dépouillés de leur peau et hachés
45 g de farine de riz ou de Maïzena
1 cuil. à soupe de sauce de poisson
1 œuf, légèrement battu
3 cuil. à soupe de feuilles de coriandre fraîche
3 cuil. à café de pâte de curry rouge (voir note)
1 à 2 cuil. à café de piment rouge, haché (facultatif)
100 g de haricots verts, très finement émincés
2 oignons nouveaux, finement hachés
125 ml d'huile, pour la friture
Sauce de piment doux, ou autre sauce, pour servir

1 Mixer le poisson 20 secondes. Ajouter la farine de riz, la sauce de poisson, l'œuf, les feuilles de coriandre, la pâte de curry et, le cas échéant, le piment. Mixer 10 secondes en une pâte homogène et transférer dans une jatte. Incorporer les haricots verts et les oignons et bien mélanger.

2 S'humecter les mains et former des croquettes rondes et plates avec 2 cuil. à soupe bombées de pâte chacune.

3 Faire chauffer l'huile à feu moyen dans une poêle à fond épais. Faire dorer les croquettes de chaque côté, par fournées de 4. Égoutter sur du papier absorbant et servir avec de la sauce de piment doux. On peut décorer la sauce de cacahuètes hachées et de concombre coupé en fins dés.

NOTE : La pâte de curry rouge s'achète dans les épiceries et les supermarchés asiatiques.
On peut préparer les croquettes à l'avance, jusqu'à la fin de l'étape 2, les couvrir et les réfrigérer 4 heures. Faire dorer juste avant de servir.

CI-DESSOUS : Croquettes de poisson thaïes

SALADE JAPONAISE AUX CREVETTES ET AU CONCOMBRE

Préparation : 20 minutes
+ 1 heure de marinade
Cuisson : aucune
Pour 4 personnes

✯

1 concombre moyen
375 g de crevettes moyennes cuites
60 ml de vinaigre de riz
1 cuil. à soupe de sucre en poudre
1 cuil. à soupe de sauce de soja
1 cuil. à café de gingembre frais, finement râpé
1 cuil. à soupe de graines de sésame, grillées

1 Couper le concombre en deux dans la longueur et ôter les graines à l'aide d'une cuillère. Le couper en fines rondelles, saupoudrer de 1/2 cuil. à café de sel, couvrir de papier absorbant et laisser dégorger 5 minutes. En exprimer le liquide, puis le réserver sur du papier absorbant.
2 Décortiquer les crevettes, sauf la queue, et ôter le boyau en partant de la tête.
3 Mélanger le vinaigre, le sucre, la sauce de soja et le gingembre dans une jatte et remuer jusqu'à dissolution du sucre. Ajouter les crevettes et le concombre, couvrir et réfrigérer 1 heure. Remuer de temps en temps.
4 Tamiser le mélange à la crevette. Répartir la salade entre 4 assiettes et parsemer des graines de sésame grillées.

CREVETTES EN FEUILLES DE BANANIER

Préparation : 30 minutes + 2 heures de marinade
Cuisson : 15 minutes
Pour 4 personnes

✯✯

1 kg de crevettes moyennes crues
2,5 cm de gingembre frais, râpé
2 petits piments rouges, finement hachés
4 oignons nouveaux, finement hachés
2 tiges de lemon-grass (partie blanche), finement hachées
2 cuil. à café de cassonade

2 cuil. à soupe de jus de citron vert
1 cuil. à soupe de sauce de poisson
1 cuil. à soupe de graines de sésame, grillées
2 cuil. à soupe de coriandre fraîche, hachée
6 à 8 petites feuilles de bananier

1 Décortiquer les crevettes et ôter le boyau en partant de la tête. Mixer le gingembre, le piment, l'oignon nouveau et le lemon-grass afin d'obtenir une pâte. Transférer dans une jatte. Incorporer la cassonade, le jus de citron, la sauce de poisson, les graines de sésame et la coriandre. Ajouter les crevettes et remuer pour enrober. Couvrir et réfrigérer 2 heures.
2 Couper les feuilles de bananier en carrés de 18 cm de côté. Les faire ramollir 3 minutes dans l'eau bouillante. Les égoutter et les essuyer.
3 Diviser le mélange en 8 portions et en placer une au centre de chaque feuille. Plier et fixer la papillote à l'aide d'une brochette en bois.
4 Faire étuver les papillotes 8 à 10 minutes au-dessus d'une eau frémissante, dans un panier de bambou, jusqu'à ce que la garniture soit cuite.
NOTE : Les feuilles de bananier s'achètent dans les épiceries asiatiques. On peut les remplacer par de l'aluminium ménager ou du papier sulfurisé.

CI-DESSUS : Crevettes en feuilles de bananier

SUSHIS ET SASHIMIS

Les Japonais n'emploient que les ingrédients les plus frais pour préparer ces mets traditionnels. Leur présentation est aussi alléchante pour l'œil que pour les papilles.

QUELLE EST LA DIFFÉRENCE ?

Les sashimis japonais sont de très fines lamelles de poisson ou de fruits de mer crus, préparées de diverses façons délicates et généralement servies en apéritif avec différentes sauces.

Les sushis se composent de riz froid aromatisé au vinaigre, recouvert de sashimis et de multiples ingrédients (omelette, légumes, etc.). On peut également mettre une garniture à l'intérieur du riz et enrouler celui-ci dans du nori (algue) précuit. Les sushis se servent en plat principal avec du pickle de gingembre, du soja et du wasabi.

Pour confectionner les sushis, il faut une natte de bambou. Bon marché, celle-ci s'achète dans les épiceries asiatiques. Rien ne peut efficacement la remplacer.

ROULEAUX DE NORI AU THON OU SAUMON

Il faut une natte de bambou, 5 feuilles de nori coupées en deux dans la longueur, 800 g de riz à sushi cuit (voir page 74), du wasabi et 200 g de thon ou de saumon cru coupé en fines lanières. Placer un morceau de nori sur la natte, face luisante en dessous, et étaler 4 cuil. à soupe de riz en laissant une bordure de 2 cm sur une longueur. Creuser légèrement le centre du riz. Étaler une petite quantité de wasabi le long du creux et couvrir d'une lanière de poisson. Rouler la natte en enfermant la garniture et presser doucement pour former un rouleau. Couper le rouleau en deux et chaque moitié en trois. Pour 60 rouleaux.

CÔNES

Il faut 10 feuilles de nori coupées en deux dans la diagonale, 400 g de riz à sushi cuit (voir page 74), du wasabi, 20 petites crevettes crues, décortiquées et boyau ôté, 1 avocat émincé en fines lamelles et 125 g de farine à tempura. Préparer la pâte à tempura en suivant les instructions du fabricant indiquées sur le sachet. Plonger les crevettes dans la pâte et les faire dorer en pleine friture en plusieurs fournées. Égoutter sur du papier absorbant. Mettre une feuille de nori à plat dans une main, face luisante en dessous, placer 2 cuil. à soupe de riz sur le côté gauche et étaler sur la moitié du nori. Étaler un peu de wasabi. Placer une crevette et une lamelle d'avocat sur le riz et rouler en cône en rentrant l'extrémité pointue. Répéter l'opération avec le reste des ingrédients. Pour 20 cônes.

NIGIRIS CREVETTES ET THON

Il faut 10 crevettes cuites, décortiquées, ouvertes en deux et aplaties, 250 g de thon cru, du wasabi et 400 g de riz à sushi cuit (voir page 74). Découper le thon en rectangle, en ôtant toute trace de sang ou de tissu conjonctif. Découper de très fines lamelles ; laver le couteau après chaque découpe. Avec 1 cuil. à soupe de riz à sushi, former un ovale de la dimension des lamelles de poisson. Placer une lamelle de thon dans la main gauche et étaler un peu de wasabi au centre. Placer l'ovale de riz sur le poisson et plier légèrement la paume de la main pour incurver l'ensemble. Enfoncer le riz dans le poisson tout en conservant la forme incurvée. Retourner et répéter l'opération, le poisson étant maintenant sur le riz. Répéter l'opération avec le reste du riz, du thon et des crevettes. Pour 16 à 20 nigiris.

ROULEAUX DE SASHIMI AU SAUMON, AU CONCOMBRE ET À LA CIBOULETTE

Découper 200 g de filet de saumon en lamelles très fines, en biais. Couper 1 petit concombre en deux et l'égrainer. Couper la chair en longues lanières fines. Placer une lamelle de saumon sur une planche de bois, recouvrir de lanières de concombre, rouler et lier avec un brin de ciboulette. Servir avec du gingembre, du shoyu et du wasabi. Pour 25 rouleaux.

NOTE : Le shoyu est une sauce de soja japonaise bien plus claire et sucrée que la sauce de soja chinoise. Après ouverture, le conserver au réfrigérateur.

DE GAUCHE À DROITE : Rouleaux de nori au thon ou saumon ; cônes ; nigiris crevettes et thon ; rouleaux de sashimi au saumon, au concombre et à la ciboulette

SUSHIS ET SASHIMIS

RIZ À SUSHI

Laver 550 g de riz court blanc sous l'eau froide courante jusqu'à ce que celle-ci reste transparente et laisser égoutter 1 heure dans une passoire. Mettre le riz dans une casserole avec 750 ml d'eau et porter à ébullition. Faire cuire 5 à 10 minutes, sans remuer, jusqu'à ce que des « tunnels » se forment à la surface. Réduire le feu, couvrir et laisser cuire 12 à 15 minutes, jusqu'à ce que le riz soit tendre. Ôter du feu, couvrir d'un linge propre et laisser reposer 15 minutes. Mélanger 5 cuil. à soupe de vinaigre de riz, 1 cuil. à soupe de mirin, 2 cuil. à café de sel et 2 cuil. à soupe de sucre dans un bol. Remuer jusqu'à dissolution du sucre. Étaler le riz sur un plat non métallique. Arroser de l'assaisonnement et mélanger. Étaler et laisser revenir à température ambiante. Si le riz est trop froid, il devient dur et difficile à travailler. Couvrir d'un linge humide jusqu'à l'emploi. Pour que le riz ne colle pas aux mains, plonger les doigts dans un bol d'eau chaude additionnée de quelques gouttes de vinaigre de riz. Pour 1,2 kg.

SASHIMIS

Les sashimis sont simples à confectionner si l'on possède un couteau bien aiguisé. Il existe quatre méthodes de découpage. La plus simple consiste à couper droit des lamelles de 2 cm de largeur. Pour obtenir des cubes, on recoupe les lamelles dans l'autre sens. Les poissons blancs se découpent aussi en biais ou en lamelles fines comme du papier à cigarette.

ROULEAUX CALIFORNIENS

Il faut 4 feuilles de nori, 600 g de riz à sushi cuit, 10 g d'œufs de poisson-volant, 1 avocat émincé, 10 crevettes cuites, décortiquées, boyau ôté et coupées en deux dans la longueur, ou 2 bâtonnets au crabe, et 2 cuil. à soupe de mayonnaise japonaise (kyuupi). Placer une feuille de nori sur une natte de bambou, face luisante en dessous. Étaler 2 à 3 cuil. à soupe de riz au centre, en laissant une bordure de 2 cm sur le côté le plus proche de soi. Creuser légèrement le centre du riz et étaler un peu de mayonnaise le long du creux. Étaler 1 cuil. à soupe d'œufs de poisson volant au centre du riz et couvrir d'un peu de crevettes et d'avocat. Enrouler la natte en enfermant la garniture et presser doucement pour former un

rouleau. Couper le rouleau en deux et chaque moitié en trois. Pour 24 rouleaux.

ROULEAUX INVERSÉS

Le riz se trouve à l'extérieur. Employer 8 feuilles de nori et 1,2 kg de riz à sushi cuit. Placer une feuille de nori sur une natte de bambou et étaler du riz sur 1 cm d'épaisseur, en laissant une bordure de 1 cm. Couvrir d'un morceau de film alimentaire légèrement plus grand que le nori. Retourner le tout d'un geste rapide, puis remettre sur la natte, de façon que le film soit en dessous et le nori au-dessus. Étaler un peu de wasabi le long du côté le plus étroit du nori, à 4 cm du bord. Placer des lanières de concombre, de l'avocat et du crabe sur le wasabi, puis rouler en commençant par cette extrémité et en s'aidant du film. Arranger le film autour du rouleau, puis le rouler de nouveau dans la natte. Ôter le film et rouler dans des œufs de poisson-volant ou des graines de sésame. Couper en 2, rectifier les extrémités, puis couper chaque moitié en 3. Servir avec du shoyu. Pour 48 rouleaux.

CHIRASHI-ZUSHI

Ce sushi est présenté dans un bol, le terme chirashi signifiant « éparpillé ». On place un lit de riz à sushi cuit au fond d'un bol laqué et on « éparpille » des légumes et du poisson sur le dessus. Ces derniers peuvent être crus ou cuits mais, en règle générale, le poisson est un sashimi. Ce sushi s'accompagne de pickles de gingembre, de wasabi et de sauce de soja. Il faut 800 g de riz à sushi cuit, 3 cuil. à soupe de graines de sésame blanches grillées, 3 cuil. à soupe de pickles de daikon coupés en lanières et 3 cuil. à soupe de nori coupé en lanières. Faire tremper 6 champignons shiitake séchés 10 minutes dans l'eau bouillante et les égoutter. Les couper en fines lanières et les mélanger dans une casserole avec 3 cuil. à soupe de sauce de soja, 250 ml de bouillon dashi et 1 cuil. à soupe de mirin. Laisser frémir 10 minutes, puis égoutter. Étaler le riz à sushi dans un grand bol ou quatre bols individuels. Couvrir de graines de sésame, de pickle de daikon, de nori et de champignons. Décorer le dessus avec 1 concombre coupé en fines rondelles, 16 pois mange-tout blanchis, 100 g de thon cru, 100 g de saumon cru et 16 crevettes cuites, décortiquées, boyau ôté, ouvertes en deux et aplaties. Pour 4 à 6 personnes.

DE GAUCHE À DROITE : Sashimis de thon (en haut) et de saumon ; rouleaux californiens ; rouleaux inversés ; chirashi-zushi

CROUSTADES À LA CREVETTE

Préparation : 45 minutes
Cuisson : 25 minutes
Pour 6 personnes

✯✯

1/2 miche de pain blanc
125 ml d'huile d'olive
1 gousse d'ail, écrasée

Garniture
500 g de crevettes moyennes crues
375 ml de fumet de poisson
2 tranches de citron
50 g de beurre
6 oignons nouveaux, hachés
30 g de farine
1 cuil. à soupe de jus de citron
1/2 à 1 cuil. à café d'aneth frais, haché
60 ml de crème fleurette

CI-DESSOUS : Croustades à la crevette

1 Préchauffer le four à 210 °C. Ôter la croûte du pain et couper la mie en tranches de 5 cm d'épaisseur. Couper chaque tranche en diagonale pour obtenir des triangles. Évider chaque triangle, en laissant de la mie au fond et 1 cm de bordure. Faire chauffer l'huile avec l'ail dans une petite casserole. En badigeonner les triangles, puis les ranger sur une lèchefrite. Les faire dorer 10 minutes au four.
2 Pour la garniture, décortiquer les crevettes et ôter le boyau en partant de la tête. Hacher grossièrement la chair des crevettes, mettre dans une petite casserole et recouvrir du fumet. Ajouter les tranches de citron, laisser frémir 15 minutes, puis égoutter en réservant le liquide et les crevettes séparément.
3 Dans une petite casserole, faire fondre le beurre, puis les oignons à feu moyen. Incorporer la farine et un peu de poivre et poursuivre la cuisson 2 minutes. Retirer du feu et incorporer petit à petit le liquide réservé. Remettre sur le feu et laisser cuire pendant 5 minutes, sans cesser de remuer, jusqu'à ce que la sauce arrive à ébulition et épaississe. Ajouter le jus de citron, l'aneth, la crème fleurette et les crevettes. Réchauffer en remuant.
4 Pour servir, remplir de garniture les croustades de pain chaud.

VOL-AU-VENT AUX FRUITS DE MER

Préparation : 30 minutes
Cuisson : 20 minutes
Pour 4 personnes

✯

250 g de crevettes moyennes crues
250 g de moules
125 g de noix de Saint-Jacques
4 grosses croûtes de vol-au-vent cuites
250 ml de fumet de poisson
60 g de beurre
1 cuil. à soupe 1/2 de farine
1 cuil. à soupe de vin blanc
1 cuil. à soupe de crème fleurette
60 g de champignons de Paris,
  coupés en dés
125 ml de sauce au vin blanc (voir page 129)
1 cuil. à soupe de jus de citron frais
1 à 2 cuil. à soupe de persil frais, haché

1 Décortiquer les crevettes et ôter le boyau en partant de la tête. Gratter les moules à l'aide d'une brosse

dure et les ébarber. Jeter les moules abîmées et celles que l'on ne parvient pas à refermer. Bien les rincer. Ôter tous boyau, membrane et muscle blanc dur des Saint-Jacques, en laissant le corail attaché.

2 Préchauffer le four à 160 °C. Ranger les croûtes sur une lèchefrite et les réchauffer pendant la préparation de la garniture.

3 Chauffer le fumet dans une petite casserole, ajouter les crevettes et les moules et laisser frémir 4 à 5 minutes. Ajouter les Saint-Jacques et les cuire 1 minute, jusqu'à ce qu'elles soient tendres. Égoutter en réservant le liquide et laisser refroidir. Décoquiller les moules, ne pas garder celles qui sont restées fermées.

4 Faire fondre la moitié du beurre à feu doux dans une casserole. Incorporer la farine et faire cuire 2 minutes. Quand le roux est pâle et mousseux, retirer du feu et verser petit à petit le liquide réservé et le vin. Remettre sur le feu et remuer jusqu'à ébullition et épaississement. Laisser frémir 5 minutes. Ôter du feu et incorporer la crème.

5 Faire fondre le reste du beurre dans une poêle et cuire les champignons 2 à 3 minutes. Quand ils sont tendres, ajouter les fruits de mer, la sauce, le jus de citron et le persil. Saler et poivrer à volonté. Réchauffer en remuant.

6 Remplir les croûtes chaudes et servir.

BEIGNETS AUX CREVETTES

Préparation : 25 minutes
Cuisson : 15 minutes
Pour 4 à 6 personnes

☆☆

50 g de vermicelle de riz séché
300 g de crevettes moyennes crues
1 œuf
1 cuil. à soupe de sauce de poisson
125 g de farine
1/2 cuil. à café de pâte de crevettes
3 oignons nouveaux, émincés
1 petit piment rouge, finement haché
Huile, pour la friture
Sauce (voir page 128) ou sauce de piment doux, pour servir

1 Faire tremper le vermicelle de riz 5 minutes dans une jatte d'eau bouillante. L'égoutter, l'essuyer et le couper en morceaux.

2 Décortiquer les crevettes et ôter le boyau en partant de la tête. Mixer la moitié des crevettes et transférer cette purée dans une jatte. Hacher le reste et l'ajouter dans la jatte.

3 Dans un bol, battre l'œuf avec la sauce de poisson et 185 ml d'eau. Tamiser la farine au-dessus d'une jatte et creuser une fontaine au centre. Verser en filet le mélange à l'œuf en fouettant afin que la pâte soit onctueuse.

4 Ajouter le mélange aux crevettes, la pâte de crevettes, les oignons nouveaux, le piment rouge et le vermicelle dans la jatte. Bien mélanger.

5 Remplir une sauteuse d'huile au tiers de sa hauteur et chauffer à 180 °C (un cube de pain doit brunir en 15 secondes). Plonger des cuil. à soupe de mélange et faire dorer 3 minutes. Égoutter sur du papier absorbant. Répéter l'opération jusqu'à épuisement du mélange. Servir chaud avec la sauce de son choix.

CI-DESSUS : Beignets aux crevettes

COCKTAIL DE CREVETTES

Préparation : 20 minutes
Cuisson : aucune
Pour 4 à 6 personnes

☆

1 kg de crevettes moyennes cuites
250 g de sauce cocktail (voir page 128)
Salade verte, pour servir
Quartiers de citron, pour servir
Tranches de pain, pour servir

1 Décortiquer les crevettes et ôter le boyau en partant de la tête.
2 Réserver quelques crevettes entières pour la décoration. Ôter les queues des autres crevettes et ajouter à la sauce cocktail. Bien mélanger pour les imprégner de sauce.
3 Dresser les feuilles de salade sur des assiettes ou des coupes de service. Répartir le mélange aux crevettes et décorer des crevettes réservées. Servir avec des quartiers de citron et du pain.
NOTE : On peut préparer la sauce cocktail plusieurs heures à l'avance et la réfrigérer. Pour une sauce plus crémeuse, incorporer 2 cuil. à soupe de crème fraîche épaisse.

CREVETTES PANÉES

Préparation : 30 minutes
+ 15 minutes de réfrigération
Cuisson : 10 minutes
Pour 4 à 6 personnes

☆☆

1 kg de grosses crevettes crues
4 œufs
2 cuil. à soupe de sauce de soja
Maïzena, pour enrober
200 g de chapelure sèche
Huile, pour la friture
Sauce tartare (voir page 128), pour servir
Quartiers de citron, pour servir

1 Décortiquer les crevettes, sauf la queue. Fendre le dos sur toute la longueur, ôter le boyau, ouvrir et aplatir doucement chaque crevette avec les doigts.
2 Battre les œufs et la sauce de soja dans un bol. Rouler les crevettes dans la Maïzena et secouer pour ôter l'excédent. Les plonger dans le mélange à l'œuf et les rouler dans la chapelure : en imprégner bien la chair. Réfrigérer 15 minutes.
3 Remplir une sauteuse d'huile au tiers de sa hauteur et chauffer à 180 °C (un cube de pain doit brunir en 15 secondes). Faire dorer les crevettes en plusieurs fournées. Les égoutter sur du papier absorbant et servir avec de la sauce tartare et des quartiers de citron.

CRÊPES AUX ŒUFS DE LUMP

Préparation : 15 minutes + 1 heure de repos
Cuisson : 20 minutes
Pour 4 à 6 personnes

☆☆

10 g de levure fraîche ou 1/2 cuil. à café de levure sèche
90 g de farine ordinaire
170 ml d'eau chaude
170 ml de lait chaud
110 g de farine complète
2 œufs, légèrement battus
170 ml de crème fraîche
200 g d'œufs de lump noirs

1 Mettre la levure, 1 cuil. à soupe de la farine ordinaire, l'eau et le lait dans une jatte. Laisser mousser dans un endroit chaud (si le mélange ne mousse pas, cela signifie que la levure est morte : recommencer avec une autre levure).
2 Tamiser le reste de la farine ordinaire et la farine complète au-dessus d'une jatte et remettre le son dans la jatte. Creuser une fontaine au centre et ajouter le mélange à la levure et les œufs. À l'aide d'une cuillère en bois, bien mélanger jusqu'à obtention d'une pâte homogène. Couvrir et laisser reposer 1 heure dans un endroit chaud.
3 Badigeonner une poêle à fond épais d'un peu de beurre fondu. Remuer la pâte 10 secondes, puis cuire les crêpes dans une poêle (compter 2 cuil. à soupe de pâte par crêpe). Lorsque des bulles se forment à la surface, retourner et faire cuire l'autre face. Les réserver au chaud. Les servir nappées de crème fraîche et d'œufs de lump.

PAGE CI-CONTRE : Cocktail de crevettes (en haut) ; crevettes panées

2 Mettre les moules, 1 oignon, le céleri et le vin dans une grande casserole et porter à ébullition. Couvrir et cuire 3 minutes, en secouant souvent la casserole. Au bout de 3 minutes, commencer à retirer les moules qui s'ouvrent. Jeter toutes celles qui sont restées fermées après 4 ou 5 minutes.
3 Ôter et jeter les demi-coquilles vides. Couvrir et tenir les moules au chaud dans leur demi-coquille.
4 Tamiser en réservant le liquide de cuisson et jeter les légumes.
5 Amener le fumet à ébullition dans une casserole avec le persil, le thym et le laurier. Réduire le feu et laisser frémir 10 minutes. Ôter les herbes.
6 Faire fondre le beurre dans une grande casserole. Ajouter l'ail et le reste de l'oignon et remuer 5 à 10 minutes à feu doux : l'oignon doit être tendre mais non coloré. Incorporer la farine et cuire 1 minute, pour que le roux soit pâle et mousseux. Ôter du feu et verser petit à petit le liquide réservé et le fumet. Remettre sur le feu et remuer jusqu'à ébullition et épaississement. Réduire le feu et laisser frémir 10 minutes.
7 Répartir les moules réservées dans quatre bols. Arroser de soupe et décorer de brins d'aneth. Servir sans attendre avec du pain frais.

CI-DESSUS : Moules marinière

MOULES MARINIÈRE

Préparation : 15 minutes
+ 2 heures de trempage
Cuisson : 30 à 35 minutes
Pour 4 personnes

☆

Une trentaine de moules
3 oignons, hachés
1 branche de céleri, hachée
250 ml de vin blanc
375 ml de fumet de poisson
4 brins de persil frais
1 brin de thym frais
1 feuille de laurier
60 g de beurre
2 gousses d'ail, écrasées
1 cuil. à café de farine
Brins d'aneth frais, pour servir

1 Gratter les moules à l'aide d'une brosse dure et les ébarber. Jeter les moules abîmées et celles que l'on ne parvient pas à refermer. Bien les rincer.

COQUILLES SAINT-JACQUES GRATINÉES

Préparation : 20 minutes
Cuisson : 10 minutes
Pour 4 personnes

☆☆

24 Saint-Jacques avec leur coquille
250 ml de fumet de poisson
250 ml de vin blanc
60 g de beurre
4 oignons nouveaux, hachés
1 tranche de lard fumé, finement hachée
100 g de champignons de Paris, finement émincés
30 g de farine
185 ml de crème fleurette
1 cuil. à café de jus de citron
80 g de chapelure fraîche
30 g de beurre, fondu, en plus

1 Ôter tout boyau, membrane et muscle blanc dur des Saint-Jacques, en laissant le corail attaché. Décoquiller et couper les noix en deux.
2 Chauffer le fumet de poisson et le vin blanc dans une casserole et ajouter les Saint-Jacques. Couvrir et laisser frémir 2 à 3 minutes à feu moyen : les Saint-

Jacques deviennent opaques et tendres. Les retirer à l'aide d'une écumoire, couvrir et réserver. Porter le liquide à ébullition et le réduire à 375 ml.

3 Faire fondre le beurre dans une casserole et ajouter l'oignon nouveau, le lard et les champignons. Les faire revenir 3 minutes à feu moyen, en remuant de temps en temps, jusqu'à ce que l'oignon soit tendre mais non coloré.

4 Incorporer la farine et cuire 2 minutes. Ôter du feu et verser par petites quantités le fumet réduit. Remettre sur le feu et remuer jusqu'à ébullition et épaississement. Réduire le feu et laisser frémir 2 minutes. Incorporer la crème, le jus de citron, du sel et du poivre noir fraîchement moulu, à volonté. Couvrir et tenir au chaud.

5 Mélanger la chapelure et le beurre (en plus) dans un bol. Préchauffer le gril.

6 Répartir les noix de Saint-Jacques entre quatre coquilles et parsemer de mélange à la chapelure. Mettre sous le gril et faire dorer la chapelure. Servir sans attendre.

POULPES MARINÉS ET VINAIGRETTE AU PIMENT DOUX

Préparation : 30 minutes + 4 heures (marinade)
Cuisson : 4 minutes
Pour 4 à 6 personnes

☆☆

1 kg de petits poulpes
125 ml d'huile d'olive
2 gousses d'ail, écrasées
2 cuil. à soupe de coriandre fraîche, finement hachée
1 piment rouge frais, finement haché
2 cuil. à soupe de jus de citron

Vinaigrette au piment doux
1 piment rouge, finement haché
60 ml de jus de citron
2 cuil. à soupe de cassonade
1 cuil. à soupe de sauce de poisson
2 cuil. à soupe de coriandre fraîche, finement hachée
1 cuil. à soupe de sauce de piment doux

1 Nettoyer les poulpes : couper la tête à l'aide d'un petit couteau aiguisé. Jeter la tête et les viscères. Sortir la plume avec l'index et la jeter. Laver les poulpes sous l'eau courante et les égoutter sur du papier absorbant.

2 Dans une jatte en verre ou en céramique, mélanger l'huile, l'ail, la coriandre, le piment et le jus de citron. Ajouter les poulpes dans la marinade, bien mélanger, couvrir et réfrigérer au moins 4 heures.

3 Égoutter les poulpes sur du papier absorbant. Faire chauffer la plaque du barbecue ou du gril et huiler. Griller les poulpes 3 à 4 minutes, en les retournant et en les arrosant souvent de marinade, jusqu'à ce qu'ils soient tendres. Ne pas trop les cuire, ils durciraient. Servir chaud avec la vinaigrette ou froid en salade.

4 Pour la vinaigrette, mélanger tous les ingrédients dans un petit bocal et bien secouer.

NOTE : Traditionnellement, on attendrit les poulpes en les tapant sur une pierre. Aujourd'hui, cette opération se fait dans un attendrisseur en ciment.

CI-DESSOUS : Poulpes marinés et vinaigrette au piment doux

TARTARE DE SAUMON

Préparation : 20 minutes
Cuisson : aucune
Pour 4 personnes

☆

400 g de filets de saumon
2 oignons nouveaux, finement hachés
1 cuil. à soupe de petites câpres ou de câpres normales, finement hachées
1 cuil. à soupe de cornichon, finement haché
Aneth frais haché, pour décorer
1 citron, coupé en quartiers

1 Dépouiller le saumon de sa peau et ôter les arêtes. Il doit rester environ 70 g de poisson par personne. À l'aide d'un grand couteau aiguisé, hacher finement le saumon jusqu'à ce qu'il ait la texture d'un hachis. Mélanger dans une jatte avec les oignons, les câpres, le cornichon, du sel et du poivre noir fraîchement moulu. Couvrir et réfrigérer jusqu'au moment de servir.
2 Juste avant de passer à table, disposer le tartare dans des assiettes individuelles et parsemer d'aneth. Ajouter un peu de poivre noir moulu et servir avec les quartiers de citron et, éventuellement, des tranches de pain de seigle beurré.
NOTE : On peut aussi employer du thon frais.

HARENGS À LA CRÈME

Préparation : 20 minutes
Cuisson : aucune
Pour 4 à 6 personnes

☆

300 g de harengs de la Baltique en conserve
250 ml de crème fleurette
2 cuil. à soupe de vinaigre de vin blanc
1/2 cuil. à café de sucre
1 oignon rouge, coupé en rondelles
1 cuil. à soupe de ciboulette fraîche, hachée

1 Égoutter les harengs et ôter toute arête visible. Couper les harengs en lanières de 2,5 cm et dresser sur des assiettes de service.
2 Mélanger la crème fleurette, le vinaigre et le sucre dans un bol jusqu'à dissolution du sucre. Napper les filets de harengs de cette sauce et décorer d'oignon rouge et de ciboulette.

CI-CONTRE : Tartare de saumon

OMELETTE ARNOLD BENNETT

Préparation : 10 minutes
Cuisson : 10 minutes
Pour 2 personnes

☆

100 g de haddock
60 g de beurre
2 cuil. à soupe de crème fleurette
4 œufs, jaunes et blancs séparés
60 ml de crème fleurette, en plus
60 g de parmesan ou de gruyère, râpé

1 Mettre le haddock dans une petite poêle et le couvrir d'eau. Porter lentement à ébullition et éteindre le feu. Le laisser tremper 10 minutes à couvert. L'égoutter. Ôter la peau et les arêtes, effeuiller la chair et réserver.
2 Essuyer la poêle, remettre sur le feu et faire fondre la moitié du beurre. Ajouter la crème fleurette et le poisson effeuillé. Remuer 2 à 3 minutes à feu moyen. Ôter du feu et laisser refroidir.
3 Dans un bol, battre les jaunes d'œufs avec 1 cuil. à soupe de la crème fleurette en plus. Dans un bol propre et sec, monter les blancs d'œufs en neige ferme. Incorporer les jaunes, le mélange au haddock et la moitié du fromage râpé.
4 Faire fondre le reste du beurre dans une poêle antiadhésive. Lorsque celle-ci est chaude, verser le mélange aux œufs. Cuire le tout jusqu'à ce que le dessous soit cuit et doré. Ne pas plier en deux. Assaisonner à volonté de sel et de poivre noir fraîchement moulu. Faire dorer rapidement sous le gril préchauffé. Dresser l'omelette sur un plat de service et la découper en parts. Servir avec des quartiers de citron et une salade mixte.
NOTE : Arnold Bennett était un romancier anglais, mort en 1931. Ce plat a été créé pour lui par l'Hôtel Savoy. Traditionnellement, on employait du parmesan râpé.

HADDOCK
Le haddock peut être remplacé par du cabillaud fumé dans pratiquement toutes les recettes, même si la saveur de ce dernier est un peu moins fine. Selon la façon dont il a été fumé, le haddock est parfois un peu salé. Il est donc nécessaire de faire tremper les filets quelques heures dans de l'eau pour les dessaler. Le haddock peut être poché dans de l'eau ou du lait, frit, grillé ou cuit au four. Après la cuisson, on peut l'effeuiller à la fourchette et l'employer de maintes façons : en garniture de crêpe ou d'omelette, avec du fromage, en garniture de quiche ou dans des soupes.

CI-DESSUS : Omelette Arnold Bennett

MOULES FARCIES

Introduire un couteau solide ou un couteau à huîtres près de la charnière et ouvrir la coquille.

Répartir le mélange aux épinards sur les moules et lisser à l'aide d'un couteau.

PAGE CI-CONTRE : Moules farcies (en haut) ; insalata di mare

MOULES FARCIES

Préparation : 40 minutes
+ 10 minutes de trempage
Cuisson : 20 minutes
Pour 4 personnes

☆☆

1 kg de moules
500 g d'épinards
4 filets d'anchois
2 cuil. à soupe de lait
1 œuf, dur
1 gousse d'ail, écrasée
2 ou 3 cuil. à soupe de jus de citron
100 g de beurre, fondu
1 pincée de muscade râpée
80 g de chapelure blanche fraîche
60 g de parmesan, râpé

1 Préchauffer le four à 200 °C. Gratter les moules à l'aide d'une brosse dure et les ébarber. Jeter les moules abîmées et celles que l'on ne parvient pas à fermer. Bien les rincer.
2 Laver soigneusement et égoutter les épinards. Ôter les queues et hacher finement les feuilles. Les mettre dans une casserole, couvrir et les cuire 3 à 5 minutes à feu doux, en remuant de temps en temps : elles doivent se flétrir. Bien les égoutter, les laisser refroidir, puis exprimer le plus de liquide possible avec les mains.
3 Dans un bol, verser le lait sur les filets d'anchois. Les couvrir, les laisser tremper 10 minutes. Les égoutter. Mixer finement les épinards, les anchois, l'œuf dur écalé et l'ail. Transférer dans une jatte et ajouter le jus de citron, le beurre et la muscade. Saler et poivrer à volonté. Ajouter une quantité suffisante de chapelure pour obtenir un mélange facile à tartiner.
4 Envelopper un linge autour d'une main et, de l'autre, ouvrir les moules : introduire un couteau solide ou un couteau à huîtres près de la charnière et travailler doucement avec la lame pour ouvrir la coquille. Séparer et jeter la coquille supérieure.
5 Placer environ 1 cuil. à soupe de mélange aux épinards sur chaque moule et lisser à l'aide d'un couteau humecté. Ranger les moules sur des lèchefrites, saupoudrer du parmesan et enfourner 10 à 12 minutes.

INSALATA DI MARE

Préparation : 40 minutes
+ 1 heure 15 minutes de repos
Cuisson : 15 minutes
Pour 6 personnes

☆☆

4 gousses d'ail, coupées en épaisses lamelles
125 ml de jus de citron
8 petits blancs de calmars, coupés en anneaux épais recoupés en deux
800 g de crevettes moyennes crues
1 kg de moules
1 kg de petites palourdes fraîches
80 ml d'huile d'olive vierge extra
3 cuil. à soupe de persil plat frais, haché
Petites feuilles d'épinards, pour servir (facultatif)

1 Mettre l'ail et le jus de citron dans un bol et réserver 1 heure. Retirer et jeter l'ail (le jus de citron a pris ainsi une saveur aillée).
2 Cuire les calmars 5 minutes dans une casserole d'eau salée bouillante, jusqu'à ce qu'ils soient tendres. Les ôter de l'eau.
3 Cuire les crevettes 5 minutes dans la même eau, jusqu'à ce qu'elles soient roses. Les égoutter et les laisser refroidir légèrement. Les décortiquer et ôter le boyau en partant de la tête.
4 Gratter les moules à l'aide d'une brosse dure et les ébarber. Jeter les moules abîmées et celles que l'on ne parvient pas à fermer. Bien les rincer. Gratter les palourdes. Mettre les moules et les palourdes dans deux casseroles séparées contenant chacune 250 ml d'eau. Couvrir et faire ouvrir les coquillages 4 à 5 minutes. Jeter ceux qui ne se sont pas ouverts. Les laisser refroidir légèrement, puis les décoquiller.
5 Mélanger les fruits de mer avec le jus de citron aillé, l'huile d'olive et le persil. Assaisonner de sel et de poivre noir concassé. Laisser macérer 15 minutes à température ambiante avant de servir. On peut servir ce plat sur un lit de petites feuilles d'épinards.

ŒUFS

La couleur de la coquille n'a rien à voir avec la qualité de l'œuf mais tient de la race de la poule pondeuse. Les œufs se conservent au réfrigérateur, mais il est préférable de les tenir à l'écart des aliments à l'odeur prononcée: les coquilles poreuses absorbent les odeurs. Les jaunes d'œufs entiers se conservent 24 heures dans un récipient au réfrigérateur, couverts d'eau. Les blancs se conservent 6 à 12 heures au réfrigérateur, couverts de film alimentaire, ou 6 mois au congélateur. Les congeler individuellement dans un bac à glace permet de n'employer par la suite que la quantité requise. Laisser décongeler à température ambiante.

CI-DESSUS: Croquettes de poisson panées

CROQUETTES DE POISSON PANÉES

Préparation: 30 minutes
+ 1 heure 30 de réfrigération
Cuisson: 30 minutes
Pour 16 croquettes

☆☆

375 ml de lait
500 g de filets de poissons blancs (lingue, colin, lieu noir, etc.), dépouillés de leur peau
90 g de beurre
4 oignons nouveaux, finement hachés
90 g de farine
1/2 cuil. à café de muscade râpée
2 cuil. à café de zeste de citron, râpé
1 cuil. à soupe de jus de citron
4 cuil. à soupe de persil frais, haché
60 g de farine, pour fariner
2 œufs, légèrement battus
150 g de chapelure
Huile, pour la friture

1 Faire chauffer le lait dans une grande poêle et ajouter les filets de poissons sur une seule couche. Les cuire 3 à 4 minutes à feu doux, jusqu'à ce que le poisson s'effeuille sous la fourchette. Transférer sur une assiette avec une écumoire. Réserver le lait. Effeuiller les filets à la fourchette et réserver.

2 Faire fondre le beurre dans une grande casserole, faire revenir les oignons 2 minutes. Incorporer la farine et la muscade et remuer 1 minute, jusqu'à ce que le roux soit pâle et mousseux. Retirer du feu et verser en une seule fois 250 ml du lait réservé. Fouetter et remettre sur le feu. Remuer à feu moyen jusqu'à épaississement du mélange et continuer à remuer 2 minutes. Le mélange doit être très épais.

3 Ajouter le poisson, le zeste et le jus de citron et le persil. Assaisonner à volonté. Transférer dans une jatte, couvrir et réfrigérer au moins 1 heure.

4 Former 16 croquettes de 8 x 3 cm. Les fariner, les plonger dans l'œuf battu, puis les rouler dans la chapelure. Réfrigérer au moins 20 minutes.

5 Remplir une sauteuse d'huile au tiers de sa hauteur et chauffer à 180 °C (un cube de pain doit brunir en 15 secondes). Frire les croquettes 2 à 3 minutes en plusieurs fournées, jusqu'à ce qu'elles soient dorées. Égoutter sur du papier absorbant. Servir très chaud.

NOTE: Les croquettes non frites se conservent 1 mois au congélateur.

GALETTES AU CRABE ET SAUCE À L'AVOCAT

Préparation : 15 minutes
+ 30 minutes de réfrigération
Cuisson : 6 minutes
Pour 4 personnes

☆☆

2 œufs, légèrement battus
340 g de chair de crabe en boîte, égouttée
1 oignon nouveau, finement haché
1 cuil. à soupe de mayonnaise
2 cuil. à café de sauce de piment doux
100 g de chapelure blanche fraîche
Huile, pour la friture
Quartiers de citron, pour servir

Sauce à l'avocat
2 tomates olivettes mûres, hachées
1 petit oignon rouge, finement haché
1 gros avocat mûr, coupé en dés
60 ml de jus de citron vert
2 cuil. à soupe de feuilles de cerfeuil frais
1 cuil. à café de sucre semoule

1 Mélanger les œufs, la chair de crabe, l'oignon nouveau, la mayonnaise, la sauce de piment doux et la chapelure dans une jatte et bien mélanger. Assaisonner à volonté de sel et de poivre noir fraîchement moulu. Les mains humectées, former 8 petites galettes plates. Les couvrir et les réfrigérer 30 minutes.

2 Pour la sauce à l'avocat : mélanger la tomate, l'oignon rouge, l'avocat, le jus de citron vert, le cerfeuil et le sucre dans un bol. Saler, poivrer et mélanger de nouveau.

3 Chauffer l'huile à 180 °C dans une grande poêle (un cube de pain doit brunir en 15 secondes). Faire dorer les galettes au crabe 6 minutes de chaque côté à feu moyen. Bien les égoutter sur du papier absorbant. Les servir sans attendre avec la sauce à l'avocat et des quartiers de citron.

CI-DESSOUS : Galettes au crabe et sauce à l'avocat

HUÎTRES

Les huîtres fraîches servies dans leur coquille sont des merveilles de la nature. S'il est impossible d'atteindre la perfection, les recettes ci-après s'en approchent...

HUÎTRES ROCKEFELLER

Dans une lèchefrite, ranger 24 huîtres dans leur demi-coquille sur un lit de gros sel. Couvrir et réfrigérer. Faire fondre 60 g de beurre dans une poêle et faire sauter 2 tranches de lard fumé finement hachées. Après avoir haché finement 8 petites feuilles d'épinards, 2 oignons nouveaux et l'équivalent de 2 cuil. à soupe de persil, les ajouter au lard avec 4 cuil. à soupe de chapelure et 1 goutte de Tabasco. Cuire à feu moyen jusqu'à ce que l'épinard soit flétri. Napper les huîtres et faire dorer 2 à 3 minutes sous le gril. Pour 24 pièces.

HUÎTRES GRATINÉES

Faire fondre 30 g de beurre dans une petite casserole. Incorporer 1 cuil. à soupe de farine et cuire 2 minutes. Ôter du feu. Verser petit à petit 170 ml de lait chaud. Remettre à feu moyen et remuer jusqu'à ébullition et épaississement. Saler, poivrer et ajouter 1 pincée de poivre de Cayenne. Laisser frémir 2 minutes en remuant de temps en temps. Ôter du feu. Égoutter l'eau de 24 huîtres. Dans une lèchefrite, ranger les huîtres dans leur demi-coquille sur un lit de gros sel. Napper chacune de 1 cuil. à café de sauce et saupoudrer de cheddar râpé. Faire dorer 2 à 3 minutes sous le gril. Pour 24 pièces

HUÎTRES AU GINGEMBRE ET AU SOJA

Dans une lèchefrite, ranger 24 huîtres dans leur demi-coquille sur un lit de gros sel. Dans une jatte, mélanger 2 cuil. à soupe de sauce de soja, 2 cuil. à soupe de xérès doux, 3 cuil. à café d'huile de sésame, 1 cuil. à soupe de gingembre frais finement haché, 1 oignon nouveau coupé en longues lanières et du poivre. Répartir entre les huîtres. Cuire 5 à 10 minutes au four préchauffé à 180 °C. Pour 24 pièces.

HUÎTRES KILPATRICK

Préchauffer le gril. Placer 24 huîtres dans leur demi-coquille sur une lèchefrite. Arroser de sauce Worcestershire, parsemer de 3 tranches de lard fumé finement hachées et de poivre noir. Faire griller 3 à 4 minutes. Servir sur un lit de gros sel. Pour 24 pièces

HUÎTRES DE MÉDITERRANÉE

Préchauffer le gril. Placer 24 huîtres dans leur demi-coquille sur une lèchefrite. Arroser de vinaigre balsamique. Hacher 6 tranches de jambon cru italien et répartir entre les huîtres. Parfumer de poivre noir. Faire griller 1 minute, jusqu'à ce que le jambon soit croustillant. Servir sur un lit de gros sel. Pour 24 pièces.

HUÎTRES AUX ŒUFS DE SAUMON ET À LA CRÈME FRAÎCHE

Tapisser une grande assiette de gros sel, y ranger 12 huîtres dans leur demi-coquille. Napper chacune de 1 cuil. à café de crème fraîche, puis de 1/2 cuil. à café d'œufs de saumon (soit 60 g au total). Assaisonner de poivre noir et décorer d'aneth frais et de quartiers de citron vert. Pour 12 pièces.

HUÎTRES ET MAYONNAISE AUX GRAINES DE SÉSAME

Écailler 24 huîtres et les essuyer. Laver les coquilles, remettre les huîtres dedans et les recouvrir d'un linge humide. Réfrigérer. Incorporer 1 cuil. à soupe d'huile de sésame, 1 gousse d'ail écrasée et 2 cuil. à soupe de graines de sésame grillées à 80 g de mayonnaise à l'œuf entier. Assaisonner et napper chaque huître de mayonnaise. Pour 24 pièces.

DANS LE SENS DES AIGUILLES D'UNE MONTRE, À PARTIR DE LA GAUCHE : Huîtres Rockefeller ; huîtres au gingembre et au soja ; huîtres Kilpatrick ; huîtres aux œufs de saumon et à la crème fraîche ; huîtres et mayonnaise aux graines de sésame ; huîtres de Méditerranée ; huîtres gratinées

MOULES SAGANAKI

Préparation : 45 minutes
Cuisson : 25 minutes
Pour 6 personnes

☆☆

750 g de moules
125 ml de vin blanc sec
3 brins de thym frais
1 feuille de laurier
1 cuil. à soupe d'huile d'olive
1 gros oignon, finement haché
1 gousse d'ail, finement hachée
420 g de tomates mûres, coupées en deux, épépinées et pelées
2 cuil. à soupe de concentré de tomates
1/2 cuil. à café de sucre
1 cuil. à soupe de vinaigre de vin rouge
70 g de feta, émiettée
1 cuil. à café de feuilles de thym frais

1 Gratter les moules à l'aide d'une brosse dure et les ébarber. Jeter les moules abîmées et celles que l'on ne parvient pas à fermer. Bien les rincer.

2 Porter le vin à ébullition dans une grande casserole avec le thym et la feuille de laurier. Ajouter les moules et les faire ouvrir 4 à 5 minutes. Tamiser le liquide au-dessus d'une carafe et le réserver. Jeter les moules restées fermées. Ôter et jeter la moitié de chaque coquille.

3 Chauffer l'huile dans une casserole. Ajouter l'oignon et remuer 3 minutes à feu moyen. Puis, faire revenir l'ail 1 minute, jusqu'à ce qu'il soit odorant. Verser le liquide réservé, augmenter le feu et amener à ébullition. Laisser bouillir 2 minutes, jusqu'à évaporation presque complète du liquide. Ajouter la tomate, le concentré de tomates et le sucre, réduire le feu et laisser frémir 5 minutes. Verser le vinaigre et laisser frémir de nouveau 5 minutes.

4 Ajouter les moules dans la casserole et les réchauffer 1 minute à feu moyen. Transférer dans un plat de service chaud. Parsemer de la feta émiettée et du thym frais. Servir très chaud.

CI-CONTRE : Moules saganaki

SARDINES FARCIES

Préparation : 20 minutes
Cuisson : 30 minutes
Pour 4 à 6 personnes

☆☆

1 kg de sardines fraîches
60 ml d'huile d'olive
40 g de chapelure blanche fraîche
30 g de raisins secs
40 g de pignons de pin, grillés
20 g d'anchois en boîte, égouttés et écrasés
1/2 cuil. à café de sucre
1 cuil. à soupe de persil frais, finement haché
2 oignons nouveaux, finement hachés

1 Préchauffer le four à 180 °C. Couper la tête des sardines, fendre le corps dans la longueur et ôter les viscères. Ranger les sardines, peau en dessous, sur une planche à découper, les ouvrir en deux et les aplatir légèrement. Retourner et ôter l'arête centrale. Trancher l'arête au niveau de la queue. Les laver dans de l'eau salée et les égoutter sur du papier absorbant.

2 Chauffer la moitié de l'huile dans une poêle, ajouter la chapelure et faire dorer rapidement en remuant. Égoutter sur du papier absorbant.

3 Mettre la moitié de la chapelure grillée dans une jatte et incorporer les raisins secs, les pignons de pin grillés, les anchois écrasés, le sucre, le persil et l'oignon nouveau. Saler et poivrer à volonté. Placer environ 2 cuil. à café de farce dans chaque sardine et refermer.

4 Ranger les sardines farcies dans une lèchefrite bien huilée. Napper du reste de la farce et du reste de la chapelure grillée. Arroser du reste de l'huile d'olive. Enfourner 30 minutes. Les sardines farcies peuvent être servies avec des quartiers de citron.

NOTE : Certains poissonniers vendent des sardines déjà préparées.

CI-DESSUS : Sardines farcies

ROULEAUX DE PRINTEMPS VIETNAMIENS FRAIS

Couper le vermicelle égoutté en plus petits morceaux.

Badigeonner d'eau les deux faces des crêpes de riz.

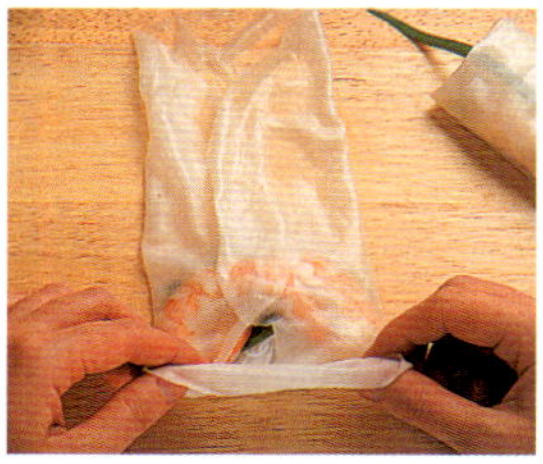

Ajouter 1 brin de ciboulette, puis replier les bords l'un sur l'autre et rouler la crêpe en laissant le brin dépasser.

PAGE CI-CONTRE : Rouleaux de printemps vietnamiens frais (en haut) ; Saint-Jacques et légumes au vinaigre balsamique

ROULEAUX DE PRINTEMPS VIETNAMIENS FRAIS

Préparation : 50 minutes
+ 5 minutes de trempage
Cuisson : 25 minutes
Pour 20 rouleaux environ

★★

100 g de vermicelle de haricots mungo séchés
1 kg de grosses crevettes cuites
20 à 25 crêpes de riz d'environ 16 cm de diamètre
40 feuilles de menthe fraîche
10 brins de ciboulette de Chine, coupés en deux

Sauce

2 cuil. à soupe de sauce saté
3 cuil. à soupe de sauce hoisin
1 piment rouge frais, finement haché
1 cuil. à soupe de cacahuètes non salées, grillées et hachées
1 cuil. à soupe de jus de citron

1 Dans un bol, recouvrir le vermicelle d'eau chaude, puis le faire tremper 5 minutes. Bien l'égoutter et le couper en très petits morceaux. Décortiquer les crevettes et ôter le boyau en partant de la tête. Couper les crevettes en deux horizontalement.

2 Humecter les deux faces de chaque crêpe de riz à l'aide d'un pinceau à pâtisserie. Laisser ramollir 2 minutes. Empiler les crêpes ; les humecter légèrement pour qu'elles ne collent pas les unes aux autres et ne se dessèchent pas. Attention : les crêpes de riz se déchirent facilement lorsqu'elles sont ramollies (nous en avons prévu quelques-unes en plus, le cas échéant).

3 Mettre 1 crêpe de riz sur une surface de travail et placer environ 1 cuil. à soupe de vermicelle sur le tiers inférieur, en laissant suffisamment d'espace sur les côtés pour replier la crêpe. Ajouter 2 feuilles de menthe et 2 moitiés de crevette. Ajouter 1 brin de ciboulette, puis replier les bords l'un sur l'autre et rouler la crêpe en laissant le brin dépasser. Répéter l'opération avec le reste des crêpes de riz et des ingrédients. Ranger les rouleaux de printemps sur un plat de service, fermeture en dessous. Couvrir d'un linge humide pour qu'ils ne se dessèchent pas.

4 Pour la sauce, mélanger la sauce saté, la sauce hoisin, le piment rouge, les cacahuètes et le jus de citron dans un bol. Servir avec les rouleaux de printemps.

SAINT-JACQUES ET LÉGUMES AU VINAIGRE BALSAMIQUE

Préparation : 30 minutes
Cuisson : 8 minutes
Pour 4 personnes

★

16 grosses Saint-Jacques dans leur coquille
Huile d'olive, pour badigeonner
1 cuil. à soupe d'huile d'olive
2 oignons nouveaux, finement hachés
2 tranches de lard fumé, finement hachées
1/2 petit poivron rouge, égrainé et coupé en dés
1/2 branche de céleri, coupée en dés
1 cuil. à soupe de persil frais, finement haché
100 g de feuilles de salades mélangées
60 g de germes de pois mange-tout, équeutés
1 oignon nouveau, coupé en fines lanières, pour décorer

Assaisonnement au vinaigre balsamique

80 ml d'huile d'olive
1 cuil. à soupe de vinaigre balsamique
1/2 cuil. à café de moutarde forte
1/2 cuil. à café de miel

1 Ôter tout boyau, membrane et muscle blanc dur des Saint-Jacques, en laissant le corail attaché. Les essuyer doucement à l'aide de papier absorbant. Badigeonner d'un peu d'huile d'olive et ranger les Saint-Jacques sur une lèchefrite dans leur demi-coquille. Préchauffer le gril.

2 Chauffer l'huile dans une poêle à fond épais. Faire revenir les oignons et le lard 2 minutes, puis ajouter le poivron et le céleri. Cuire le tout 3 minutes en remuant fréquemment : les légumes doivent être tendres. Parsemer de persil et assaisonner généreusement de sel et de poivre.

3 Mélanger les ingrédients de l'assaisonnement dans un bocal et bien secouer.

4 Faire griller les Saint-Jacques 1 à 2 minutes. Attention à ne pas trop les cuire. Dresser 4 coquilles sur le bord de quatre grandes assiettes. Napper les Saint-Jacques d'un peu de mélange aux légumes. Diviser les feuilles de salades et les germes de mange-tout en quatre et les disposer au centre de chaque assiette. Décorer des lanières d'oignon nouveau. Arroser les Saint-Jacques et la salade d'un peu d'assaisonnement et servir sans attendre.

CI-DESSUS : Rillettes de saumon

RILLETTES DE SAUMON

Préparation : 10 minutes + 1 nuit de réfrigération
Cuisson : 10 minutes
Pour 4 à 6 personnes

☆

200 g de filets de saumon
125 g de beurre doux, ramolli
100 g de saumon fumé, finement haché
1 jaune d'œuf, légèrement battu
1 cuil. à soupe d'huile d'olive
1 cuil. à café de jus de citron
1 cuil. à soupe d'aneth frais, haché

1 Dépouiller les filets de saumon et ôter les arêtes. Faire fondre 50 g du beurre à feu doux dans une poêle et cuire les filets 5 minutes d'un côté, puis 5 minutes de l'autre. Les ôter de la poêle et les laisser refroidir un peu. Effeuiller le poisson et mélanger avec le reste du beurre ramolli, le saumon fumé, le jaune d'œuf, l'huile, le jus de citron et l'aneth. Saler et poivrer à volonté.
2 Transférer dans un plat de service et réfrigérer une nuit. Servir avec du pain grillé.

MOUSSE DE SAUMON

Préparation : 15 minutes + 1 nuit de réfrigération
Cuisson : 2 minutes
Pour 8 à 10 personnes

☆☆

650 g de saumon rouge en boîte, égoutté
125 ml de bouillon de volaille
1 cuil. à soupe de gélatine en poudre
1 cuil. à soupe 1/2 de jus de citron
375 ml de crème fleurette
Quelques gouttes de colorant alimentaire rouge (facultatif)

1 Huiler un moule à savarin de 1,125 l. Ôter les arêtes du saumon ainsi que la peau noire. Il faut 500 g de chair.
2 Faire chauffer le bouillon dans une petite casserole. Ôter du feu. Dissoudre la gélatine dans le bouillon, en remuant, puis laisser refroidir. Mixer le saumon et le bouillon en une pâte onctueuse. Transférer dans une jatte, incorporer le jus de citron, saler et poivrer à volonté.
3 Dans un bol, battre la crème en chantilly au fouet électrique. Incorporer avec précaution au saumon et teinter éventuellement de colorant alimentaire. Remplir le moule, couvrir et réfrigérer une nuit.

4 Pour démouler, passer un couteau le long des parois du moule, plonger ce dernier dans l'eau chaude et les retourner sur une assiette. Tenir fermement le moule et l'assiette, puis secouer. Servir avec du pain grillé, des crackers ou des bâtonnets de légumes.

CRABES FARCIS

Préparation : 40 minutes
+ congélation
Cuisson : 10 à 15 minutes
Pour 1 à 2 personnes

★★★

1 kg d'étrilles
2 ou 3 cuil. à café de jus de citron
1 1/2 cuil. à soupe de mayonnaise à l'œuf entier
80 g de chapelure fraîche
1 cuil. à café de sauce Worcestershire
2 œufs, durs
2 cuil. à soupe de persil frais, haché
1 cuil. à soupe de ciboulette fraîche, hachée

1 Mettre les crabes 1 heure au congélateur pour les immobiliser. Les plonger ensuite dans une grande casserole d'eau en ébullition. Réduire le feu et laisser frémir 10 à 15 minutes : les crabes deviennent orange. Les égoutter et les laisser refroidir.
2 Détacher les pinces des crabes. Soulever le plastron situé sous chaque crabe et tirer dessus pour ouvrir la carapace. Prélever et réserver la chair crémeuse marron. Laver et essuyer la partie supérieure de la carapace. Ôter et jeter les intestins et les branchies de la partie inférieure. Couper le crabe en deux et prélever la chair. Casser les pinces et prélever la chair. Réserver la chair blanche séparément.
3 Hacher finement la chair marron et mélanger avec le jus de citron, la mayonnaise et suffisamment de chapelure pour que le mélange se tienne. Ajouter la sauce. Saler et poivrer à volonté. Passer les jaunes et les blancs d'œufs séparément à travers une passoire. Placer la chair de crabe blanche le long de chaque bord extérieur de la carapace. Placer le mélange à la chair marron au centre. Ranger le persil et la ciboulette mélangés et les jaunes et les blancs d'œufs en lignes sur la chair de crabe. Servir avec du pain, des quartiers de citron et de la mayonnaise.
NOTE : Les crabes lourds sont plus charnus.

CI-DESSUS : Crabe farci

OMELETTE THAÏE AUX CREVETTES

Préparation : 15 minutes
Cuisson : 15 minutes
Pour 2 à 4 personnes

☆☆☆

500 g de petites crevettes crues
2 cuil. à soupe d'huile
3 gousses d'ail, hachées
2 tiges de citronnelle (partie blanche), finement hachées
2 racines de coriandre, finement hachées
1 ou 2 cuil. à café de piment rouge, haché
3 oignons nouveaux, hachés
1 cuil. à soupe de sauce de poisson
2 cuil. à café de sucre de palme râpé ou de cassonade
4 œufs
2 cuil. à café de sauce de poisson, en plus
2 oignons nouveaux, coupés en fines lanières, pour décorer
Brins de coriandre fraîche, pour décorer

1 Décortiquer les crevettes et ôter le boyau en partant de la tête.
2 Chauffer 1 cuil. à soupe d'huile dans un wok ou une sauteuse. Ajouter l'ail, la citronnelle, la coriandre et le piment et faire sauter 20 secondes à feu moyen. Ajouter les crevettes et faire sauter jusqu'à coloration. Ajouter les oignons hachés, 1/2 cuil. à café de poivre noir, la sauce de poisson et le sucre. Remuer et ôter du wok.
3 Dans un bol, battre les œufs, l'eau et les 2 cuil. à café de sauce de poisson en un mélange mousseux. Verser le reste de l'huile dans le wok en nappant bien le fond et les parois. Chauffer le wok, verser le mélange aux œufs et bien l'étaler. Lorsque les bords de l'omelette sont cuits, les soulever et faire couler dessous l'œuf non cuit. Répéter cette opération jusqu'à ce que l'omelette soit pratiquement cuite.
4 Placer les trois quarts du mélange aux crevettes au centre de l'omelette. Rabattre les bords pour former un carré, en les faisant légèrement se chevaucher, ou replier simplement en deux. Glisser l'omelette sur un plat et couvrir du reste du mélange aux crevettes. Décorer des lanières d'oignon nouveau et de brins de coriandre, puis servir avec de la sauce de piment et du riz à la vapeur.
NOTE : On peut mélanger les fruits de mer et ajouter, par exemple, des Saint-Jacques.

CI-DESSOUS : Omelette thaïe aux crevettes

CARRÉS DE PÂTE WON-TON

Ce sont des crêpes très fines à base de farine de blé et d'œufs. On les farcit le plus souvent d'une garniture salée avant de les cuire à la vapeur ou en pleine friture. Parfois, les won-tons farcis sont cuits à l'eau et servis dans une soupe. Dans la recette ci-contre, nous avons coupé la pâte en lanières pour rendre croustillantes les crevettes frites. La pâte won-ton s'achète dans les épiceries asiatiques. On peut congeler les restes.

CREVETTES FARCIES EN PÂTE WON-TON

Préparation : 40 minutes
Cuisson : 10 minutes
Pour 24 pièces

☆☆☆

30 carrés de pâte won-ton
24 grosses crevettes crues
400 g de crevettes moyennes crues, décortiquées et finement hachées
4 oignons nouveaux, hachés menu
1 blanc d'œuf
60 g de Maïzena
1 œuf, légèrement battu
Huile, pour la friture

1 À l'aide d'un couteau bien aiguisé, couper la pâte won-ton en fines lanières. Décortiquer les grosses crevettes et ôter le boyau en partant de la tête. Inciser chaque grosse crevette, côté intérieur, pour former une petite poche.

2 Mettre les crevettes hachées et les oignons dans une jatte et bien mélanger. Ajouter le blanc d'œuf, 3 cuil. à café de Maïzena et du sel et du poivre à volonté. Bien mélanger avec les doigts.

3 À l'aide d'un couteau, étaler environ 1 cuil. à soupe de mélange le long de chaque grosse crevette, en l'enfonçant le plus possible dans la poche. S'humecter les mains et enrober les crevettes avec le reste du mélange. Rouler les crevettes dans le reste de la Maïzena et secouer pour ôter l'excédent. Les plonger dans l'œuf battu, puis les recouvrir de lanières de pâte won-ton : elles doivent bien adhérer.

4 Remplir une sauteuse d'huile au tiers de sa hauteur et chauffer à 180 °C (un cube de pain doit brunir en 15 secondes). Frire les crevettes 4 minutes par fournée, jusqu'à ce qu'elles soient dorées de toutes parts (les retourner à l'aide de pincettes ou d'une écumoire). Égoutter sur du papier absorbant et servir sans attendre.

NOTE : Les crevettes peuvent être farcies la veille. Les conserver au réfrigérateur. Les enrober des lanières de pâte won-ton juste avant de les frire.

CI-DESSUS : Crevettes farcies en pâte won-ton

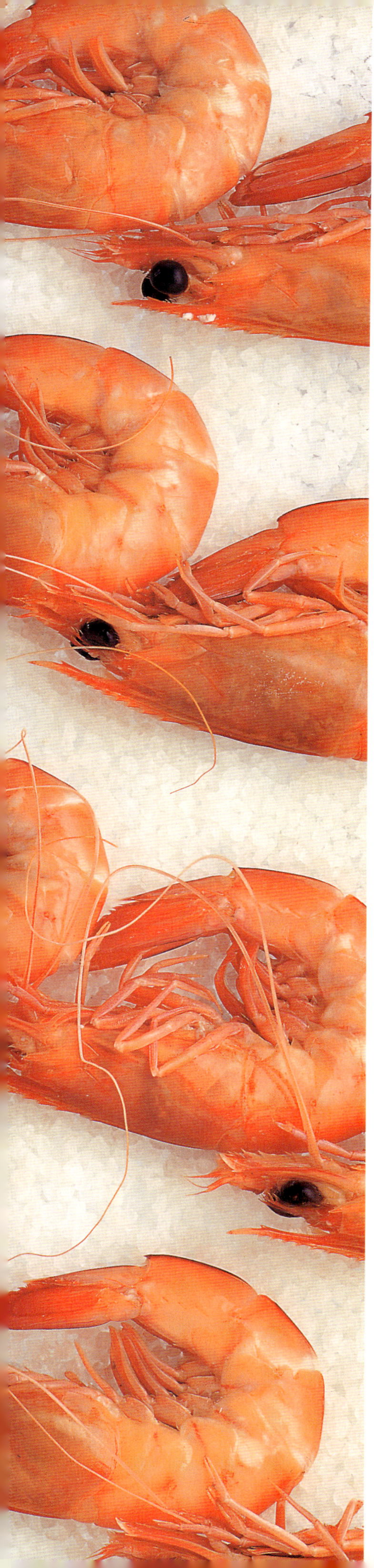

SALADES

Les salades de fruits de mer et de poisson sont le symbole de la fraîcheur. Pour les réussir, il suffit de choisir des ingrédients de la meilleure qualité, et le tour est joué. En effet, il est difficile de rater sa recette lorsqu'il suffit de mélanger du poisson effeuillé ou des crevettes avec des légumes verts croquants et des herbes. Reste ensuite à préparer une bonne vinaigrette qui permettra de lier les saveurs et apportera à l'ensemble son unité. Il en résultera une salade légère pour un déjeuner estival, colorée pour le plaisir des yeux et délicate pour régaler ses amis.

CI-DESSUS : Salade niçoise

SALADE NIÇOISE

Préparation : 30 minutes
Cuisson : 25 minutes
Pour 4 à 6 personnes

☆

4 œufs
500 g de petites pommes de terre nouvelles
250 g de haricots verts, équeutés
6 cœurs d'artichauts à l'huile, égouttés
350 g de feuilles de salades mélangées
4 tomates, coupées en quartiers
425 g de thon en boîte, égoutté et émietté
1 poivron rouge, coupé en lanières
1 cuil. à soupe de câpres au vinaigre, égouttées
10 olives de Nice (cailletier)
1 cuil. à soupe d'estragon frais haché, pour décorer

Assaisonnement
1 gousse d'ail, écrasée
2 filets d'anchois à l'huile, égouttés et hachés
3 cuil. à café de moutarde forte
60 ml de vinaigre de vin blanc
125 ml d'huile d'olive vierge extra

1 Remplir une casserole d'eau froide et y plonger les œufs. Porter à ébullition, réduire le feu et laisser frémir 6 minutes. Égoutter et plonger les œufs dans l'eau froide pour arrêter la cuisson. Les écaler et les couper en quartiers.
2 Cuire les pommes de terre 10 minutes à la vapeur ou à l'eau (la pointe d'un couteau doit y pénétrer facilement). Les égoutter, les laisser refroidir, les peler et les couper en épaisses rondelles.
3 Plonger les haricots dans une casserole d'eau bouillante, faire bouillir 2 minutes, les égoutter et les rincer à l'eau froide. Les réfrigérer dans une jatte d'eau glacée. Couper les artichauts en deux ou en quatre.
4 Dresser les feuilles de salade sur des assiettes. Ajouter les pommes de terre, les haricots, les tomates, les artichauts, le thon, les œufs et le poivron. Parsemer des câpres et des olives.
5 Pour l'assaisonnement, mixer ou fouetter l'ail avec la moutarde, les anchois et le vinaigre en un mélange onctueux. Ajouter l'huile en filet et bien

mélanger. Saler, poivrer et arroser la salade. Parsemer de l'estragon.

SALADE DE CREVETTES À LA PAPAYE ET VINAIGRETTE AU CITRON VERT

Préparation : 25 minutes
Cuisson : 5 minutes
Pour 4 personnes

★

750 g de crevettes moyennes cuites
1 grosse papaye, hachée
1 petit oignon rouge, finement émincé
2 branches de céleri, finement émincées
2 cuil. à soupe de menthe fraîche, coupée en lanières

Vinaigrette au citron vert
125 ml d'huile
60 ml de jus de citron vert
2 cuil. à café de gingembre frais, finement râpé
1 cuil. à café de sucre en poudre

1 Décortiquer les crevettes, sauf la queue, et ôter le boyau en partant de la tête. Les réserver dans une jatte.

2 Pour la vinaigrette, mettre l'huile, le jus de citron, le gingembre et le sucre dans un bol et bien fouetter. Assaisonner de sel et de poivre noir fraîchement moulu.

3 Verser la vinaigrette sur les crevettes et bien remuer pour les enrober. Ajouter la papaye, l'oignon, le céleri et la menthe fraîche et mélanger avec précaution. Servir la salade à température ambiante ou couvrir et réfrigérer 3 heures. On peut décorer de brins de menthe fraîche.

SALADE DE CREVETTES AU POTIRON ET À LA ROQUETTE

Couper 800 g de potiron en cubes de 3 cm et 2 petits oignons rouges en quartiers. Mélanger avec 1 cuil. à soupe d'huile et 2 gousses d'ail écrasées. Ranger sur une seule épaisseur dans une lèchefrite. Enfourner 35 minutes à 200 °C : le potiron doit devenir tendre. Mélanger dans une jatte avec 300 g de petites crevettes cuites, décortiquées et boyau ôté. Ajouter 200 g de feuilles de roquette déchirées. Dans un bol, fouetter 1 ou 2 cuil. à soupe de vinaigre balsamique avec 1 cuil. à soupe d'huile d'olive, du sel et du poivre noir fraîchement moulu, à volonté. Arroser la salade.
Pour 4 à 6 personnes.

CI-DESSOUS : Salade de crevettes à la papaye et vinaigrette au citron vert

ROUGET
Le rouget est un petit poisson rouge portant deux longs barbillons à la mâchoire inférieure. Disponible toute l'année, il est toujours vendu entier. La chair peut être assez tendre, parfois un peu sèche, et s'effeuille en morceaux moyens à gros. Le rouget possède une saveur délicate. Il peut être cuit au four ou au barbecue, grillé, poêlé ou poché.

PAGE CI-CONTRE: Salade de moules au safran (en haut); escabèche

SALADE DE MOULES AU SAFRAN

Préparation: 40 minutes
Cuisson: 30 minutes
Pour 4 à 6 personnes

✯✯

500 g de pommes de terre nouvelles, non pelées
1 kg de moules
170 ml de vin blanc sec
1 petit oignon, coupé en rondelles
2 brins de thym frais
2 feuilles de laurier
1 grosse pincée de poudre ou de stigmates de safran
4 cuil. à soupe de crème fraîche
2 cuil. à café de persil frais, haché

1 Plonger les pommes de terre dans une casserole d'eau froide légèrement salée. Porter à ébullition, réduire le feu et laisser frémir 20 minutes, jusqu'à ce qu'elles soient tendres (la pointe d'un couteau doit y pénétrer facilement). Les égoutter et les laisser refroidir.

2 Gratter les moules à l'aide d'une brosse dure et les ébarber. Jeter les moules abîmées et celles que l'on ne parvient pas à fermer. Bien les rincer. Mettre le vin, l'oignon, les brins de thym, les feuilles de laurier et la moitié des moules dans une casserole munie d'un couvercle hermétique. Couvrir et cuire 4 à 5 minutes à feu vif, en remuant une fois, jusqu'à ce que les moules commencent à s'ouvrir. Retirer les moules à mesure qu'elles s'ouvrent et jeter celles qui sont restées fermées. Cuire le reste des moules de la même façon, puis les laisser refroidir.

3 Tamiser le liquide de cuisson des moules en réservant 125 ml. Pendant qu'il est encore chaud, incorporer le safran. Fouetter la crème fraîche et bien assaisonner de sel et de poivre concassé.

4 Peler les pommes de terre et les couper en quatre si elles sont grosses ou en deux si elles sont petites. Décoquiller les moules. Mélanger les pommes de terre et les moules dans une jatte et ajouter l'assaisonnement au safran. Parsemer du persil haché et servir sans attendre.

ESCABÈCHE

Préparation: 20 minutes + 1 nuit de réfrigération
Cuisson: 15 minutes
Pour 4 personnes

✯

Farine
500 g de filets de poissons (rouget, merlan, dorade rose, orphie, etc.), dépouillés
5 cuil. à soupe d'huile d'olive vierge extra
1 oignon rouge, coupé en fines rondelles
2 gousses d'ail, finement émincées
2 brins de thym frais
1 cuil. à café de cumin en poudre
2 oignons nouveaux, hachés
1/2 cuil. à café de zeste d'orange, finement râpé
60 ml de jus d'orange
185 ml de vin blanc
185 ml de vinaigre de vin blanc
60 g d'olives vertes, dénoyautées et grossièrement hachées
1/2 cuil. à café de sucre en poudre

1 Saler et poivrer la farine, puis fariner les filets. Chauffer 2 cuil. à soupe de l'huile à feu moyen dans une poêle. Ajouter les filets en plusieurs fournées, les cuire de chaque côté: le poisson doit se colorer légèrement et s'effeuiller facilement sous la fourchette. Les retirer de la poêle et les ranger sur une seule couche dans un grand plat creux non métallique.

2 Chauffer le reste de l'huile dans la même poêle. Ajouter l'oignon et l'ail et faire revenir environ 5 minutes à feu moyen, en remuant, jusqu'à ce qu'ils soient tendres.

3 Ajouter le thym, le cumin et les oignons, remuer : le mélange devient peu à peu odorant. Ajouter le zeste et le jus d'orange, le vin, le vinaigre, les olives et le sucre. Saler et poivrer à volonté. Amener le liquide à ébullition et en arroser le poisson. Le laisser refroidir dans le liquide ou le réfrigérer une nuit. Servir à température ambiante, éventuellement sur un lit de cresson et d'oignon nouveau finement émincé.

NOTE: L'escabèche est un plat espagnol que l'on sert froid. Il se compose traditionnellement d'un poisson entier. Nous avons utilisé ici des filets, mais le résultat est tout aussi réussi.

SALADE DU PÊCHEUR

Préparation : 1 heure + 1 heure de réfrigération
Cuisson : 20 minutes
Pour 8 personnes

☆☆

1,25 kg de grosses crevettes cuites
12 écrevisses cuites
500 g de noix de Saint-Jacques
125 ml de vin blanc
1 pincée de thym séché
1 pincée d'estragon séché ou 1 feuille de laurier
400 g de filets de saumon, de truite ou de poisson à chair ferme et blanche (colin, lingue, etc.)

Vinaigrette
125 ml d'huile d'olive vierge extra
2 cuil. à soupe de vinaigre de vin blanc
1 cuil. à café de sucre
2 cuil. à café de moutarde forte
1 cuil. à soupe d'aneth frais, haché

6 œufs, durs
150 g de feuilles de salades mélangées
2 cuil. à soupe de persil plat frais, haché
2 avocats mûrs, émincés en lamelles
2 cuil. à soupe de jus de citron

Mayonnaise verte
300 g de mayonnaise à l'œuf entier
4 filets d'anchois en boîte, égouttés et finement hachés
1 gousse d'ail, écrasée
60 g de crème fraîche
3 cuil. à soupe d'herbes fraîches, hachées (ciboulette, persil, aneth)

1 Décortiquer les crevettes et ôter le boyau.
2 Couper le dessous de la carapace de chaque écrevisse sur toute la longueur, de la tête vers la queue. Ouvrir et prélever la chair. Ôter doucement le boyau et jeter les carapaces.
3 Ôter tout boyau, membrane et muscle blanc dur des Saint-Jacques.
4 Mettre 250 ml d'eau, le vin, les herbes, 1 pincée de sel et de poivre dans une casserole. Porter à ébullition, réduire le feu et laisser frémir 5 minutes. Ajouter les Saint-Jacques et les pocher jusqu'à ce qu'elles soient blanches. Les ôter et les égoutter sur une grille. Plonger les filets dans le liquide frémissant. Les pocher jusqu'à ce qu'ils soient tendres, les ôter et les égoutter sur une grille. Les couper en gros morceaux.
5 Mélanger les crevettes, les écrevisses, les Saint-Jacques et le poisson dans une jatte. Fouetter l'huile avec le vinaigre, le sucre, la moutarde et l'aneth. Assaisonner à volonté. Verser sur les fruits de mer et le poisson, couvrir et réfrigérer 1 heure.
6 Écaler et couper les œufs en rondelles, en réservant 2 jaunes. Mettre la moitié des feuilles de salade dans un saladier profond. Couvrir de la moitié des fruits de mer et le poisson. Réserver la vinaigrette. Parsemer de la moitié du persil, couvrir de la moitié des lamelles d'avocats, arroser de la moitié du jus de citron et terminer par la moitié des rondelles d'œufs, dont les blancs sans jaunes. Saler et poivrer. Répéter l'alternance des couches et assaisonner à volonté. Arroser de la vinaigrette réservée. Émietter les jaunes réservés sur le dessus. Servir avec la mayonnaise verte.
7 Pour la mayonnaise verte, mélanger tous les ingrédients dans un bol et assaisonner à volonté.

CEVICHE DE SAINT-JACQUES

Préparation : 20 minutes + 2 heures de marinade
Cuisson : aucune
Pour 2 à 4 personnes

☆☆

15 noix de Saint-Jacques, dans leur demi-coquille
1 cuil. à café de zeste de citron vert, finement râpé
2 gousses d'ail, hachées
2 piments rouges frais, égrainés et hachés
60 ml de jus de citron vert
1 cuil. à soupe de persil frais, haché
1 cuil. à soupe d'huile d'olive

1 Décoquiller les Saint-Jacques et réserver une demi-coquille pour chacune. Si elles sont encore attachées, passer un petit couteau entre la noix et la coquille. Ôter tout boyau, membrane et muscle blanc dur en laissant le corail attaché.
2 Dans une jatte, mélanger le zeste de citron, l'ail, le piment, le jus de citron, le persil et l'huile. Saler et poivrer. Plonger les noix dans la marinade et bien remuer. Couvrir de film alimentaire et laisser mariner 2 heures au réfrigérateur : elles vont « cuire » dans le citron.
3 Remettre chaque noix dans sa demi-coquille et napper de marinade. Servir froid.
NOTE: Les noix se conservent 2 jours dans la marinade.

ÉCREVISSES
L'écrevisse possède une chair délicieuse et sucrée et s'achète vivante ou cuite. Vivante, elle doit être active et présenter des pinces intactes. Si elle bouge peu, c'est probablement qu'elle est en train de mourir et n'est pas très fraîche. Elle doit avoir une agréable odeur iodée. Les écrevisses cuites doivent avoir une carapace ferme et des pinces intactes, et la partie ventrale ne doit présenter aucune décoloration.

PAGE CI-CONTRE : Salade du pêcheur

TRUITE FUMÉE ET VINAIGRETTE CHAUDE AU PIMENT ET AUX FRAMBOISES

Préparation : 25 minutes
Cuisson : 10 minutes
Pour 4 à 6 personnes

☆

250 g d'oseille
300 g d'asperges fraîches
1 truite fumée (environ 400 g)
1 oignon rouge, finement émincé
250 g de tomates cerises allongées, coupées en deux
200 g de framboises fraîches

Vinaigrette chaude au piment et aux framboises
125 g de framboises fraîches
1 cuil. à café de pâte de piment
2 gousses d'ail, écrasées
125 ml d'huile d'olive
2 cuil. à soupe de vinaigre de framboise ou de vin blanc

1 Équeuter l'oseille, la laver, l'essuyer et la réfrigérer.
2 Pour la vinaigrette, mélanger doucement tous les ingrédients dans une petite casserole, à feu doux, jusqu'à ce que les framboises commencent à se défaire et à colorer le liquide. Transférer dans une jatte, fouetter et assaisonner de sel et de poivre noir fraîchement moulu.
3 Cuire les asperges à l'eau (à la vapeur ou au four à micro-ondes). Les égoutter, puis les rafraîchir sous l'eau froide. Retirer la peau et les arêtes de la truite. Effeuiller la chair.
4 Répartir l'oseille entre les assiettes. Ranger les asperges, la truite, l'oignon, les tomates et les framboises sur le dessus. Arroser de la vinaigrette.

CI-DESSOUS : Truite fumée et vinaigrette chaude au piment et aux framboises

SALADE HAWAÏENNE

Préparation : 15 minutes + 15 minutes de trempage + 4 heures de marinade
Cuisson : 5 minutes
Pour 4 à 6 personnes

☆

5 g de wakame séché (algue) (facultatif)
500 g de darnes de poissons (thon, espadon, marlin, etc.), coupées en dés
1 gros oignon, finement haché
6 oignons nouveaux, coupés en rondelles
2 petits piments rouges, coupés en fines lanières
80 ml de sauce de soja douce
1 cuil. à soupe d'huile de sésame
Feuilles de salade, pour servir
1 cuil. à soupe de graines de sésame, grillées
Quartiers de citron, pour servir

1 Faire tremper le wakame 15 minutes dans un bol d'eau froide. L'égoutter.
2 Mettre le wakame, le poisson, l'oignon, les oignons nouveaux, le piment, la sauce et l'huile dans une jatte. Couvrir et réfrigérer 4 heures.
3 Tapisser un plat de feuilles de salade. Dresser le poisson et parsemer des graines de sésame. Servir avec des quartiers de citron.

SALADE CHAUDE AUX CREVETTES, À LA ROQUETTE ET À LA FETA

Préparation : 30 minutes
Cuisson : 10 minutes
Pour 4 à 6 personnes

☆

1 kg de crevettes moyennes crues
4 oignons nouveaux, hachés
4 tomates olivettes, hachées
1 poivron rouge, haché
425 g de pois chiches en boîte, égouttés
1 cuil. à soupe d'aneth frais, haché
3 cuil. à soupe de basilic frais, coupé en fines lanières
60 ml d'huile d'olive vierge extra
60 g de beurre
2 petits piments rouges frais, finement hachés
4 gousses d'ail, écrasées
2 cuil. à soupe de jus de citron
300 g de feuilles de roquette
150 g de feta

1 Décortiquer les crevettes et ôter le boyau en partant de la tête.
2 Mélanger les oignons, les tomates, le poivron, les pois chiches et les herbes dans une jatte.
3 Faire chauffer l'huile d'olive et le beurre dans une grande poêle ou un wok. Ajouter les crevettes et les faire sauter 3 minutes à feu vif en remuant. Ajouter le piment et l'ail et poursuivre la cuisson jusqu'à ce que les crevettes soient roses. Retirer du feu et verser le jus de citron.
4 Dresser les feuilles de roquette sur un plat, couvrir du mélange à la tomate, puis du mélange aux crevettes. Émietter la feta sur le dessus.

CI-DESSUS : Salade chaude aux crevettes, à la roquette et à la feta

SALADE CÉSAR

Préparation : 15 minutes
Cuisson : 20 minutes
Pour 4 personnes

☆

4 tranches de pain blanc, écroûtées et coupées en cubes
3 tranches de lard fumé, hachées
1 romaine, feuilles déchirées en morceaux
50 g de parmesan, coupé en copeaux
Copeaux de parmesan, pour décorer

Assaisonnement
2 à 4 anchois à l'huile, égouttés
1 œuf
2 cuil. à soupe de jus de citron
1 gousse d'ail, écrasée
125 ml d'huile d'olive

1 Préchauffer le four à 190 °C. Ranger le pain sur une lèchefrite et le faire dorer 15 minutes.
2 Faire revenir le lard à feu moyen jusqu'à ce qu'il soit croustillant. Égoutter sur du papier absorbant.
3 Mettre les feuilles de romaine, les cubes de pain, le lard et le parmesan dans un saladier.
4 Pour l'assaisonnement, mixer les anchois, l'œuf, le jus de citron et l'ail. En laissant le moteur tourner, verser l'huile en filet jusqu'à obtention d'une sauce épaisse et crémeuse. Saler et poivrer. En arroser la salade, parsemer des copeaux de parmesan, puis servir.

PICKLES DE FRUITS DE MER

Pour stériliser les bocaux, il faut les rincer à l'eau bouillante et les sécher dans le four. Ne jamais les essuyer avec un linge.

PICKLES DE MOULES/SARDINES

Gratter et ébarber 1 kg de moules. Jeter celles qui sont abîmées et celles que l'on ne parvient pas à fermer. Mettre dans une grande casserole, couvrir d'eau, couvrir et cuire à couvert 4 à 5 minutes, jusqu'à ce qu'elles soient ouvertes. Jeter celles qui sont restées fermées. Laisser refroidir légèrement et décoquiller. Fariner les moules, puis les faire frire dans l'huile chaude : elles doivent devenir croustillantes. Les ôter et les ranger sur une seule couche dans un plat non métallique. Dans une casserole, mélanger 500 ml de vinaigre de vin blanc avec 6 oignons nouveaux émincés, 1 piment frais finement haché, 2 feuilles de laurier et 2 cuil. à café de sucre. Remuer à feu doux jusqu'à dissolution du sucre, puis faire bouillir 1 minute. Incorporer 1 cuil. à soupe de menthe fraîche hachée. Arroser les moules et réfrigérer entre 1 nuit et 5 jours, les remuer une fois. Servir à température ambiante. Pour 4 à 6 personnes. Pour les sardines : vider 12 sardines fraîches, les rincer dans de l'eau, les fariner, puis procéder de même.

PICKLES DE CREVETTES

Décortiquer 40 grosses crevettes cuites, sauf la queue, et ôter le boyau. Émincer finement 1 bulbe de fenouil. Mélanger dans une jatte les crevettes, le fenouil, 2 petits oignons rouges finement émincés et le zeste coupé en fines lanières de 2 oranges et 2 citrons verts. Mélanger 170 ml de jus de citron vert avec 80 ml de jus d'orange, 250 ml d'huile d'olive, 125 ml de vinaigre à l'estragon, 2 piments oiseaux finement émincés, 1 cuil. à café de sel et 1 cuil. à café

de sucre. Verser sur le mélange aux crevettes. Couvrir et réfrigérer entre 2 et 5 jours. Pour 4 à 6 personnes.

PICKLES DE POULPES

Nettoyer 1 kg de poulpes (voir page 31) et les mettre dans une casserole avec 2 feuilles de laurier et 12 grains de poivre noir. Cuire à couvert 1 heure à feu moyen, jusqu'à ce que les poulpes soient tendres. Les égoutter et les laisser refroidir. Mettre les grains de poivre, les feuilles de laurier et les poulpes refroidis dans un bocal propre d'une contenance de 1 l. Ajouter 1 cuil. à soupe d'origan frais, 2 cuil. à café de thym frais et 1 gousse d'ail finement émincée. Verser 250 ml de vinaigre de vin rouge et couvrir d'huile d'olive à hauteur. Visser le couvercle et retourner doucement le bocal plusieurs fois. Réfrigérer entre 2 et 5 jours. Ramener à température ambiante avant de servir. Pour 4 à 6 personnes.

ROLLMOPS

Laver 8 harengs. Glisser un couteau entre les branchies et la nageoire et trancher la tête. Fendre le ventre, ôter les viscères et ouvrir chaque poisson à plat. Saisir l'arête centrale du côté de la queue et soulever doucement vers la tête. Ôter toute arête restante. Mettre les filets dans un grand plat non métallique. Dans une casserole, mélanger 1 l d'eau avec 200 g de sel et remuer à feu moyen jusqu'à dissolution du sel. Laisser refroidir avant d'arroser les harengs. Couvrir et réfrigérer 1 nuit. Pendant ce temps, mélanger 1 l de vinaigre de vin blanc avec 2 feuilles de laurier, 1 cuil. à soupe d'épices 5 baies et 5 grains de poivre noir. Le lendemain, rincer et essuyer les harengs marinés et les disposer, peau en dessous, sur une planche à découper. Au centre de chaque hareng, placer 1 fine rondelle d'oignon, puis 1 rondelle de cornichon. Rouler les harengs en commençant par la tête et fixer avec une pique en bois. Ranger les rollmops dans un bocal propre d'une contenance de 1 l, verser le vinaigre aux épices et fermer. Réfrigérer entre 2 et 5 jours avant de servir. Servir avec de la crème fraîche, des oignons et des pumpernickels. Pour 4 à 6 personnes.

DE GAUCHE À DROITE : Pickles de moules ; pickles de sardines ; pickles de crevettes ; pickles de poulpes ; rollmops

CALMAR

Nageant dans les eaux tempérées du monde entier, le calmar est très présent dans les cuisines asiatique et méditerranéenne. Son corps fusiforme peut être très petit (5 cm) ou beaucoup plus grand. Le calmar possède huit tentacules et deux longues nageoires à l'arrière. Ce mollusque n'est pas difficile à préparer, et sa chair cuite est tendre et sucrée.

CI-DESSUS : Salade de saumon au fenouil

SALADE DE SAUMON AU FENOUIL

Préparation : 15 minutes
Cuisson : aucune
Pour 4 personnes

☆

2 cuil. à café de moutarde forte
1 cuil. à café de sucre en poudre
125 ml d'huile d'olive
2 cuil. à soupe de jus de citron
2 bulbes de fenouil, finement émincés
200 g de saumon fumé, coupé en lanières
2 cuil. à soupe de ciboulette fraîche, hachée
1 cuil. à soupe de verdure de fenouil, hachée ou d'aneth frais, haché
Feuilles de roquette, pour servir
Quartiers de citron, pour servir

1 Fouetter la moutarde, le sucre, l'huile d'olive et le jus de citron dans une jatte.

2 Ajouter le fenouil, le saumon, la ciboulette et la verdure de fenouil. Saler, poivrer et remuer doucement. Servir avec des feuilles de roquette, des quartiers de citron et du pain grillé.

CALMARS ET SAINT-JACQUES À LA CHARMOULA

Préparation : 30 minutes + 30 minutes de réfrigération
Cuisson : 5 minutes
Pour 4 personnes

☆☆

2 oranges
8 petits calmars
200 g de noix de Saint-Jacques
2 cuil. à soupe d'huile
150 g de feuilles de roquette
3 tomates olivettes mûres, hachées

Charmoula

50 g de coriandre fraîche, finement hachée
30 g de persil plat frais, finement haché
2 cuil. à café de cumin en poudre
1 cuil. à café de paprika en poudre
60 ml de jus de citron vert
60 ml d'huile d'olive

1 Peler les oranges, en retirant le zeste et la partie blanche. À l'aide d'un couteau pointu, couper entre les membranes et prélever les segments. Les réserver.

2 Nettoyer les calmars : tirer sur les tentacules et les séparer des corps (les viscères viendront avec). Séparer les viscères des tentacules en coupant sous les yeux. Ôter la plume avec les doigts si elle est restée au centre des tentacules. Ôter les cartilages. Frotter les corps sous l'eau froide afin de retirer la peau. Laver les corps et les tentacules et bien les égoutter. Mettre dans une jatte d'eau avec 1/4 de cuil. à café de sel et bien mélanger. Couvrir et réfrigérer environ 30 minutes. Bien égoutter et couper les corps en longues lanières fines et les tentacules en tronçons.
3 Ôter tout boyau, membrane et muscle blanc dur des Saint-Jacques. Les rincer et les essuyer avec du papier absorbant.
4 Chauffer l'huile dans une grande poêle et cuire les calmars 1 à 2 minutes en plusieurs fournées, à feu vif, jusqu'à ce qu'ils soient blancs. Si on les cuit trop, ils deviennent caoutchouteux. Les égoutter sur du papier absorbant. Ajouter les Saint-Jacques dans la poêle et les cuire jusqu'à ce qu'elles soient dorées et tendres. Ne pas trop les cuire.
5 Dresser la roquette sur un grand plat, couvrir des fruits de mer, des tomates et des segments d'oranges.
6 Fouetter les ingrédients de la charmoula dans une jatte non métallique. En arroser les fruits de mer.

SALADE DE POISSON MARINÉ AU PIMENT ET AU BASILIC

Préparation : 30 minutes
+ plusieurs heures de marinade
Cuisson : aucune
Pour 4 personnes

☆

500 g de filets de poissons à chair blanche et ferme (truite, dorade), dépouillés
60 ml de jus de citron vert
60 ml de lait de coco
3 tomates, coupées en dés
3 petits concombres, coupés en dés
5 oignons nouveaux, finement émincés
2 piments rouges frais, égrainés et émincés
2 gousses d'ail, écrasées
1 cuil. à café de gingembre frais, râpé
15 g de feuilles de basilic frais, déchirées
Feuilles de salades mélangées, pour servir

1 Couper le poisson en fines lanières et mettre dans une jatte en verre ou en céramique.
2 Pour la marinade, mettre dans un bocal le jus de citron vert, le lait de coco, 1 cuil. à café de sel et 1/4 de cuil. à café de poivre noir concassé. Bien mélanger et en arroser le poisson. Couvrir et réfrigérer plusieurs heures, ou 1 nuit, en retournant une ou deux fois.
3 Ajouter la tomate, le concombre, l'oignon nouveau, le piment, l'ail, le gingembre et le basilic. Bien mélanger et napper les feuilles de salade.
NOTES : L'acide citrique du jus de citron vert « cuit » le poisson, raffermit la chair et la rend opaque.
Les mangues donnent plus de saveur à ce plat. Couper la chair en dés, puis les mélanger à la salade.

CI-DESSOUS : Salade de poisson mariné au piment et au basilic

SARDINE
Ce petit poisson possède une chair grasse et tendre à la texture fine. Il présente de nombreuses arêtes, mais l'arête centrale est facile à ôter et les autres arêtes sont comestibles. La sardine est vendue entière ou en filets désarêtés. Elle peut être cuite au four ou au barbecue, grillé et poêlé.

SARDINES À L'AIGRE-DOUX

Préparation : 20 minutes + marinade
Cuisson : 15 à 20 minutes
Pour 4 personnes

☆

12 sardines fraîches, vidées et ouvertes en deux
Farine
Huile d'olive, pour la friture
1/2 oignon rouge, finement émincé
1 gousse d'ail, écrasée
2 feuilles de laurier
1 cuil. à soupe de raisins secs
1 cuil. à soupe de pignons de pin
1/2 à 1 cuil. à café de piment en poudre
1 cuil. à café de cassonade
80 ml de vinaigre balsamique
80 ml de vin rouge

1 Fariner les sardines, puis les saler et les poivrer.
2 Verser 1 cm d'huile d'olive dans une grande poêle à fond épais. Chauffer l'huile à feu moyen et frire les sardines 5 à 10 minutes, en plusieurs fournées, jusqu'à ce qu'elles soient croustillantes et dorées. Bien les égoutter sur du papier absorbant et les ranger dans un plat non métallique.
3 Faire sauter l'oignon 5 minutes à feu moyen dans un peu d'huile d'olive, jusqu'à ce qu'il soit tendre mais non coloré. Ajouter l'ail, les feuilles de laurier, les raisins secs, les pignons de pin et les flocons de piment. Bien mélanger, puis ajouter la cassonade, le vinaigre et le vin rouge. Laisser à peine frémir. Verser ce mélange sur les sardines, couvrir et laisser mariner au réfrigérateur jusqu'à ce que le tout soit froid. Servir à température ambiante sur un lit de pois mange-tout ou de salades mélangées (mesclun), le cas échéant.
NOTE : À défaut de sardines déjà nettoyées, acheter des sardines fraîches, fendre le ventre, ôter les viscères et couper la tête. Ouvrir les sardines et les poser à plat, peau au-dessus, sur une planche à découper. Aplatir doucement mais fermement. Retourner, soulever l'arête centrale et la couper au niveau de la queue. Les laver dans de l'eau légèrement salée et les égoutter sur du papier absorbant.

SALADE DE THON ET MAYONNAISE À L'AIL

Préparation : 25 minutes
Cuisson : 10 minutes
Pour 6 personnes

☆☆

6 pommes de terre moyennes
150 g de pois mange-tout
200 g d'asperges
250 g de tomates cerises
850 g de thon en boîte, égoutté

Mayonnaise à l'ail
3 jaunes d'œufs
1 gousse d'ail, écrasée
1/2 cuil. à café de moutarde
2 cuil. à soupe de jus de citron
250 ml d'huile d'olive

1 Peler les pommes de terre et les couper en cubes de 2 cm de côté. Les cuire 8 à 10 minutes à l'eau ou à la vapeur (la pointe d'un couteau doit y pénétrer facilement). Les égoutter et les réserver.
2 Plonger les pois mange-tout 1 minute dans une casserole d'eau bouillante, les retirer de l'eau à l'aide d'une écumoire et les rafraîchir dans l'eau glacée. Les égoutter et les réserver.
3 Ôter le pied dur des asperges, puis les faire blanchir de la même façon que les pois mange-tout.
4 Pour la mayonnaise à l'ail : mettre les jaunes d'œufs, l'ail, la moutarde et le jus de citron dans un bol et battre 1 minute au fouet électrique. Ajouter l'huile en filet, environ 1 cuil. à café à la fois, et battre sans cesse jusqu'à émulsion du mélange. À mesure que la mayonnaise épaissit, continuer à verser de l'huile et à battre. Assaisonner à volonté de sel et de poivre noir concassé.
5 Dresser les pommes de terre, les pois mange-tout, les asperges, les tomates et le thon émietté sur des assiettes individuelles. Placer 1 cuil. à soupe de mayonnaise sur chaque assiette, ou servir la mayonnaise séparément. Servir sans attendre.
NOTE : On peut également monter la mayonnaise dans un robot ménager ou à la main avec un grand fouet.

PAGE CI-CONTRE : Sardines à l'aigre-doux (en haut) ; salade de thon et mayonnaise à l'ail

SALADE DE SAUMON AUX HARICOTS VERTS

Préparation : 20 minutes
Cuisson : 30 minutes
Pour 4 à 6 personnes

☆

350 g de filet de saumon, dépouillé
Huile, pour la friture
4 gousses d'ail, finement émincées
200 g de patates douces blanches, coupées en fines rondelles
100 g de haricots verts, coupés en deux dans la longueur
1 oignon rouge, finement émincé
20 g de graines de sésame, grillées
100 g de pissenlit, équeuté

Vinaigrette
2 gousses d'ail, écrasées
2 cuil. à soupe de tahini
1 cuil. à soupe de vinaigre de riz
2 cuil. à soupe de jus de citron vert
1 cuil. à soupe de sauce de soja
60 ml d'huile d'olive

1 Faire griller le poisson. Le laisser refroidir un peu, puis le couper en gros morceaux.
2 Chauffer l'huile à 180 °C (un cube de pain doit brunir en 15 secondes) dans une sauteuse à fond épais. Faire frire l'ail et la patate douce séparément jusqu'à ce qu'ils soient dorés et croustillants. Les égoutter sur du papier absorbant.
3 Cuire les haricots verts à l'eau bouillante jusqu'à ce qu'ils soient tendres. Rincer, plonger dans l'eau glacée et égoutter. Mélanger avec l'oignon, les graines de sésame, la patate douce, l'ail et le pissenlit. Répartir entre des assiettes de service et couvrir avec le poisson.
4 Pour la vinaigrette, fouetter ensemble tous les ingrédients dans un bol. Arroser la salade et servir sans attendre.
NOTES : Cette recette se réalise aussi avec de la truite de mer.
Le tahini se compose de graines de sésame écrasées et s'achète au rayon exotique des supermarchés. Pour une saveur moins prononcée, le remplacer par 1 cuil. à café d'huile de sésame additionnée de 2 cuil. à soupe de jus d'orange.

CI-DESSOUS : Salade de saumon aux haricots verts

SALADE DE NOUILLES THAÏE

Préparation : 25 minutes
Cuisson : 5 minutes
Pour 4 personnes

☆

Vinaigrette
2 cuil. à soupe de gingembre frais, râpé
2 cuil. à soupe de sauce de soja
2 cuil. à soupe d'huile de sésame
80 ml de vinaigre de vin rouge
1 cuil. à soupe de sauce de piment doux
2 gousses d'ail, écrasées
80 ml de kecap manis

500 g de grosses crevettes cuites
250 g de nouilles fines instantanées
5 oignons nouveaux, émincés
2 cuil. à soupe de coriandre fraîche, hachée
1 poivron rouge, haché
100 g de pois mange-tout, émincés

1 Pour la vinaigrette, mettre les ingrédients dans une jatte et fouetter à la fourchette.
2 Décortiquer les crevettes et ôter le boyau en partant de la tête. Les couper en deux dans la longueur.
3 Cuire les nouilles 2 minutes dans une casserole d'eau bouillante et les égoutter. Les ajouter à la vinaigrette et bien mélanger. Laisser refroidir.
4 Ajouter aux nouilles les crevettes et le reste des ingrédients, puis mélanger doucement. Servir à température ambiante.
NOTE : Le kecap manis (sauce de soja douce) s'achète dans les supermarchés et les épiceries asiatiques.

SALADE DE THON AUX HARICOTS BLANCS

Préparation : 15 minutes
Cuisson : aucune
Pour 4 à 6 personnes

☆

750 g de thon à l'huile en boîte
1 gousse d'ail, écrasée
1 à 2 cuil. à café de feuilles de thym frais
1 à 2 cuil. à café de persil frais, finement haché
60 ml de vinaigre de vin blanc
80 ml d'huile d'olive vierge extra
400 g de haricots blancs en boîte, égouttés et rincés
1 gros oignon rouge, grossièrement haché
3 œufs durs, coupés en quartiers
3 tomates, coupées en quartiers

1 Égoutter et effeuiller le thon. Mélanger l'ail, le thym, le persil, le vinaigre et l'huile d'olive dans un bol et fouetter à la fourchette. Saler et poivrer.
2 Mélanger les haricots et l'oignon dans une jatte, ajouter la vinaigrette et remuer. Ajouter le thon et mélanger, puis incorporer la moitié des œufs durs et des tomates. Mélanger doucement. Dresser sur un plat et décorer du reste des œufs et des tomates.

CI-DESSUS : Salade de nouilles thaïe

SALADE DE CRABE
À LA MANGUE

À l'aide d'un couteau aiguisé, peler la mangue et couper la pulpe en fines lanières.

Couper la noix de coco en fins copeaux à l'aide d'un épluche-légumes.

Verser l'assaisonnement sur le mélange de crabe, de crevettes, de mangue et de noix de coco.

CI-DESSUS : Salade de crabe à la mangue

SALADE DE CRABE À LA MANGUE

Préparation : 25 minutes
Cuisson : 5 minutes
Pour 4 personnes

☆

Assaisonnement
80 ml d'huile d'olive
60 ml de jus de citron vert
1 cuil. à café de sauce de poisson
1/2 petit piment vert, finement haché
1 cuil. à soupe de coriandre fraîche, finement hachée
2 cuil. à café de gingembre frais, râpé

2 carrés de noix de coco fraîche de 4 cm de côté
1 cuil. à café d'huile d'olive
60 g de cresson, équeuté
100 g de germes de pois mange-tout
100 g de petites crevettes cuites
400 g de crabe frais cuit ou de crabe en boîte, égoutté
1 mangue mûre et ferme, coupée en fines lanières
Feuilles de coriandre fraîche, pour décorer
1 citron vert, coupé en rondelles, pour décorer

1 Mélanger les ingrédients de l'assaisonnement, saler et poivrer. Laisser reposer pour que les saveurs se développent.
2 Couper la noix de coco en copeaux très fins à l'aide d'un épluche-légumes. Chauffer l'huile d'olive dans une poêle et faire dorer les copeaux en remuant. Les égoutter sur du papier absorbant.
3 Mélanger le cresson et les germes de pois mange-tout et dresser sur un plat.
4 Décortiquer les crevettes et ôter le boyau en partant de la tête. Mélanger la chair de crabe, les crevettes, la mangue, les trois quarts de la noix de coco et l'assaisonnement. Disposer au centre du plat, parsemer du reste de la noix de coco et décorer de la coriandre et des rondelles de citron.
NOTE : À défaut de noix de coco fraîche, faire griller 30 g de copeaux de noix de coco séchée.

SALADE DE FRUITS DE MER À L'ESPAGNOLE

Préparation : 40 minutes
+ 2 heures de réfrigération
Cuisson : 10 minutes
Pour 6 personnes

☆☆

750 g de crevettes moyennes crues
200 g de noix de Saint-Jacques
12 ou 15 moules
2 rondelles de citron
2 feuilles de laurier
1 pincée de thym séché
250 g de brocolis, coupés en bouquets
3 cuil. à café de câpres
20 olives noires de « Nyons »
3 oignons nouveaux, hachés
1/2 poivron vert, coupé en dés
60 ml d'huile d'olive
2 cuil. à soupe de jus de citron
1 cuil. à café de moutarde forte
1 gousse d'ail, écrasée

1 Décortiquer les crevettes et ôter le boyau en partant de la tête.
2 Ôter tout boyau, membrane et muscle blanc dur des Saint-Jacques, en laissant le corail attaché.
3 Gratter les moules à l'aide d'une brosse dure et les ébarber. Jeter les moules abîmées et celles que l'on ne parvient pas à refermer. Bien les rincer.
4 Mettre le citron, le laurier, le thym et 750 ml d'eau dans une grande casserole et porter à ébullition. Ajouter les Saint-Jacques et les cuire 1 minute, jusqu'à ce qu'elles soient opaques. Les ôter avec une écumoire et les égoutter sur du papier absorbant. Mettre les crevettes dans la casserole et les cuire 2 à 3 minutes. Les ôter avec une écumoire et les égoutter sur du papier absorbant. Ajouter les moules dans la casserole et les faire ouvrir 4 à 5 minutes en secouant de temps en temps. Les égoutter sur du papier absorbant ; jeter celles qui sont restées fermées. Ôter une demi-coquille de chaque moule et jeter. Réserver tous les fruits de mer dans une jatte.
5 Cuire les brocolis 2 minutes à l'eau bouillante. Les rafraîchir dans de l'eau froide. Les égoutter, puis les ajouter dans la jatte avec les câpres, les olives, les oignons et les dés de poivron vert.
6 Dans un bol, fouetter l'huile, le jus de citron, la moutarde, l'ail et un peu de sel et de poivre noir fraîchement moulu. Verser sur les fruits de mer et mélanger doucement. Couvrir et réfrigérer environ 2 heures avant de servir.

CREVETTES
Pour les amateurs de fruits de mer, rien n'est plus délicieux que des crevettes fraîches. À l'achat, elles doivent avoir une agréable odeur iodée et leur carapace doit être luisante et ferme au toucher. Éviter celles qui sentent l'ammoniac ou dont la tête et les pattes sont décolorées : elles sont abîmées.

CI-CONTRE : Salade de fruits de mer à l'espagnole

METS POÊLÉS, FRITS ET SAUTÉS

Pour cuisiner un beau poisson frais, aux yeux brillants et au corps encore couvert de sel, il suffit de le poêler dans un peu de beurre mousseux (éventuellement parfumé de quelques gouttes de jus de citron) pour atteindre la perfection. Mais cela ne signifie pas que les fruits de mer cuits en pleine friture n'ont pas leurs partisans… Pour nombre d'entre eux, un poisson enrobé d'une fine couche de pâte à la bière et accompagné de frites croustillantes est le summum de l'art culinaire. Et les fruits de mer sautés ? Un bon crabe au piment, et tout est dit.

POISSON POÊLÉ

Fariner les darnes des deux côtés; bien secouer pour ôter l'excédent.

Après 3 minutes de cuisson, retourner le poisson et faire dorer l'autre face.

Réduire le feu et cuire jusqu'à ce que les dents d'une fourchette pénètrent facilement.

CI-CONTRE: Poisson poêlé

POISSON POÊLÉ

Préparation: 5 minutes
Cuisson: 8 minutes
Pour 4 personnes

☆

2 ou 3 cuil. à soupe de farine
4 darnes de poisson à chair blanche et ferme (lieu, cabillaud, dorade, etc.)
Huile, pour la friture

1 Tamiser la farine avec du sel et du poivre au-dessus d'une assiette creuse. Essuyer les darnes avec du papier absorbant, puis les fariner. Secouer pour ôter l'excédent.

2 Chauffer 3 mm d'huile dans une grande poêle. Cuire les darnes dans l'huile très chaude, 3 minutes d'un côté et 2 minutes de l'autre: l'enrobage est croustillant et bien coloré. Réduire le feu, cuire les darnes 2 à 3 minutes de plus à feu doux, jusqu'à ce les dents d'une fourchette y pénètrent facilement.

3 Ôter les darnes de la poêle et les égoutter sur du papier absorbant. Si la cuisson se fait en plusieurs fournées, réserver le poisson au chaud au fur et à mesure. Servir sans attendre.

NOTE: Ce mode de cuisson convient aux darnes, aux filets et aux tranches de poisson. La durée de la cuisson est fonction de l'épaisseur.

POISSON EN CROÛTE DE PARMESAN AUX HERBES

Rouler dans la farine 4 filets dépouillés de lingue, de dorade ou de perche de 200 g chacun. Plonger dans un œuf battu avec 1 cuil. à soupe de lait, puis rouler dans un mélange composé de 50 g de chapelure, 2 cuil. à soupe d'aneth frais haché et 2 cuil. à soupe de persil frais haché, 4 cuil. à soupe de parmesan râpé et 4 cuil. à soupe d'amandes effilées légèrement écrasées. Bien enfoncer la panure. Chauffer 1 cuil. à soupe d'huile avec 30 g de beurre dans une poêle, puis cuire les filets de chaque côté à feu moyen, jusqu'à ce qu'ils soient cuits et dorés. Napper de guacamole ou servir avec une sauce tartare (voir page 128). Pour 4 personnes.

SAUTÉ DE CREVETTES ET DE SAINT-JACQUES

Préparation : 30 minutes
+ 10 minutes de marinade
Cuisson : 15 minutes
Pour 4 personnes

☆☆

500 g de petites crevettes crues
300 g de noix de Saint-Jacques
2 cuil. à café de cinq-épices
1 ou 2 petits piments rouges frais, égrainés et finement hachés
2 ou 3 gousses d'ail, écrasées
2 cuil. à soupe d'huile
2 cuil. à café d'huile de sésame
200 g d'asperges fraîches, coupées en tronçons
150 g de pois mange-tout, équeutés
125 g de feuilles de roquette, déchirées en morceaux
2 cuil. à soupe de sauce de soja claire
2 cuil. à soupe de jus de citron
1 cuil. à soupe de mirin
1 cuil. à soupe d'huile, en plus
1 cuil. à soupe de miel
6 oignons nouveaux, hachés
1 cuil. à soupe de coriandre fraîche, hachée
1 cuil. à soupe de graines de sésame, grillées

1 Décortiquer les crevettes, sauf la queue, et ôter le boyau en partant de la tête. Ôter boyau, membrane et muscle blanc dur des Saint-Jacques, en laissant le corail attaché.
2 Mélanger le cinq-épices, le piment, l'ail et les huiles dans une grande jatte. Ajouter les Saint-Jacques et les crevettes et remuer pour enrober. Couvrir et réfrigérer au moins 10 minutes.
3 Faire blanchir brièvement les asperges et les pois mange-tout dans une casserole d'eau en ébullition. Les égoutter et les plonger dans l'eau glacée. Égoutter à nouveau. Dresser les asperges, les pois mange-tout et la roquette sur 4 assiettes.
4 Mélanger la sauce de soja, le jus de citron, le mirin, l'huile en plus et le miel dans un bol.
5 Chauffer un wok et faire sauter les crevettes, les Saint-Jacques et l'oignon nouveau 3 à 4 minutes à feu vif, en plusieurs fournées, jusqu'à ce qu'ils soient cuits. Ôter et réserver.
6 Ajouter la sauce et la coriandre dans le wok et porter à ébullition. Cuire 1 à 2 minutes à feu vif. Remettre les fruits de mer dans le wok et remuer. Répartir entre les assiettes et parsemer des graines de sésame.

CI-DESSUS : Sauté de crevettes et de Saint-Jacques

FISH AND CHIPS

Lorsque l'huile est prête, un cube de pain doit dorer en 30 secondes.

Retourner les filets de poisson, le cas échéant

PAGE CI-CONTRE : Fish and chips (en haut) ; scampis panés ; calmars panés et sauce de prune pimentée

FISH AND CHIPS

Préparation : 25 minutes + trempage
Cuisson : 25 minutes
Pour 4 personnes

☆☆

160 g de farine
375 ml de bière
4 pommes de terre à chair farineuse
Huile, pour la friture
4 filets de poissons à chair blanche et ferme (cabillaud, lieu noir ou jaune, dorade, etc.)
Maïzena, pour enrober
Quartiers de citron, pour servir

1 Tamiser la farine au-dessus d'une jatte et creuser une fontaine au centre. Verser la bière en filet, en fouettant, pour obtenir une pâte fluide. Couvrir et réserver.
2 Peler les pommes de terre et couper en frites de 1 cm d'épaisseur. Les faire tremper 10 minutes dans l'eau froide. Les égoutter et les essuyer. Remplir une sauteuse d'huile au tiers de sa hauteur et chauffer à 160 °C (un cube de pain doit brunir en 30 secondes). Faire dorer les frites 4 à 5 minutes, en plusieurs fournées. Les égoutter sur du papier absorbant.
3 Avant de servir, réchauffer l'huile à 180 °C (un cube de pain doit brunir en 15 secondes). Faire dorer de nouveau les frites, en plusieurs fois, et les égoutter sur du papier absorbant. Les garder au chaud dans le four. Servir avec le poisson.
4 Essuyer le poisson, rouler dans la Maïzena, plonger dans la pâte et égoutter l'excédent. Le faire dorer 5 à 7 minutes, en plusieurs fournées (le retourner si nécessaire). L'égoutter sur du papier absorbant. Servir avec des quartiers de citron.

CALMARS PANÉS ET SAUCE DE PRUNE PIMENTÉE

Préparation : 25 minutes
Cuisson : 12 minutes
Pour 4 personnes

☆☆

500 g de blancs de calmars
30 g de farine, salée et poivrée
1 ou 2 œufs, légèrement battus
250 g de chapelure blanche fraîche
Huile, pour la friture

Sauce de prune pimentée
1 cuil. à café d'huile
1 gousse d'ail, écrasée
320 g de confiture de prunes
80 ml de vinaigre de vin blanc
1 ou 2 cuil. à soupe de sauce de piment doux

1 Essuyer les calmars. Ôter la plume et la peau. Couper la chair en anneaux de 1 cm d'épaisseur.
2 Mettre la farine dans un sac en plastique, ajouter les anneaux et secouer. Plonger chaque anneau dans l'œuf battu, égoutter l'excédent, puis le rouler dans la chapelure. Enfoncer légèrement la chapelure et secouer pour ôter l'excédent.
3 Remplir une sauteuse d'huile au tiers de sa hauteur et chauffer à 180 °C (un cube de pain doit brunir en 15 secondes). Faire dorer les anneaux 3 minutes, en plusieurs fois. Égoutter sur du papier absorbant. Tenir au chaud. Entre les fournées, éliminer la chapelure remontée à la surface de l'huile. Servir chaud avec la sauce.
4 Pour la sauce, chauffer l'huile à feu doux dans une petite casserole et faire fondre l'ail. Incorporer la confiture, le vinaigre et le piment et réchauffer à feu moyen en remuant.

SCAMPIS PANÉS

Préparation : 15 minutes
Cuisson : 10 minutes
Pour 4 personnes (en hors-d'œuvre)

☆☆

1 kg de scampis crus, décortiqués ou de grosses crevettes crues, décortiquées
60 g de farine
4 œufs, légèrement battus
200 g de chapelure
1 cuil. à soupe de persil frais, finement haché
Huile, pour la friture
Sauce tartare (voir page 128), pour servir
Quartiers de citron, pour servir

1 Essuyer les scampis avec du papier absorbant. Les fariner et secouer pour ôter l'excédent. Les plonger dans l'œuf, puis dans la chapelure et le persil mélangés.
2 Remplir une sauteuse d'huile au tiers de sa hauteur et chauffer à 180 °C (un cube de pain doit brunir en 15 secondes). Faire dorer les scampis 2 minutes, en plusieurs fois. Égoutter et servir avec la sauce tartare et le citron.

PÂTE DE CREVETTES
Encore appelée blachan ou balachan, cette pâte se compose de crevettes salées et séchées au soleil, ou séchées, pilées et moulées en blocs. Son odeur est très âcre. Bien qu'elle ne nécessite pas d'être réfrigérée, on peut atténuer son odeur en l'emballant dans du plastique et en la plaçant dans un récipient hermétique au réfrigérateur ou au congélateur. Toujours grillée ou frite avant d'être ajoutée à un plat, elle s'utilise avec parcimonie. La pâte de crevettes est employée comme condiment en Thaïlande, en Malaisie et en Indonésie.

CI-DESSUS : Poisson thaï glacé au piment doux

POISSON THAÏ GLACÉ AU PIMENT DOUX

Préparation : 30 minutes + 2 heures de marinade
Cuisson : 35 minutes
Pour 4 à 6 personnes

☆☆☆

2 poissons entiers (dorade, brème, serran, etc.) de 1 kg environ chacun
1 tige de citronnelle (partie blanche), écrasée avec le dos d'un couteau et coupée en quatre
6 feuilles de citron kaffir, coupées en deux
25 g de feuilles et de tiges de coriandre fraîche
125 ml de sauce de poisson
80 ml de jus de citron vert
Huile d'arachide, pour la friture

Glaçage au piment doux
1 cuil. à café d'huile
1 cuil. à café de pâte de crevettes
180 g de sucre de palme râpé ou de cassonade
1 tige de citronnelle (partie blanche), écrasée avec le dos d'un couteau et coupée en quatre
5 cm de galanga frais, coupé en deux
4 petits piments rouges, finement émincés
2 cuil. à café de zeste de citron vert finement râpé
80 ml de jus de citron vert

1 Laver les poissons et essuyer l'intérieur et l'extérieur. Inciser profondément la partie la plus épaisse. Farcir chaque poisson de la moitié de la citronnelle, des feuilles de citron kaffir et de la coriandre. Fermer l'ouverture à l'aide de piques en bois. Mettre dans un plat à four.
2 Mélanger la sauce de poisson et le jus de citron, verser sur les poissons. Les laisser mariner 2 heures au réfrigérateur, les retourner au bout de 1 heure. Les égoutter et les essuyer.
3 Pour le glaçage, chauffer l'huile dans une casserole et faire revenir la pâte de crevettes. Ajouter le sucre, la citronnelle, le galanga, le piment, le zeste et le jus de citron vert et 185 ml d'eau. Remuer à feu moyen jusqu'à dissolution du sucre. Porter à ébullition, réduire le feu et laisser épaissir 10 minutes. Ôter le galanga et la citronnelle. Réserver au chaud.
4 Remplir un wok d'huile au tiers de sa hauteur et chauffer à 180 °C (un cube de pain doit brunir en 15 secondes). Cuire chaque poisson 10 minutes, jusqu'à ce qu'il soit croustillant et doré, en l'arrosant d'huile chaude. L'égoutter sur du papier absorbant. Servir nappé du glaçage.

SAUMON AU POIREAU ET AU CAMEMBERT

Préparation: 10 minutes
Cuisson: 15 minutes
Pour 4 personnes

☆

500 g de filets de saumon, dépouillés
60 g de moutarde à l'ancienne
1 cuil. à soupe de jus de citron vert
2 cuil. à soupe d'huile
1 blanc de poireau, coupé en julienne
2 cuil. à soupe de tamari (voir note)
2 cuil. à café de sauce de poisson
1 cuil. à soupe de miel
75 g de germes de pois mange-tout
2 cuil. à soupe de feuilles de coriandre fraîche
100 g de camembert, émincé en lamelles
Feuilles de coriandre fraîche, en plus, pour décorer
Quartiers de citron vert, pour servir

1 Couper le saumon en lanières épaisses et mettre dans une jatte avec la moutarde et le jus de citron vert. Remuer pour bien enrober les lanières.

2 Chauffer un wok, verser l'huile et remuer pour tapisser les parois. Ajouter le saumon, en plusieurs fournées, et le faire sauter à feu vif jusqu'à ce qu'il soit rose pâle et légèrement bruni à l'extérieur. L'ôter du wok.

3 Verser 1 cuil. à soupe d'eau dans le wok, ajouter le blanc de poireau et le cuire jusqu'à ce qu'il soit doré. Remettre le saumon dans le wok avec le tamari, la sauce de poisson et le miel. Réchauffer le tout.

4 Ôter le wok du feu et incorporer les germes de pois mange-tout et les feuilles de coriandre. Dresser sur un plat, couvrir du camembert, entourer des quartiers de citron et servir.

NOTES: Le tamari est une sauce de soja épaisse à base de haricots de soja.
On peut remplacer le saumon par des filets de truite de mer.

CI-DESSOUS: Saumon au poireau et au camembert

ESPADON AU CHOU CHINOIS

Préparation : 20 minutes
Cuisson : 10 minutes
Pour 4 personnes

✯

500 g d'espadon, coupé en cubes
1 cuil. à soupe de poivre noir concassé
3 cuil. à soupe d'huile
3 gousses d'ail, finement émincées
1 oignon, coupé en rondelles
1 kg de chou chinois, feuilles séparées
100 g de champignons shiitake frais, émincés
2 cuil. à soupe de sauce hoisin
2 cuil. à soupe de vin de riz
1 cuil. à soupe de sauce d'huîtres
1 cuil. à soupe de sauce de soja
1 cuil. à soupe de graines de sésame, grillées
1 cuil. à café d'huile de sésame

1 Rouler les cubes d'espadon dans le poivre concassé en appuyant bien et secouer pour ôter l'excédent.

2 Chauffer un wok ou une poêle, verser 2 cuil. à soupe de l'huile et remuer pour tapisser les parois. Faire revenir l'espadon à feu vif, en plusieurs fournées, jusqu'à ce qu'il soit tendre. Ne pas trop le cuire : il se déferait. L'ôter du wok et le garder au chaud.

3 Réchauffer le wok, verser 2 cuil. à soupe de l'huile et faire sauter l'ail jusqu'à ce qu'il soit croustillant et doré. Ajouter l'oignon et le faire sauter jusqu'à ce qu'il soit doré. Ajouter les feuilles de chou chinois et les lamelles de champignons et poursuivre la cuisson jusqu'à ce que le chou chinois soit flétri. Bien mélanger la sauce hoisin, le vin de riz, la sauce d'huîtres et la sauce de soja dans une carafe, puis verser le tout dans le wok et réchauffer.

4 Remettre l'espadon dans le wok et remuer. Servir parsemé des graines de sésame et arrosé de l'huile de sésame.

NOTE : Dans cette recette, on peut remplacer l'espadon par du marlin ou du thon.

CI-DESSOUS : Espadon au chou chinois

THON ET SA SAUCE HOLLANDAISE À L'OSEILLE

Préparation : 15 minutes
Cuisson : 10 minutes
Pour 4 personnes

☆☆

4 steaks de thon (environ 150 g chacun)
2 cuil. à soupe d'huile d'olive

Sauce hollandaise à l'oseille
15 jeunes feuilles d'oseille, équeutées
150 g de beurre
3 jaunes d'œufs
1 cuil. à soupe de jus de citron

1 Badigeonner le thon d'huile. Chauffer une grande poêle et cuire le thon 2 à 3 minutes de chaque côté, à feu moyen. Ôter de la poêle, couvrir et réserver au chaud.

2 Pour la sauce hollandaise à l'oseille, mettre l'oseille dans une jatte, la couvrir d'eau bouillante, l'égoutter et la rincer dans de l'eau froide. Essuyer les feuilles avec du papier absorbant et les hacher. Faire fondre le beurre dans une petite casserole. Mixer les jaunes d'œufs 20 secondes. En laissant le moteur tourner, verser le beurre chaud en filet et mixer pour obtenir une sauce épaisse et crémeuse. Ajouter le jus de citron et l'oseille et assaisonner de sel et de poivre à volonté. Mixer 20 secondes de plus.

3 Dresser le thon chaud sur des assiettes, napper de sauce hollandaise à l'oseille et servir.

NOTE : On peut remplacer le thon par de l'espadon, du saumon ou du marlin.

GRAVLAX POÊLÉ

Les restes de gravlax (voir page 62) sont tout aussi bons chauds que froids. Couper le gravlax en 4 steaks de 150 g chacun. Chauffer un peu d'huile dans une poêle, puis cuire les steaks de gravlax 2 à 3 minutes, jusqu'à ce qu'ils soient colorés, les retourner et cuire l'autre face. Ne pas trop les cuire : le saumon doit être rosé à l'arête. Le temps de cuisson dépend de l'épaisseur des steaks. Pour 4 personnes.

CI-DESSUS : Thon et sa sauce hollandaise à l'oseille

SAUCES Les fruits de mer et les poissons cuits deviennent des mets aussi simples que parfaits, accompagnés de l'une de ces sauces.

SAUCE TARTARE

Mélanger 1 cuil. à soupe d'oignon finement haché avec 1 cuil. à café de jus de citron, 1 cuil. à soupe de cornichon haché, 1/4 de cuil. à café de moutarde forte, 1 cuil. à soupe de persil frais finement haché et 375 g de mayonnaise. Assaisonner à volonté. Couvrir et réfrigérer jusqu'à 48 heures. Pour environ 500 g.

SAUCE COCKTAIL

Mélanger 250 g de mayonnaise à l'œuf entier avec 3 cuil. à soupe de sauce tomate, 2 cuil. à café de sauce Worcestershire, 1/2 cuil. à café de jus de citron et 1 goutte de Tabasco. Saler et poivrer à volonté. Couvrir et réfrigérer jusqu'à 48 heures. Pour environ 250 g.

MAYONNAISE VERTE

Mélanger 375 g de mayonnaise à l'œuf entier avec 4 filets d'anchois réduits en purée, 4 oignons nouveaux finement hachés, 3 cuil. à soupe de persil plat frais haché, 3 cuil. à soupe de ciboulette finement hachée et 1 cuil. à café de vinaigre à l'estragon. Couvrir et réfrigérer jusqu'à 48 heures. Pour environ 500 g.

BEURRE CITRONNÉ AUX CÂPRES

Dans une jatte, mélanger 250 g de beurre ramolli avec 1 cuil. à soupe de zeste de citron finement râpé, 1 cuil. à soupe de jus de citron, 1 gousse d'ail écrasée et 1 cuil. à soupe de câpres égouttées et hachées. Rouler le tout en

forme de cigarette dans de l'aluminium ménager. Réfrigérer jusqu'à 1 mois. Pour servir, couper des rondelles. Servir à température ambiante. Pour environ 300 g.

BEURRE MONTPELLIER

Dans une jatte, battre en pommade 250 g de beurre ramolli. Faire blanchir 100 g de petites feuilles d'épinards. Les égoutter, les rafraîchir dans de l'eau froide et exprimer le plus de liquide possible. Les hacher grossièrement, puis les mixer avec 2 cuil. à soupe de persil frais haché, 1 cuil. à soupe d'estragon frais haché, 2 petits cornichons hachés, 1 cuil. à soupe de câpres égouttées, 2 filets d'anchois égouttés, 2 jaunes d'œufs durs, 1 cuil. à café de jus de citron et 2 cuil. à soupe d'huile. Mixer en une pâte onctueuse. Ajouter au beurre, bien mélanger et assaisonner de poivre noir concassé. Couvrir et réfrigérer jusqu'à 3 jours, ou congeler. Servir à température ambiante. On place les portions de beurre sur les fruits de mer chauds et on les laisse fondre. Pour environ 250 g.

SAUCE AU VIN BLANC

Faire fondre 1 cuil. à soupe de beurre dans une casserole moyenne, ajouter 1 oignon nouveau finement haché et le cuire à feu moyen, en remuant jusqu'à ce qu'il soit tendre. Verser 125 ml de vin blanc, porter à ébullition et laisser frémir 5 minutes, ou jusqu'à réduction de moitié. Ajouter 125 ml de crème et 125 ml de lait et porter à ébullition. Mélanger 3 cuil. à café de beurre ramolli avec 3 cuil. à café de farine pour obtenir une pâte, incorporer au liquide en fouettant et laisser bouillir jusqu'à épaississement. Si la sauce est trop épaisse, allonger d'un peu de lait. Couvrir et réfrigérer jusqu'à 3 jours. Pour environ 250 g.

DE GAUCHE À DROITE: Sauce tartare; sauce cocktail; mayonnaise verte; beurre citronné aux câpres; beurre Montpellier; sauce au vin blanc

CREVETTES À L'AIL ET AU GINGEMBRE

Fendre le dos de chaque crevette.

Ôter doucement le boyau sombre.

Une fois les boyaux ôtés, ouvrir les crevettes et les aplatir.

CI-DESSUS: Crevettes à l'ail et au gingembre

CREVETTES À L'AIL ET AU GINGEMBRE

Préparation: 25 minutes
Cuisson: 10 minutes
Pour 4 personnes

☆

1 kg de grosses crevettes crues
2 cuil. à soupe d'huile
3 ou 4 gousses d'ail, finement hachées
5 cm de gingembre frais, coupé en julienne
2 ou 3 petits piments rouges, égrainés et finement hachés
6 racines de coriandre fraîche, finement hachées
8 oignons nouveaux, coupés en tronçons en biais
1/2 poivron rouge, finement émincé
2 cuil. à soupe de jus de citron
125 ml de vin blanc
2 cuil. à café de sucre de palme râpé ou de cassonade
2 cuil. à café de sauce de poisson
1 cuil. à soupe de feuilles de coriandre fraîche, pour décorer

1 Décortiquer les crevettes, sauf la queue, et ôter le boyau en partant de la tête. Les fendre en deux, les ouvrir et les aplatir.

2 Chauffer le wok, verser l'huile et remuer pour tapisser les parois. Faire sauter la moitié des crevettes, de l'ail, du gingembre, du piment et des racines de coriandre 1 à 2 minutes à feu vif: les crevettes doivent être juste roses. Les retirer du wok. Répéter l'opération avec le reste des crevettes, de l'ail, du gingembre, du piment et des racines de coriandre. Ôter toutes les crevettes du wok et les réserver.

3 Ajouter les oignons et le poivron dans le wok. Les cuire 2 à 3 minutes à feu vif. Mélanger le jus de citron, le vin et le sucre de palme ou la cassonade et verser dans le wok. Faire bouillir jusqu'à réduction d'un tiers.

4 Remettre les crevettes dans le wok et arroser de sauce de poisson à volonté. Réchauffer en remuant. Ôter du feu, parsemer des feuilles de coriandre et servir.

FILETS DE POISSON CROUSTILLANTS

Préparation : 10 minutes
Cuisson : 6 minutes
Pour 4 personnes

☆

75 g de polenta
4 filets de poissons à chair blanche et ferme (dorade, perche, saint-pierre, merlan, etc.)
60 ml d'huile
170 g de mayonnaise
2 cuil. à soupe de ciboulette fraîche hachée
1 cuil. à soupe de sauce de piment doux

1 Mettre la polenta sur une assiette. Faire quatre incisions profondes dans chaque filet, côté peau, pour qu'il ne se recourbe pas pendant la cuisson.
2 Rouler les filets dans la polenta en appuyant bien. Chauffer l'huile à feu moyen dans une poêle. Cuire les filets de poisson 3 minutes, peau au-dessus. Les retourner, puis cuire l'autre côté 3 minutes : ils sont cuits, quand ils s'effeuillent facilement sous la fourchette. Les ôter, puis les égoutter sur du papier absorbant.
3 Mélanger la mayonnaise, la ciboulette et la sauce de piment dans un bol et servir avec le poisson.

MAQUEREAU AU BEURRE À L'AIL

Préparation : 10 minutes
Cuisson : 15 minutes
Pour 4 personnes

☆

80 g de beurre
2 cuil. à soupe d'huile
4 gousses d'ail, écrasées
4 tranches de maquereau de 180 g chacune
30 g d'amandes effilées
2 cuil. à soupe de persil frais, finement haché

1 Faire fondre le beurre avec l'huile dans une poêle. Faire dorer l'ail 2 minutes à feu doux en remuant. L'ôter de la poêle et le réserver.
2 Cuire ensuite le poissons 2 à 3 minutes, jusqu'à ce qu'il soit coloré de chaque côté et cuit (il doit s'effeuiller facilement sous la fourchette). Ôter de la poêle, couvrir et tenir au chaud.
3 Ajouter les amandes dans la poêle et les faire dorer. Ajouter le persil et le beurre à l'ail réservé et remuer 1 minute.
4 Servir les tranches chaudes nappées du mélange au persil.

SAINT-PIERRE
Le saint-pierre possède une grosse tête et une grande bouche. Son corps, fin et plat, présente un petit cercle noir de chaque côté. Cette particularité a donné lieu à bien des légendes. Selon l'une d'elles, il s'agirait de traces de doigts laissées par saint Pierre en rejetant dans le lac de Tibériade ce poisson apeuré qu'il avait pêché. Selon une autre, il l'aurait remis à l'eau à cause de sa laideur. Mais ce lac étant d'eau douce, il était impossible que l'on y trouvât un saint-pierre... La chair blanche et ferme du saint-pierre fait de celui-ci l'un des meilleurs poissons de mer.

CI-CONTRE : Filets de poisson croustillants

CURRY DE POISSON EN CROÛTE ÉPICÉE

Préparation : 30 minutes
+ 15 minutes de trempage
Cuisson : 10 minutes
Pour 4 personnes

☆

- 4 piments rouges séchés moyens
- 100 g d'échalotes asiatiques
- 3 gousses d'ail, hachées
- 2 tiges de citronnelle (partie blanche), finement émincées
- 4 racines de coriandre fraîche
- 2 cuil. à café de zeste de citron vert
- 1/2 cuil. à café de grains de poivre vert en bocal, égouttés et grossièrement hachés
- 125 ml d'huile
- 4 filets de poisson épais, dépouillés (dorade, lingue, etc.), d'environ 200 g chacun
- 125 ml de lait de coco
- 1 cuil. à soupe de sauce de poisson
- 4 feuilles de citron kaffir, coupées en fines lanières
- 2 cuil. à soupe de jus de citron vert

1 Faire tremper les piments 15 minutes dans une jatte d'eau bouillante, afin qu'ils ramollissent. Les égoutter et les hacher grossièrement.

2 Mixer les piments, les échalotes, l'ail, la citronnelle, les racines de coriandre, le zeste de citron vert et les grains de poivre. Ajouter 1 cuil. à soupe de l'huile et émulsionner en grattant régulièrement les parois du bol à l'aide d'une spatule en plastique. Étaler la pâte sur les deux faces des filets de poissons.

3 Chauffer le reste de l'huile dans une sauteuse à fond épais. Cuire les filets 2 à 3 minutes de chaque côté, sur une seule épaisseur, jusqu'à ce qu'ils soient cuits. Les retourner une fois pendant la cuisson en s'aidant de deux spatules.

4 Mélanger le lait de coco avec la sauce de poisson, les feuilles de citron kaffir et le jus de citron vert dans une carafe. Verser sur le poisson, réduire le feu et laisser frémir 3 minutes. Ôter le poisson de la sauteuse. Le servir arrosé de ses sucs de cuisson.

CI-DESSOUS : Curry de poisson en croûte épicée

CREVETTES CARAMÉLISÉES

Préparation: 25 minutes
Cuisson: 15 minutes
Pour 4 personnes

☆☆☆

500 g de crevettes moyennes crues
6 oignons nouveaux
4 cuil. à soupe de sucre
1 cuil. à soupe d'huile
3 gousses d'ail, finement hachées
1 cuil. à soupe de sauce de poisson
1 cuil. à soupe de jus de citron vert
1 cuil. à soupe de cassonade
1/2 cuil. à café de sel
1/4 de poivron rouge, coupé en fines lanières

1 Ôter les têtes des crevettes mais laisser intactes les queues, les carapaces et les pattes. Fendre légèrement la base de chaque crevette, sur trois quarts de la longueur. À l'aide d'une aiguille, ôter le boyau. Rincer et essuyer à l'aide de papier absorbant.

2 Hacher finement la moitié des oignons nouveaux. Couper le reste en tronçons de 4 cm de longueur puis en fines lanières.

3 Pour le caramel, mélanger le sucre avec 3 cuil. à soupe d'eau dans une petite casserole. Remuer à feu doux, sans bouillir, jusqu'à dissolution du sucre. Porter à ébullition, réduire le feu et laisser frémir doucement 5 minutes, sans remuer, jusqu'à ce que le sirop soit brun foncé. Attention à ne pas le laisser brûler. Ôter la casserole du feu et ajouter 4 cuil. à soupe d'eau : le caramel va grésiller et former des morceaux durs. Remettre la casserole sur feu doux et remuer jusqu'à dissolution des morceaux de caramel.

4 Chauffer l'huile à feu moyen dans une poêle. Ajouter l'ail et les oignons hachés, puis les crevettes en plusieurs fournées. Les cuire 3 minutes en remuant, jusqu'à ce qu'elles soient roses. Verser le caramel et la sauce de poisson et poursuivre la cuisson 1 minute. Ajouter le jus de citron vert, la cassonade, le sel et les oignons en lanières et mélanger. Décorer du poivron rouge et servir sans attendre.

NOTES: Si les carapaces des crevettes sont tendres, on peut les manger. Prévoir des rince-doigts et des serviettes pour les convives préférant les décortiquer.

AIL
L'ail était déjà employé comme aromate dans l'Égypte ancienne et la cuisine chinoise l'utilise depuis très longtemps. Ses gousses confèrent un arôme délicieux à nombre de plats. Hachées ou écrasées, leur saveur est plus intense qu'entières ou coupées en deux et ôtées avant de servir. L'ail cru est réputé pour ses vertus médicinales.

CI-DESSUS: Crevettes caramélisées

FRITURE DE POISSONS

Préparation : 10 minutes
Cuisson : 10 minutes
Pour 6 personnes

☆☆

500 g d'équilles ou d'éperlans
2 cuil. à café de sel marin
40 g de farine
30 g de Maïzena
2 cuil. à café de persil plat frais, finement haché
Huile, pour la friture
1 citron, coupé en quartiers, pour servir

1 Mettre les poissons et le sel marin dans une jatte et bien mélanger. Couvrir et réfrigérer.
2 Mélanger les farines tamisées et le persil haché dans une jatte et assaisonner de poivre concassé. Remplir une sauteuse d'huile au tiers de sa hauteur et chauffer à 180 °C (un cube de pain doit brunir en 15 secondes). Rouler un tiers des poissons dans la panure, secouer pour ôter l'excédent et les frire 1 minute 30 : les poissons doivent être croustillants. Les égoutter sur du papier absorbant. Frire le reste des poissons en deux fournées.
3 Réchauffer l'huile et frire de nouveau les poissons par fournées de 1 minute, jusqu'à coloration. Les égoutter sur du papier absorbant et servir très chaud avec les quartiers de citron.

CALMARS FRITS

Préparation : 30 minutes
+ 30 minutes de réfrigération
Cuisson : 5 minutes
Pour 4 personnes

☆☆

500 g de petits calmars (environ 20)
40 g de farine
Huile, pour la friture
Quartiers de citron, pour servir

1 Pour nettoyer les calmars, tirer sur les tentacules et les séparer des corps (les viscères viendront avec). Séparer les viscères des tentacules en incisant sous les yeux. Ôter la plume avec les doigts si elle est restée au centre des tentacules. Ôter les cartilages. Frotter les corps sous l'eau froide pour ôter la peau. Laver les corps et les tentacules et bien égoutter. Mettre dans une jatte et saler. Couvrir et réfrigérer environ 30 minutes.
2 Mélanger la farine, 1 pincée de sel et 1 pincée de poivre concassé dans une assiette creuse. Remplir une sauteuse d'huile au tiers de sa hauteur et chauffer à 180 °C (un cube de pain doit brunir en 15 secondes). Rouler les blancs de calmars dans la farine, puis les frire 30 à 60 secondes par fournée, jusqu'à ce qu'ils soient tendres et colorés. Fariner les tentacules et les faire frire 20 à 30 secondes, jusqu'à ce qu'elles soient tendres et colorées. Couvrir partiellement la sauteuse pendant la cuisson pour éviter les éclaboussures. Égoutter sur du papier absorbant, dresser sur un plat et saler. Servir très chaud avec des quartiers de citron.

TEMPURA DE POISSON

Préparation : 10 minutes
Cuisson : 20 minutes
Pour 24 pièces

☆☆

1 feuille de nori
3 cuil. à soupe de farine à tempura
500 g de filets de poissons (dorade, brème, églefin, saint-pierre, lingue, etc.), dépouillés et coupés en cubes
250 ml d'eau glacée
250 g de farine à tempura
Huile, pour la friture

1 À l'aide de ciseaux, couper le nori en tout petits carrés et les mélanger sur une assiette avec les 3 cuil. à soupe de farine à tempura.
2 Pour la pâte, mélanger rapidement l'eau glacée et la farine à tempura : elle sera légèrement grumeleuse. Si elle est trop épaisse, allonger d'un peu d'eau. Remplir une sauteuse d'huile au tiers de sa hauteur et chauffer à 180 °C. Afin de vérifier la température, plonger 1/4 de cuil. à café de pâte dans l'huile : elle doit conserver sa forme en remontant à la surface. L'huile doit rester en permanence à la même température pour que le poisson cuise à l'intérieur et dore à l'extérieur.
3 Rouler le poisson en plusieurs fournées dans le nori et la farine, puis le plonger dans la pâte. Le faire dorer et l'égoutter sur du papier absorbant. Saler et tenir au chaud, sur une seule couche, dans le four préchauffé à 120 °C.
NOTE : La farine à tempura s'achète dans les épiceries asiatiques. On peut la remplacer par 90 g de farine de riz additionnés de 185 g de farine de blé.

ÉQUILLE
L'équille est un tout petit poisson que l'on peut acheter surgelé toute l'année. Du fait de sa petite taille, elle se mange entière, le plus souvent en friture. Les équilles peuvent également être consommées en omelette, en beignets ou en croquettes. Elles se conservent 2 jours au réfrigérateur dans un récipient couvert. On peut également les congeler jusqu'à 6 mois : les égoutter et les mettre dans un sac à congélation.

Page ci-contre : Friture de poissons (en haut) ; calmars frits

CALMARS À LA BALINAISE

Préparation : 30 minutes
Cuisson : 10 minutes
Pour 4 personnes

☆☆

750 g de blancs de calmar
60 ml de jus de citron vert
3 cuil. à soupe d'huile
1 gros piment rouge, égrainé et finement haché
3 oignons nouveaux, émincés
1 cuil. à soupe de concentré de tamarin
1 tige de citronnelle (partie blanche), finement émincée
250 ml de fumet de poisson
1 cuil. à soupe de basilic thaï, coupé en lanières

Pâte d'épices

2 gros piments rouges, égrainés et hachés
2 gousses d'ail, hachées
2 cm de gingembre frais, haché
2 cm de curcuma frais, haché
3 oignons nouveaux, hachés
1 tomate mûre, pelée, épépinée et hachée
2 cuil. à café de graines de coriandre
1 cuil. à café de pâte de crevettes

1 Couper les calmars en deux dans la longueur et ouvrir à plat, intérieur sur le dessus. Inciser en damier l'ensemble de la chair. Les couper en tronçons de 4 cm et mélanger dans une jatte avec le jus de citron vert. Bien assaisonner.
2 Pour la pâte d'épices, mixer finement les ingrédients.
3 Chauffer 2 cuil. à soupe de l'huile dans un wok ou une grande poêle. Cuire les calmars, le piment et les oignons 2 minutes par fournée à feu moyen : les calmars doivent se recourber. Ôter du wok.
4 Chauffer le reste de l'huile dans le wok et ajouter la pâte d'épices, le tamarin et la citronnelle. Cuire 5 minutes à feu moyen, en remuant, jusqu'à ce que le mélange soit odorant.
5 Remettre les calmars dans le wok et mouiller avec le fumet de poisson. Poivrer à volonté et ajouter le basilic. Porter à ébullition, réduire le feu et laisser mijoter 2 minutes.

CI-DESSUS : Calmars à la balinaise

PALOURDES À LA PÂTE DE PIMENT

Préparation : 15 minutes
Cuisson : 12 à 15 minutes
Pour 4 personnes

☆☆

1 kg de palourdes fraîches
3 gousses d'ail, finement émincées
3 petits piments rouges, égrainés et émincés dans la longueur
1 cuil. à soupe de sauce de soja claire
250 ml de fumet de poisson ou de bouillon de volaille
5 cuil. à soupe de feuilles de basilic thaï frais

Pâte de piment
2 cuil. à soupe d'huile
2 oignons nouveaux, émincés
2 gousses d'ail, émincées
85 g de petites crevettes séchées
6 petits piments rouges frais, égrainés
2 cuil. à café de sucre de palme râpé ou de cassonade
2 cuil. à café de sauce de poisson
2 cuil. à café de purée de tamarin

1 Faire tremper les palourdes 30 minutes dans de l'eau froide. Jeter celles qui sont abîmées et celles que l'on ne parvient pas à refermer.
2 Pour la pâte de piment, chauffer l'huile dans un wok et faire revenir les oignons, l'ail, les crevettes séchées et le piment 3 minutes à feu moyen, jusqu'à coloration. Ôter du wok à l'aide d'une écumoire et réserver l'huile.
3 Piler le mélange aux crevettes et le sucre dans un mortier, ou passer au mixer. Ajouter la sauce de poisson, la purée de tamarin et une pincée de sel. Mixer pour obtenir une pâte très fine
4 Chauffer l'huile réservée dans un wok. Ajouter l'ail, le piment, la pâte de piment grillée et la sauce de soja. Bien mélanger et ajouter le fumet de poisson ou le bouillon de volaille. Porter au point d'ébullition. Ajouter les palourdes et les cuire 2 à 3 minutes à feu moyen. Jeter les palourdes non ouvertes. Parsemer le basilic et servir sans attendre avec du riz parfumé.
NOTE : Les crevettes séchées s'achètent dans les épiceries asiatiques. Délicieuses dans les sautés et les salades, elles se conservent dans un récipient hermétique.

CI-DESSOUS : Paloudes à la pâte de piment

BEIGNETS DE POISSON

Préparation : 20 minutes + 20 minutes de repos
Cuisson : 15 minutes
Pour 10 pièces

☆☆

30 g de farine avec levure incorporée
30 g de farine ordinaire
1/2 cuil. à café de bicarbonate de soude
1 œuf, légèrement battu
60 ml de vin blanc sec
2 cuil. à café de persil plat frais, haché
1 gousse d'ail, écrasée
1/2 petit oignon, râpé
200 g de petits poissons (équilles, éperlans, etc.)
Huile d'olive, pour la friture
Quartiers de citron, pour servir

1 Tamiser les farines, le bicarbonate de soude, 1/2 cuil. à café de sel et un peu de poivre noir fraîchement moulu au-dessus d'une jatte et creuser une fontaine au centre. Incorporer l'œuf et le vin et fouetter pour obtenir une pâte fluide. Ajouter le persil, l'ail, l'oignon et les poissons. Couvrir et laisser reposer 20 minutes.

2 Chauffer 2,5 cm d'huile à 180 °C dans une sauteuse (un cube de pain doit dorer en 15 secondes). Glisser quelques cuillerées à soupe de pâte dans l'huile. Lorsque les beignets sont gonflés et que des bulles se forment à la surface, les retourner et cuire l'autre côté. Les égoutter sur du papier absorbant et frire le reste des beignets. Servir avec des quartiers de citron.

HOMARD À L'AMÉRICAINE

Préparation : 30 minutes + refroidissement
Cuisson : 40 minutes
Pour 4 personnes

☆☆☆

4 homards de 500 g chacun
4 cuil. à soupe d'huile d'olive
1 oignon, finement haché
1 carotte, finement hachée
1 branche de céleri, finement hachée
1 gousse d'ail, écrasée
500 g de tomates mûres, pelées, épépinées et hachées
2 cuil. à soupe de concentré de tomates
125 ml de vin blanc

CI-DESSOUS : Beignets de poisson

2 cuil. à soupe de cognac
250 ml de fumet de poisson
60 g de beurre, ramolli
3 cuil. à soupe de persil frais, haché

1 Immobiliser les homards en les laissant 1 heure dans le congélateur. Séparer les têtes des corps et détacher les pinces. Chauffer l'huile dans une grande poêle et cuire les têtes, les queues et les pinces à feu moyen, en plusieurs fois, jusqu'à ce qu'elles soient rouges et que la chair rétrécisse à l'intérieur de la carapace. Les laisser refroidir un peu. Couper les têtes en deux et prélever le corail rouge et la substance jaune (foie); prélever la chair des pinces. Réserver pour la sauce.
2 Couper la carapace des queues sur la longueur et prélever la chair en un seul morceau, en réservant les carapaces. Couper en médaillons.
3 Faire dorer l'oignon 3 minutes à feu moyen dans la poêle. Ajouter la carotte, le céleri et l'ail et les cuire 5 minutes, jusqu'à ce qu'ils soient tendres. Ajouter les tomates, le concentré, le vin, le cognac et le fumet. Porter à ébullition.
4 Placer les médaillons sur la sauce et les cuire à couvert 5 minutes. Les remettre dans les carapaces et faire réduire la sauce de moitié.
5 Mélanger le corail, le foie et la chair réservés avec le beurre ramolli et ajouter à la sauce avec la moitié du persil. Assaisonner. Napper les homards de la sauce et parsemer du persil.

CALMARS MARINÉS AU PIMENT

Préparation: 10 minutes
+ 2 à 3 heures (marinade)
Cuisson: 15 minutes
Pour 4 personnes

☆

500 g de blancs de calmars
1 cuil. à soupe de gingembre frais, finement haché
2 ou 3 cuil. à café de piment rouge frais, finement haché
3 gousses d'ail, finement hachées
60 ml d'huile
2 oignons, finement émincés
500 g de chou chinois, grossièrement haché

1 Laver les blancs de calmars et essuyer avec du papier absorbant. Couper en anneaux de 1 cm et mettre dans une jatte. Mélanger le gingembre, le piment, l'ail et l'huile, verser sur les anneaux et mélanger. Couvrir et réfrigérer 2 à 3 heures.
2 Égoutter les anneaux en réservant la marinade. Chauffer le wok et faire sauter les anneaux 1 à 2 minutes par fournée, à feu vif. Les ôter du wok dès qu'ils sont blancs et les réserver. Ne pas trop les cuire: ils deviendraient caoutchouteux.
3 Faire chauffer la marinade réservée dans le wok. Ajouter les oignons et les cuire 3 à 4 minutes à feu moyen: ils doivent être légèrement tendres. Ajouter le chou chinois, le cuire à couvert 2 minutes: il doit se flétrir un peu. Remettre les anneaux de calmars dans le wok et bien mélanger. Ôter du wok et servir sans attendre.
NOTE: Réchauffer le wok entre les fournées de calmars pour que la chair ne durcisse pas.

CI-DESSUS: Calmars marinés au piment

RAIE AU BEURRE NOIR

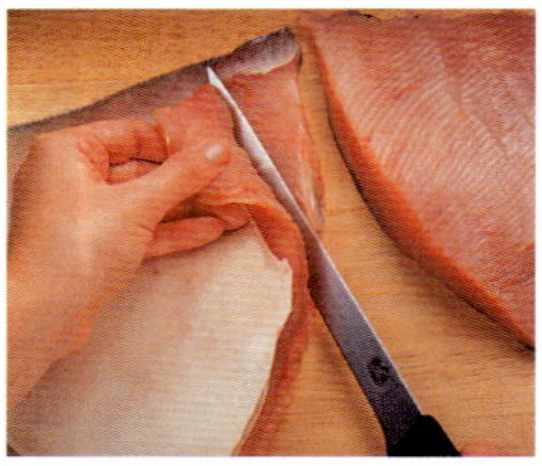

Prélever les filets de raie en passant un couteau de part et d'autre du cartilage.

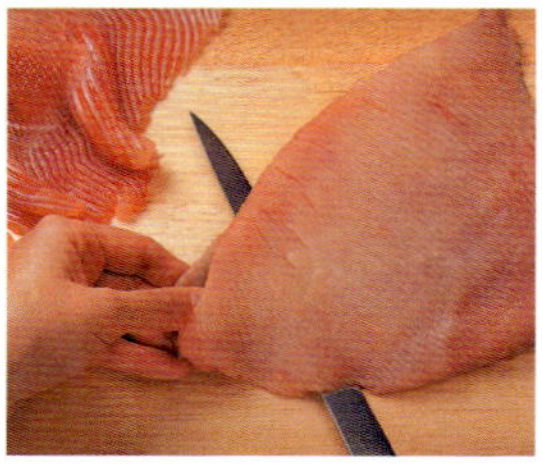

Poser la raie, peau en dessous, et la dépouiller de sa peau en passant un couteau entre la peau et la chair.

Couper les filets de raie en portions individuelles. Répéter l'opération pour l'autre côté.

PAGE CI-CONTRE : Raie au beurre noir (en haut) ; Saint-Jacques à la crème

RAIE AU BEURRE NOIR

Préparation : 20 minutes
Cuisson : 25 minutes
Pour 4 personnes

☆☆

185 g de beurre doux, haché
1 kg de petites ailes de raies
600 ml de fumet de poisson
80 ml de vinaigre
2 cuil. à soupe de vinaigre, en plus
1 cuil. à soupe de persil frais, haché
2 cuil. à soupe de câpres au vinaigre, égouttées

1 Clarifier le beurre : le faire fondre à feu doux dans une casserole, sans remuer. Le retirer du feu et le laisser refroidir légèrement. Écumer la surface. Verser le liquide jaune transparent dans un bol et jeter le sédiment laiteux resté dans la casserole.
2 Essuyer la raie avec du papier absorbant. Prélever les filets de part et d'autre du cartilage à l'aide d'un couteau aiguisé. Placer sur une planche à découper, peau en dessous, insérer le couteau entre la peau et la chair et dépouiller. Couper la chair en portions individuelles.
3 Verser le fumet de poisson et le vinaigre dans une grande casserole et porter à ébullition. Ajouter la raie et la pocher 12 minutes, jusqu'à ce qu'elle soit tendre. Bien égoutter et essuyer à l'aide de papier absorbant. Dresser sur un plat de service préchauffé et garder au chaud.
4 Réchauffer le beurre clarifié dans une casserole, jusqu'à ce qu'il soit marron et mousseux, mais pas calciné. Arroser la raie du vinaigre en plus, puis du beurre noir. Parsemer du persil et des câpres. Servir très chaud.

SAINT-JACQUES À LA CRÈME

Préparation : 30 minutes
Cuisson : 20 minutes
Pour 4 personnes

☆☆

500 g de noix de Saint-Jacques
60 g de beurre
6 oignons nouveaux (partie blanche), hachés
190 ml de vin blanc sec
2 cuil. à soupe de farine
1 jaune d'œuf
125 ml de crème fleurette

1 Ôter tout boyau, membrane et muscle blanc dur des Saint-Jacques, en laissant le corail attaché. Faire fondre la moitié du beurre dans une casserole, puis faire revenir les oignons. Ajouter les Saint-Jacques, les laisser se colorer un peu. Verser le vin, saler, poivrer, puis couvrir d'eau. Porter à ébullition, réduire le feu et poursuivre la cuisson 2 à 3 minutes à feu doux : les Saint-Jacques doivent être tendres.
2 Égoutter les Saint-Jacques en réservant le liquide de cuisson et répartir entre quatre plats à gratin individuels. Garder au chaud.
3 Faire fondre le reste du beurre à feu doux dans une casserole. Incorporer la farine et remuer 2 minutes, jusqu'à ce que le roux soit pâle et mousseux. Ôter du feu et incorporer petit à petit le liquide réservé. Remettre sur le feu et remuer jusqu'à ébullition et épaississement. Réduire le feu et laisser frémir 2 minutes. Assaisonner.
4 Préchauffer le gril. Battre le jaune d'œuf à la fourchette, puis l'ajouter à 2 cuil. à soupe de sauce chaude, sans cesser de fouetter. Ajouter dans la casserole et réchauffer le tout en remuant. Ôter du feu et incorporer la crème. Napper les Saint-Jacques de la sauce et les faire dorer sous le gril.

THON FAÇON ALGARVE

Préparation : 30 minutes
+ 4 à 8 heures de réfrigération
Cuisson : 8 minutes
Pour 4 personnes

☆

4 steaks de thon
125 ml de vin blanc sec
2 cuil. à soupe de jus de citron frais
2 brins de persil frais
2 cuil. à soupe d'huile d'olive
2 gousses d'ail, écrasées

1 Mettre le thon dans un plat creux. Mélanger le vin, le jus de citron, le persil et un peu de sel et de poivre dans un bol. Arroser le poisson, couvrir et réfrigérer 4 à 8 heures, en retournant de temps en temps. Égoutter le poisson en réservant la marinade. Essuyer avec du papier absorbant.
2 Chauffer l'huile dans une poêle et cuire l'ail 2 minutes à feu doux. Ajouter les steaks et les cuire à feu moyen 3 minutes de chaque côté. Le temps de cuisson dépend de l'épaisseur du poisson.
3 Verser la marinade dans la poêle et la réchauffer.

CI-DESSUS : Poisson cajun

POISSON CAJUN

Préparation : 5 minutes
Cuisson : 6 à 8 minutes
Pour 6 personnes

☆

6 gros filets de poisson blanc (dorade, lingue, etc.), de 2 cm d'épaisseur
125 g de beurre doux, fondu
2 cuil. à soupe d'épices cajun (voir page 143)
2 cuil. à café de paprika doux
Quartiers ou moitiés de citrons, pour servir

1 Badigeonner les filets de beurre fondu.
2 Mélanger les épices cajun et le paprika et en saupoudrer le poisson. Frotter avec les doigts pour répartir le mélange de façon homogène.
3 Chauffer une grande poêle à feu vif, puis placer 2 filets dans la poêle et les cuire 1 à 2 minutes. Les retourner et les cuire quelques minutes de plus : ils doivent être bien grillés et la chair doit s'effeuiller facilement sous la fourchette. Cuire les autres filets.
4 Arroser du reste de beurre fondu. On peut faire griller les quartiers de citrons.

HUÎTRES NOUVELLE-ORLÉANS

Préparation : 10 minutes
Cuisson : 4 à 6 minutes
Pour 4 personnes

☆

24 grosses huîtres fraîches, écaillées
2 cuil. à café d'épices cajun (voir page 143)
1/2 cuil. à café de paprika fort
1/4 de cuil. à café de basilic séché
60 g de farine
125 ml d'huile
50 g de beurre doux
Quartiers de citrons, pour servir
Mayonnaise, pour servir

1 Égoutter les huîtres sur du papier absorbant. Mélanger les épices, le paprika et le basilic dans un plat creux. Réserver 2 cuil. à café du mélange. Ajouter la farine dans le plat et bien mélanger.
2 Huiler légèrement 8 brochettes en bois ou en métal et enfiler 3 huîtres sur chacune. Enrober de farine épicée et secouer pour ôter l'excédent.

3 Faire chauffer l'huile et le beurre dans une grande poêle. Faire frire les brochettes 3 à 4 minutes à feu moyen, jusqu'à ce qu'elles soient dorées, en les retournant plusieurs fois. Les égoutter sur du papier absorbant. Les saupoudrer du mélange aux épices réservé, puis servir avec des quartiers de citron et de la mayonnaise.

« POPCORN » CAJUN

Préparation : 10 minutes
+ 30 minutes de repos
Cuisson : 10 minutes
Pour 6 personnes

☆☆

750 g de crevettes moyennes crues
1 œuf
250 ml de lait
35 g de polenta fine
90 g de farine
1/2 cuil. à café de levure chimique
1 cuil. à café 1/2 d'épices cajun (voir ci-contre)
1/4 de cuil. à café de basilic séché
1/2 cuil. à café de sel de céleri
Huile, pour la friture

1 Décortiquer les crevettes et ôter le boyau en partant de la tête. Essuyer avec du papier absorbant.
2 Battre l'œuf avec le lait. Mélanger la polenta, la farine, la levure, les épices, le basilic et le sel de céleri dans une jatte. Creuser une fontaine et verser petit à petit la moitié du mélange à l'œuf, en fouettant pour obtenir une pâte homogène. Verser le reste du mélange à l'œuf, bien mélanger et laisser reposer 30 minutes.
3 Remplir une sauteuse d'huile au tiers de sa hauteur et chauffer à 180 °C (un cube de pain doit brunir en 15 secondes).
4 Plonger les crevettes dans la pâte et égoutter l'excédent. Les frire dans l'huile par petites fournées : elles doivent être croustillantes et dorées. Les ôter à l'aide d'une écumoire et les égoutter sur du papier absorbant. Servir très chaud avec la sauce de votre choix.

ÉPICES CAJUN

La cuisine cajun est originaire de Louisiane, aux États-Unis. Sa saveur distincte a été influencée par les Français, les Espagnols, les Africains et les Indiens d'Amérique. Le mélange d'épices, employé dans de nombreux plats cajun, s'obtient en amalgamant 1 cuil. à soupe d'ail en poudre avec 1 cuil. à soupe d'oignon en poudre, 2 cuil. à café de poivre blanc, 2 cuil. à café de poivre noir concassé, 1 cuil. à café 1/2 de piment de Cayenne, 2 cuil. à café de thym séché et 1/2 cuil. à café d'origan séché. Ce mélange se conserve jusqu'à 3 mois dans un récipient hermétique.

CI-CONTRE : « Popcorn » cajun

PANURES ET PÂTES À FRIRE

Ces préparations conviennent pour quatre filets de poissons moyens (ici de la dorade), et la pâte au blanc d'œuf pour six. Les fruits de mer s'en accommodent également très bien.

Pour une cuisson en pleine friture, remplir une sauteuse d'huile au tiers de sa hauteur et chauffer à 180 °C (un cube de pain doit brunir en 15 secondes). Frire les aliments en plusieurs fournées afin qu'ils cuisent tous de façon uniforme, puis les égoutter sur du papier absorbant.

PÂTE DE BASE

Tamiser 125 g de farine avec levure incorporée au-dessus d'une jatte et creuser une fontaine au centre. Battre 1 œuf avec 250 ml de lait et 1 cuil. à soupe d'huile dans une grande carafe, puis verser le tout dans la fontaine par petites quantités, en fouettant, jusqu'à obtention d'une pâte homogène. Couvrir et laisser reposer 10 minutes avant l'emploi. La pâte doit avoir la consistance d'une crème épaisse. Le cas échéant, allonger d'un peu de lait. Essuyer le poisson avec du papier absorbant, le fariner légèrement, le plonger dans la pâte, en plusieurs fois, et égoutter l'excédent. Faire dorer le poisson dans l'huile, en plusieurs fournées.

PÂTE AU BLANC D'ŒUF

Tamiser 125 g de farine avec levure incorporée au-dessus d'une jatte, creuser une fontaine au centre et verser 250 ml d'eau par petites quantités, en fouettant, pour obtenir une pâte homogène. Laisser reposer 5 minutes. Battre 2 blancs d'œufs en neige ferme. Les incorporer à la pâte en deux fois. Employer sans attendre. Essuyer le poisson, le rouler légèrement dans la farine, le plonger dans la pâte, en plusieurs fois, et égoutter l'excédent. Faire dorer le poisson dans l'huile, en plusieurs fournées. Bien l'égoutter.

PÂTE À LA BIÈRE

Tamiser 125 g de farine avec levure incorporée au-dessus d'une jatte, creuser une fon-

taine au centre et verser en filet 250 ml de bière (ou d'eau gazeuse), en fouettant, pour obtenir une pâte homogène. Essuyer le poisson, le fariner légèrement, le plonger dans la pâte, en plusieurs fois, et égoutter l'excédent. Faire dorer le poisson dans l'huile, en plusieurs fournées.

PANURE AUX GRAINES DE SÉSAME

Mélanger un peu de farine avec du sel et du poivre dans une assiette creuse. Mettre 155 g de graines de sésame dans une autre. Battre légèrement un œuf dans un bol. Essuyer le poisson avec du papier absorbant, le fariner légèrement, le plonger dans l'œuf et égoutter l'excédent. Le rouler dans les graines de sésame. Chauffer 3 cm d'huile à 180 °C dans une sauteuse (un cube de pain doit brunir en 15 secondes). Faire rissoler le poisson en plusieurs fournées, en retournant une fois, jusqu'à ce qu'il soit doré. L'égoutter sur du papier absorbant.

PANURE AU NORI

Mettre 90 g de chapelure japonaise dans une jatte. Déchirer ou couper une feuille de nori en petits morceaux et les amalgamer à la chapelure. Mélanger un peu de farine avec du sel et du poivre dans une assiette creuse. Battre légèrement un œuf dans un bol. Essuyer le poisson à l'aide de papier absorbant et le fariner légèrement. Le plonger dans l'œuf et égoutter l'excédent. Le rouler dans le nori. Frire le poisson en plusieurs fournées dans l'huile jusqu'à ce qu'il soit doré. L'égoutter sur du papier absorbant.

PANURE À LA CIBOULETTE ET AU CITRON

Mélanger 100 g de chapelure fraîche avec 6 cuil. à soupe de ciboulette finement hachée et 1 cuil. à café de zeste de citron finement râpé. Mélanger un peu de farine avec du sel et du poivre dans une assiette creuse. Battre légèrement un œuf dans un bol. Essuyer le poisson, le fariner légèrement, le plonger dans l'œuf et égoutter l'excédent. Le rouler dans la chapelure. Faire fondre 30 g de beurre avec 2 cuil. à soupe d'huile dans une poêle. Ajouter le poisson en plusieurs fournées et le faire dorer à feu moyen. Le retourner et cuire l'autre face, en ajoutant du beurre et de l'huile, le cas échéant.

DANS LE SENS DES AIGUILLES D'UNE MONTRE, À PARTIR D'EN HAUT À GAUCHE : Pâte de base ; pâte à la bière (avec crevettes) ; panure au nori (avec calmars) ; panure à la ciboulette et au citron ; panure aux graines de sésame ; pâte au blanc d'œuf.

CI-DESSUS : *Steaks farcis*

STEAKS FARCIS

Préparation : 15 minutes
Cuisson : 15 minutes
Pour 4 personnes

☆

4 entrecôtes de 4 cm d'épaisseur
8 huîtres fraîches, écaillées
1 cuil. à café de persil frais, haché
2 cuil. à café de jus de citron
2 cuil. à soupe d'huile
250 ml de bouillon de bœuf
2 cuil. à café de sauce Worcestershire
60 g de beurre, haché

1 Parer la viande. Découper une « poche » dans la hauteur de chaque entrecôte. Mélanger les huîtres, le persil, le jus de citron et du poivre dans une jatte. Farcir la viande et fixer à l'aide d'une pique en bois.
2 Chauffer l'huile dans une poêle à fond épais, ajouter les entrecôtes et les saisir 2 minutes de chaque côté à feu vif. Pour une cuisson bleue, les cuire 1 minute de plus par face ; pour une cuisson saignante, réduire le feu et les cuire 2 à 3 minutes de plus par face à feu moyen ; pour une cuisson à point, les cuire 4 à 6 minutes de plus par face. Les ôter et les égoutter sur du papier absorbant. Couvrir et réserver au chaud.
3 Porter le bouillon et la sauce Worcestershire à ébullition dans une casserole. Réduire le feu, incorporer le beurre et remuer jusqu'à ce qu'il ait fondu. Verser sur les entrecôtes. Servir avec des petits pois mange-tout et des choux de Bruxelles cuits à la vapeur. Le cas échéant, parsemer de poivron rouge ou de piment très finement haché. Décorer avec du thym.

SAUTÉ DE CALMARS AU POIVRE VERT

Préparation : 10 minutes
+ 15 minutes de repos
Cuisson : 10 minutes
Pour 4 personnes

☆

500 g d'anneaux de calmars
2 cuil. à soupe d'huile
1 cuil. à soupe de grains de poivre vert en boîte, égouttés et grossièrement hachés
4 gousses d'ail, écrasées
1 cuil. à café de piment rouge haché
2 cuil. à soupe de sauce de poisson
2 cuil. à café de sauce de soja
Feuilles de basilic frais, pour décorer

1 Mélanger les anneaux de calmars, l'huile et les grains de poivre vert dans une jatte. Couvrir et laisser reposer 15 minutes.
2 Chauffer un wok ou une sauteuse à fond épais à feu très vif. Ajouter 2 cuil. à café de la marinade et remuer pour en tapisser les parois. Ajouter l'ail et le piment et les cuire 5 secondes. Faire sauter les calmars 2 minutes par fournée, en secouant constamment. Dresser chaque fournée sur une assiette. Réchauffer le wok entre les fournées.

3 Verser la sauce de poisson et la sauce de soja dans le wok. Lorsque des bulles se forment, verser sur les calmars chauds. Servir sans attendre avec du riz cuit à la vapeur ou à l'eau et, éventuellement, une salade verte. Décorer de feuilles de basilic frais.

FAJITAS AUX FRUITS DE MER

Préparation : 30 minutes
Cuisson : 20 minutes
Pour 4 personnes

☆

250 g de noix de Saint-Jacques
300 g de crevettes moyennes crues
250 g de filets de poisson blanc (lingue, mérou, etc.), dépouillés
3 tomates mûres, finement hachées
1 petit piment rouge, finement haché
2 oignons nouveaux, finement émincés
80 ml de jus de citron vert
1 gousse d'ail, écrasée
1 avocat mûr
2 cuil. à soupe de jus de citron
4 tortillas
1 oignon, finement émincé
1 poivron vert, coupé en fines lanières

1 Ôter tout boyau, membrane et muscle blanc dur des Saint-Jacques, en laissant le corail attaché.
2 Décortiquer les crevettes et ôter le boyau en partant de la tête. Couper le poisson en cubes.
3 Préchauffer le four à 160 °C. Mélanger les tomates, le piment et les oignons nouveaux dans une jatte et assaisonner de sel et de poivre à volonté.
4 Mélanger les Saint-Jacques, les crevettes, le poisson, le jus de citron vert et l'ail dans une jatte. Couvrir et réfrigérer.
5 Émincer l'avocat en lamelles et l'asperger de jus de citron pour l'empêcher de noircir.
6 Envelopper les tortillas d'aluminium ménager et les enfourner 10 minutes pour qu'elles ramollissent.
7 Chauffer une plaque de fonte ou une poêle en fonte huilée. Cuire l'oignon et le poivron vert, en les retournant de temps en temps : ils doivent être tendres et colorés. Les placer sur le côté de la plaque ou de la poêle. Égoutter les fruits de mer et les cuire brièvement, jusqu'à ce qu'ils soient saisis de toutes parts.
8 Pour servir, remplir les tortillas de fruits de mer et de poisson, de poivron vert, d'oignon, de lamelles d'avocat et du mélange à la tomate.

NOTE : Dans la cuisine mexicaine, les fajitas se préparaient à l'origine avec de la viande. Aujourd'hui, on les garnit aussi avec du poulet ou des fruits de mer marinés et cuits sur une plaque en fonte, de sauce, d'avocat et d'autres légumes verts.

SAUMON POÊLÉ À LA GREMOLATA

Préparer la gremolata : mélanger 4 cuil. à soupe de persil frais finement haché avec 2 cuil. à café de zeste de citron râpé, 2 cuil. à café de zeste d'orange râpé, 2 gousses d'ail écrasées et 3 cuil. à café de petites câpres égouttées. Dans une grande poêle chaude, faire fondre 30 g de beurre avec 1 cuil. à soupe d'huile d'olive. Cuire 4 filets de saumon de 200 g à feu vif, 2 à 3 minutes de chaque côté. Les napper de la gremolata. Pour 4 personnes.

CI-DESSOUS : Fajitas aux fruits de mer

ÉTRILLES AUX PIMENTS ROUGES

Préparation : 25 minutes
+ 1 heure de congélation
Cuisson : 25 minutes
Pour 4 personnes

✯✯✯

2 étrilles fraîches de 1 kg chacunes
2 cuil. à soupe d'huile
2 oignons, hachés
4 gousses d'ail, écrasées
3 cuil. à café de gingembre frais, râpé
2 à 3 piments rouges frais, finement hachés
440 g de pulpe de tomates concassées en boîte
1 cuil. à soupe de sauce soja
1 cuil. à soupe de cassonade
2 cuil. à café de vinaigre de riz

1 Congeler les étrilles 1 heure pour les immobiliser. Bien les nettoyer avec une brosse dure, puis décortiquer la carapace. Retirer les branchies et les intestins. Tordre les pinces. À l'aide d'un fendoir ou d'un couteau tranchant, couper le corps en quatre. Donner un coup sec sur les pinces avec le manche du couteau.
2 Chauffer un wok bien enduit d'huile à feu vif. Faire sauter les étrilles en plusieurs fournées 2 à 3 minutes : ils doivent être rouge vif. Les réserver hors du feu. Faire suer l'oignon 3 minutes. Ajouter l'ail, le gingembre et le piment 1 à 2 minutes, puis les tomates concassées, la sauce de soja, le vinaigre de riz et 1/2 tasse d'eau. Porter à ébullition, cuire 5 minutes (la sauce doit épaissir légèrement).
3 Mettre les étrilles dans la sauce. Laisser mijoter 8 minutes environ en remuant souvent, jusqu'à cuisson complète des étrilles.

SAUTÉ DE THON FRAIS AUX HARICOTS VERTS

Préparation : 25 minutes
Cuisson : 10 minutes
Pour 4 personnes

✯

300 g de petits haricots verts
2 cuil. à soupe d'huile
600 g de thon frais, coupé en petits cubes
250 g de petites tomates cerises
16 petites olives noires
2 à 3 cuil. à soupe de jus de citron
2 gousses d'ail, finement hachées
8 filets d'anchois, rincés, séchés et finement hachés
3 cuil. à soupe de petites feuilles de basilic frais, hachées (ou de larges feuilles grossièrement coupées)

1 Blanchir les haricots épluchés 2 minutes dans une casserole d'eau bouillante. Les rafraîchir sous l'eau froide, puis les réserver.
2 Chauffer un wok bien enduit d'huile à feu très vif. Faire revenir le thon 5 minutes, en plusieurs fournées : dès que les bords sont à point et le cœur rosé, il est cuit.
3 Incorporer les tomates, les olives et les haricots, puis réchauffer doucement et uniformément. Ajouter le jus de citron, l'ail et les anchois. Saler, poivrer à volonté. Parsemer de basilic frais, puis servir.

FRITURE D'ANCHOIS

Préparation : 10 minutes
Cuisson : 15 minutes
Pour 4 personnes

✯✯

800 g d'anchois frais
2 œufs
Chapelure, pour la panure
150 g de beurre

1 Gratter les anchois avec un petit couteau en partant de la queue afin d'ôter toutes les écailles. Cette opération est plus facile sous l'eau courante. Inciser au niveau des intestins, couper la tête et la tirer délicatement afin que les boyaux viennent d'eux-mêmes. Les aplatir sur le plan de travail avec la paume de la main, appuyer sur l'arête centrale et la retirer en soulevant délicatement. Les rincer rapidement à l'eau et les déposer sur du papier absorbant.
2 Battre les œufs avec une pincée de sel. Tremper les anchois dans ce mélange, ôter l'excédent et les rouler délicatement dans la chapelure.
3 Dans une grande sauteuse, faire fondre le beurre, puis frire les anchois jusqu'à ce qu'ils soient bien dorés, les retourner une fois. Égoutter sur du papier absorbant. Saler, décorer de quartiers de citrons, puis servir.
NOTE : On peut remplacer les anchois par des sardines fraîches, des orphies ou bien du merlan selon la saison et les goûts.

ÉTRILLES
La chair de ces crustacés est moelleuse et sucrée, particulièrement dans les pinces. Les étrilles sont vendues vivantes ou cuites. Leur carapace est brun foncé, lorsqu'elles sont vivantes ; elle vire à l'orange vif à la cuisson. Vivantes, elles sont très... remuantes. Assurez-vous qu'elles sont bien ficelées. Si elles ne sont pas très vives, c'est signe qu'elles mourront bientôt, elles s'abîmeront ensuite très vite. Choisissez des spécimens assez lourds, ils fourniront davantage de chair. Leurs membres doivent être intacts et leur carapace toujours ferme.

PAGE DE GAUCHE : Étrilles aux piments rouges (en haut) ; sauté de thon frais aux haricots verts

CI-DESSUS : Rouleaux de poisson

ROULEAUX DE POISSON

Préparation : 45 minutes
Cuisson : 25 minutes
Pour 12 pièces

☆☆

500 g de moules de bouchot
300 g de filets de saumon ou de truite de mer, dépouillés
300 g de crevettes moyennes, crues
300 g de filets de poisson à chair ferme et blanche (cabillaud, julienne, dorade), dépouillés
1 blanc d'œuf
125 ml de crème fleurette
1 cuil. à soupe d'aneth frais, haché
1 cuil. à soupe de ciboulette fraîche, hachée
80 g de beurre
1 cuil. à soupe de citron vert
1 cuil. à café d'écorce de citron vert, coupée en lanières
1 cuil. à soupe de persil frais, haché
2 cuil. à soupe de petites câpres en conserve égouttées

1 Nettoyer les moules à l'aide d'une brosse dure et les ébarber. Jeter les moules abîmées et celles que l'on ne parvient pas à fermer. Cuire les moules à couvert dans 250 ml d'eau 4 à 5 minutes, le temps qu'elles s'ouvrent. Jeter celles qui demeurent fermées. Hacher grossièrement la chair, couvrir et réfrigérer. Hacher finement le saumon, couvrir et réfrigérer.

2 Décortiquer soigneusement les crevettes. Les mixer avec le poisson et le blanc d'œuf jusqu'à obtenir un mélange consistant. Ajouter la crème et mixer. Transférer le tout dans un récipient avec les moules, le saumon, l'aneth, la ciboulette, le sel et le poivre. Constituer 12 portions. Enrouler chacune dans une feuille de film alimentaire. Envelopper les rouleaux dans des carrés de papier d'aluminium, en tordant fermement les extrémités. Plonger les rouleaux dans une casserole d'eau frémissante 5 à 8 minutes : ils doivent devenir fermes. Les retirer et ouvrir les extrémités. Les frire légèrement ou les griller au barbecue. Dresser sur des assiettes chaudes.

3 Faire fondre le beurre à feu moyen, ajouter le jus et le zeste de citron vert, le persil et les câpres, en arroser les rouleaux. Décorer éventuellement avec des zestes de citron vert.

TRUITE AUX AMANDES

Préparation : 25 minutes
Cuisson : 10 minutes
Pour 2 personnes

☆☆

2 truites arc-en-ciel, ou petits saumons
Farine
60 g de beurre
25 g d'amandes effilées
2 cuil. à soupe de jus de citron
1 cuil. à soupe de persil frais, finement haché
Zeste de citron jaune ou vert, pour servir

1 Rincer le poisson et l'essuyer délicatement sur du papier absorbant. L'inciser de part en part. Passer délicatement un rouleau à pâtisserie le long de l'arête centrale en partant de la queue. Retourner le poisson et cisailler l'arête centrale à chaque extrémité. La dégager et ôter toute arête résiduelle. Découper les nageoires.
2 Rouler le poisson dans la farine et le faire dorer 4 minutes de chaque côté dans une sauteuse contenant la moitié du beurre. Dresser sur des assiettes chaudes, puis les recouvrir d'aluminium ménager.
3 Faire dorer les amandes dans le reste de beurre. Ajouter le jus de citron, le persil, le sel et le poivre fraîchement moulu. Remuer jusqu'à ce que la sauce soit chaude. En arroser le poisson, décorer avec des zestes de citron.

CARRELET AU CITRON

Fariner légèrement 2 filets de flet ou de carrelet. Dans une sauteuse, faire revenir le poisson à feu moyen dans un peu de beurre, le retourner à mi-cuisson : il doit être bien doré. La chair doit se défaire facilement. Transférer dans un plat de service et réserver au chaud. Faire fondre 60 g de beurre. Ajouter 1 cuil. à soupe 1/2 de jus de citron et 2 cuil. à café de persil frais haché, saler et poivrer. En arroser le poisson et parsemer de persil. Pour 2 personnes.

CI-DESSOUS : Truite aux amandes

SAINT-PIERRE AUX CREVETTES, SAUCE À L'ANETH

Préparation : 15 minutes
Cuisson : 20 minutes
Pour 4 personnes

☆☆

12 grosses crevettes crues
600 ml de fumet de poisson
30 g de beurre
1 gousse d'ail, finement hachée
2 cuil. à soupe de farine
2 cuil. à soupe de crème fleurette
4 x 200 g de filets de saint-pierre
1 cuil. à soupe de ciboulette fraîche, hachée
1 cuil. à soupe d'aneth frais, haché

1 Décortiquer soigneusement les crevettes.
2 Dans une casserole, porter à ébullition le fumet de poisson. Baisser le feu et laisser frémir 10 minutes, afin que le jus réduise ; il faudrait obtenir 375 ml.
3 Dans une petite casserole, faire fondre le beurre, puis ajouter l'ail. Incorporer la farine et faire revenir le roux jusqu'à ce qu'il soit pâle et mousseux. Verser le fumet hors du feu et réchauffer en remuant jusqu'à ébullition et épaississement. Laisser frémir 1 minute à feu doux. Ajouter la crème hors du feu. Assaisonner. Réserver au chaud pendant la préparation du poisson et des crevettes.
4 Faire revenir, dans un peu d'huile et à feu moyen, les filets de poisson de chaque côté : la chair doit se défaire facilement. Dresser sur des assiettes de service.
5 Faire ensuite revenir les crevettes (ajouter un peu d'huile si nécessaire) 2 à 3 minutes : elles doivent être roses.
6 Parfumer la sauce de ciboulette et d'aneth. Disposer les crevettes sur les filets et napper le tout de sauce. Décorer avec des brins de ciboulette ou d'aneth, puis servir.

PAGE CI-CONTRE : Saint-pierre aux crevettes, sauce à l'aneth

POISSON MEUNIÈRE

Préparation : 5 minutes
Cuisson : 10 minutes
Pour 4 personnes

☆

4 filets épais de poisson à chair blanche (carangue bleue, cabillaud, maigre)
Farine, pour fariner
125 g de beurre
1 à 2 cuil. à soupe de jus de citron
1 cuil. à soupe de persil frais, haché

1 Fariner légèrement les filets. Les faire revenir de chaque côté dans l'huile, 5 à 8 minutes, afin qu'ils soient légèrement dorés. Les dresser sur des assiettes de service. Nettoyer la poêle avec une feuille de papier absorbant.

2 Faire fondre le beurre à feu vif en veillant à ce qu'il ne brunisse pas. Ajouter le jus du citron, le persil et du poivre gris concassé hors du feu. En arroser le poisson, puis décorer de rondelles de citron.

NOTES : Le temps de cuisson dépendra de l'épaisseur des filets.
Cette recette peut se réaliser avec tous les types de poisson.

PALETS DE POMMES DE TERRE RÂPÉES AU SAUMON

Râper grossièrement 1,5 kg de pommes de terre fermes pelées (désirée, bintje ou pontiac). Rincer à l'eau froide et bien essuyer. Verser dans un récipient avec l'œuf légèrement battu et 1 cuil. à soupe d'huile. Assaisonner et ajouter 2 cuil. à soupe de farine. Composer des petits palets en prélevant 2 cuil. à soupe du mélange. Frire les deux faces : les palets doivent être bien dorés. Les égoutter sur du papier absorbant. Empiler plusieurs palets dans un plat de service. Décorer d'un morceau de saumon fumé, d'une noix de crème fraîche allégée, de rondelles d'oignons rouges, et parsemer de ciboulette fraîche hachée. Pour 4 à 6 personnes.

CI-DESSUS : Poisson meunière

HAMBURGERS DE POISSON ET QUARTIERS DE POMMES DE TERRE

Recouvrir d'eau les filets de poisson, puis cuire lentement.

Mélanger le poisson émietté avec les herbes, les pommes de terre, le jus de citron, les câpres, les cornichons, du sel et du poivre.

PAGE CI-CONTRE : Hamburger de poisson et quartiers de pommes de terre

HAMBURGERS DE POISSON ET QUARTIERS DE POMMES DE TERRE

Préparation : 30 minutes
+ 1 heure de réfrigération
Cuisson : 25 minutes
Pour 4 personnes

☆

500 g de filets de poisson (julienne, dorade rose, carangue bleue), dépouillés
2 cuil. à soupe de persil frais, finement haché
2 cuil. à soupe d'aneth frais, finement haché
2 cuil. à soupe de jus de citron
1 cuil. à soupe de câpres en conserve, égouttées et hachées
2 cornichons, finement hachés
350 g de pommes de terre, cuites et réduites en purée
Farine
4 petits pains pour hamburgers, coupés en deux
Feuilles de laitue
2 tomates roma, en rondelles
Sauce tartare (voir page 128)
6 pommes de terre, non pelées, coupées en quartiers

Panure pour les pommes de terre

1 cuil. à soupe d'huile
1/2 cuil. à café de fumet de poulet ou de légumes
25 g de chapelure
2 cuil. à café de ciboulette fraîche, hachée
1 cuil. à café de sel de céleri
1/4 de cuil. à café d'ail en poudre
1/2 cuil. à café de romarin frais, haché

1 Cuire à feu doux le poisson dans une casserole remplie d'eau, ne pas faire bouillir. Couvrir et laisser mijoter. Lorsque le poisson est prêt, l'égoutter sur du papier absorbant et le mettre dans une jatte, l'émietter avec une fourchette en ôtant toutes les arêtes. Ajouter le persil, l'aneth, le jus de citron, les câpres, les cornichons, du sel et du poivre concassé, bien mélanger. Former 4 petits pâtés, fariner et réfrigérer 1 heure.
2 Dans une sauteuse antiadhésive, faire chauffer l'huile, puis frire les petits pâtés 5 à 6 minutes de chaque côté : dès qu'ils sont dorés, ils sont bien cuits.
3 Griller les petits pains et les beurrer (facultatif). Garnir la base de laitue, de tranches de tomate, d'un pâté et de sauce tartare. Refermer.
4 Préchauffer le four à 200 °C. Essuyer les quartiers de pommes de terre dans du papier absorbant et les huiler. Mélanger ensemble les ingrédients de la panure, puis rouler les quartiers dedans. Faire dorer au four 40 minutes dans un plat beurré.

HAMBURGERS DE CREVETTES SAUCE COCKTAIL

Préparation : 35 minutes
+ 10 minutes de réfrigération
Cuisson : 5 à 10 minutes
Pour 4 personnes

☆☆

12 grosses crevettes crues
2 cuil. à soupe de jus de citron, et plus
1 cuil. à soupe de graines de sésame
120 g de chapelure
2 cuil. à soupe de coriandre fraîche, hachée
1 œuf, légèrement battu
2 cuil. à café de sauce de piment, et plus
Farine
Huile d'olive, pour la friture
80 g de mayonnaise
1 oignon nouveau, finement haché
1 cuil. à soupe de sauce tomate
1 cuil. à café de sauce Worcestershire
4 petits pains à hamburger, coupés en deux
Feuilles de roquette
1 avocat mûr, finement émincé
1 cuil. à café de poivre concassé

1 Bien décortiquer les crevettes. Les aplatir légèrement pour les ouvrir. Les arroser du jus de citron.
2 Mélanger sur une feuille de papier sulfurisé : les graines de sésame, la chapelure et la coriandre, et dans un bol : l'œuf et la sauce de piment. Tremper les crevettes légèrement farinées dans le mélange à l'œuf, puis dans la chapelure. Les déposer sur un plateau ; recouvrir de papier sulfurisé. Réfrigérer 10 minutes.
3 Dans une sauteuse, faire chauffer un peu d'huile, puis frire à feu moyen les crevettes de chaque côté 2 à 3 minutes : elles doivent être croustillantes et dorées. Les retirer du feu, puis les égoutter sur du papier absorbant.
4 Dans un bol, mélanger la mayonnaise, l'oignon nouveau, les sauces, avec un peu de sauce de piment et de jus de citron (facultatif).
5 Griller les petits pains et les beurrer (facultatif). Garnir de roquette et d'avocat. Poivrer. Ajouter les crevettes, de la sauce cocktail, puis refermer.

CI-DESSUS: Rougets à la sauce tomate aux olives

ROUGETS À LA SAUCE TOMATE AUX OLIVES

Préparation : 15 minutes
Cuisson : 35 minutes
Pour 4 personnes

☆

8 petits rougets entiers (environ 1 kg), évidés et écaillés
2 cuil. à soupe de persil frais, haché, pour décorer

Sauce tomate aux olives
1 cuil. à soupe 1/2 d'huile d'olive
1 gros oignon, émincé
2 gousses d'ail, finement hachées
2 x 400 g de tomates concassées
1 cuil. à soupe 1/2 de vinaigre de vin rouge
2 cuil. à soupe de concentré de tomate
1 cuil. à soupe de sucre
60 ml de vin blanc
185 ml de fumet de poisson
1 cuil. à soupe d'origan frais, haché
1 cuil. à soupe de basilic frais, haché
100 g d'olives noires

1 Essuyer l'intérieur et l'extérieur des poissons avec du papier absorbant. Les réfrigérer.
2 Faire chauffer l'huile dans une sauteuse pouvant contenir les filets sur une seule couche. Faire suer l'oignon et l'ail à feu moyen 5 minutes. Ajouter les autres ingrédients de la sauce et porter à ébullition. Baisser le feu et laisser frémir 15 minutes : la sauce doit être onctueuse et légèrement épaisse.
3 Ajouter les poissons, couvrir. Laisser frémir 10 à 12 minutes, jusqu'à ce que la chair se défasse facilement. Le rouget étant un poisson à chair tendre, il est inutile de le retourner en cours de cuisson (il se démonterait). Décorer de persil.
NOTE : Préparée à l'avance, la sauce aura davantage de saveur. La réfrigérer.
L'orphie ou la dorade rose peuvent remplacer le rouget.

POISSON À L'AÏOLI ROUGE SUR SON LIT D'AUBERGINES

Préparation : 15 minutes
Cuisson : 35 minutes
Pour 4 personnes

✩✩

- 1 grosse aubergine, coupée en 8 tranches épaisses
- 1 gros poivron rouge
- 2 cuil. à soupe d'huile
- 4 x 200 g de filets de poisson à chair blanche (dorade, lotte, perche, cabillaud), coupés chacun en 6 morceaux en diagonale

Aïoli au poivron rouge

- 2 gousses d'ail, grossièrement hachées
- 1 jaune d'œuf
- 2 à 3 cuil. à café de jus de citron
- 125 ml d'huile d'olive
- 2 cuil. à soupe de persil frais haché

1 Saler les tranches d'aubergine de chaque côté. Les laisser dégorger sur une assiette 20 minutes. Les rincer et les sécher délicatement sur du papier absorbant. Les réserver.

2 Couper le poivron rouge en quatre. Disposer les morceaux dans un plat, peau sur le dessus ; les enfourner jusqu'à ce que leur peau noircisse et se fende. Refroidir dans un sac en plastique. Le peler et ôter graines et filaments blancs. Le couper en lanières, en réserver la moitié pour l'aïoli.

3 Pour l'aïoli, mixer l'ail, le jaune d'œuf et le jus du citron jusqu'à ce que le mélange devienne homogène. En cours de mixage, verser la moitié de l'huile d'olive en filet continu, mixer jusqu'à épaississement. Incorporer les lanières de poivron réservées, puis mixer de nouveau. Transférer dans une jatte, saler et poivrer. Ajouter le persil et réfrigérer.

4 Préchauffer le grill à la chaleur maximale. Enduire les tranches d'aubergine d'huile d'olive et griller les deux faces jusqu'à ce qu'elles brunissent et soient tendres.

5 Faire chauffer le reste d'huile dans une sauteuse. Frire les morceaux de poisson 1 à 2 minutes de chaque côté : ils doivent devenir tendres dans leur partie la plus épaisse. Ne pas le faire trop cuire, sinon la chair risque de durcir

6 Dresser les tranches d'aubergine sur un plat, les garnir de lanières de poivrons, puis déposer 3 morceaux de poisson et napper d'aïoli. Servir.

CI-DESSOUS : Poisson à l'aïoli rouge sur son lit d'aubergines

PLATEAUX DE FRUITS DE MER

Pour réussir votre plateau, il suffit de séparer les fruits de mer servis froid des fruits de mer servis chaud et de l'agrémenter de quartiers de citrons, et d'un éventail de sauces.

PRÉPARER ET SERVIR

L'assortiment des plateaux de fruits de mer est proposé ici pour 4 personnes. La préparation peut souvent se faire à l'avance. S'il fait chaud, réfrigérer le plateau de service pour les fruits de mer froids, ou le recouvrir de glace pilée. Accompagner d'une sauce tartare (voir page 128), de crème fraîche, mélangée à une sauce légèrement pimentée, ou de sauce de soja, additionnée d'un soupçon de miel. Ne pas oublier les quartiers de citrons, les rince-doigts et des pommes de terre croustillantes ou des chips (facultatif).

PLATEAU FROID

Acheter 500 g de crevettes, 2 tourteaux cuits divisés en quatre, 12 huîtres et 100 g de saumon fumé. Pour plus de panache, ajoutez 2 homards cuits coupés en deux.

PLATEAU CHAUD

Un plateau chaud peut être très simple à composer: acheter chez le poissonnier ou au supermarché des beignets de calmars précuits, un assortiment de poisson en morceaux et des beignets de crevettes panées. Ces produits n'ont pas besoin d'être décongelés avant la cuisson. Vous pouvez aussi préparer ces mets vous-mêmes... Choisissez alors parmi les recettes qui vont suivre. Pour les fritures, rem-

plir une casserole à fond épais d'huile au tiers de sa hauteur et chauffer à 180 °C. Un cube de pain doit brunir en 15 secondes. Frire de petites quantités d'aliments à la fois. Ôter à l'aide d'une écumoire tous les fragments de nourriture qui risqueraient de carboniser.

CREVETTES ET CALMARS

Mélanger 120 g de chapelure japonaise et 1 cuil. à soupe de persil frais haché. Battre légèrement 2 œufs, puis ajouter 1 cuil. à café d'huile de sésame et 1 gousse d'ail écrasée. Incorporer 125 g de farine. Bien décortiquer, puis huiler légèrement 1 kg de crevettes moyennes crues, couper 4 calmars en rondelles. Rouler les crevettes et les calmars dans la préparation à l'œuf, puis dans la chapelure, ôter l'excédent. Les plonger délicatement dans l'huile jusqu'à ce qu'ils prennent une belle couleur dorée. Bien les égoutter sur du papier absorbant.

HUÎTRES JAPONAISES

Mettre 12 huîtres fraîches dans un panier en bambou, les recouvrir d'une mince couche d'oignons nouveaux et d'une pincée de gingembre frais râpé. Arroser de teriyaki. Couvrir et cuire au bain-marie 4 minutes.

LAMELLES CROUSTILLANTES DE POISSON AU CITRON

Verser 60 g de farine dans une jatte, creuser un puits au centre et verser 125 ml d'eau de Seltz parfumée avec le zeste d'un citron. Mélanger afin d'obtenir une pâte homogène. Couper 2 filets de dorade en fines lamelles. Les fariner légèrement, puis les tremper dans la pâte et ôter tout excédent. Les plonger doucement dans l'huile, les frire jusqu'à ce qu'ils deviennent brun doré. Bien les égoutter sur du papier absorbant.

SAINT-JACQUES AU JAMBON DE PARME

Rincer 16 noix de Saint-Jacques (sans corail) et les sécher délicatement. Couper 4 tranches fines de jambon de Parme en 4 bandes suffisamment large pour envelopper une Saint-Jacques. Enrouler ces bandes autour des noix, puis les enfiler deux par deux sur des brochettes. Les passer sous le gril chaud, ou bien les griller 5 minutes au barbecue, en les retournant plusieurs fois.

DE GAUCHE À DROITE: Plateau de fruits de mer froids; plateau de fruits de mer chauds

CI-DESSUS : Calmars salés-poivrés

CALMARS SALÉS-POIVRÉS

Préparation : 30 minutes + marinade
Cuisson : 10 minutes
Pour 6 personnes

☆☆

1 kg de calmars, coupés en deux dans la longueur
250 ml de jus de citron
250 ml de Maïzena
1 de cuil. à soupe 1/2 de sel
1 cuil. à soupe de poivre blanc moulu
2 cuil. à café de sucre en poudre
4 blancs d'œufs, légèrement battus
Huile, pour la friture
Quartiers de citron, pour décorer
Feuilles de coriandre fraîche, pour décorer

1 Ouvrir les calmars, les rincer et les sécher délicatement. Les poser sur une planche à découper, face interne au-dessus. Tracer un motif en forme de diamant sur la peau, sans la transpercer. Couper des morceaux de 5 x 3 cm. Les disposer dans un plat non métallique et les arroser de jus de citron. Couvrir et réfrigérer 15 minutes. Égoutter, puis sécher.

2 Mélanger la Maïzena, le sel, le poivre et le sucre dans un bol. Tremper légèrement les calmars dans le blanc d'œuf, puis dans le mélange précédent.

3 Remplir une casserole à fond épais d'huile au tiers de sa hauteur et chauffer à 180 °C (un cube de pain doit brunir en 15 secondes). Frire plusieurs fournées de calmars 1 à 2 minutes, jusqu'à ce qu'ils blanchissent et se rétractent. Les égoutter sur du papier absorbant. Servir sans attendre et décorer de citron et de feuilles ou de brins de coriandre.

NOTE : Ce plat est parfait en entrée ; en plat principal, l'accompagner de légumes asiatiques.

CROQUETTES DE MORUE FUMÉE AU SKORDALIA

Préparation : 50 minutes
+ 8 à 12 heures de dessalage
Cuisson : 55 minutes
Pour 4 personnes

✯✯

400 g de morue fumée
300 g de pommes de terre farineuses, non pelées
1 petit oignon grelot, râpé
2 cuil. à soupe de persil frais plat, haché
1 œuf, légèrement battu
Huile, pour la friture

Le skordalia
250 g de pommes de terre farineuses, non pelées
2 gousses d'ail, écrasées
1 cuil. à soupe de vinaigre de vin blanc
2 cuil. à soupe d'huile d'olive

1 Faire dessaler la morue : la mettre dans une jatte et la recouvrir d'eau ; la laisser tremper 8 à 12 heures ; renouveler l'eau 3 fois. La sécher sur du papier absorbant.

2 Pour le skordalia : cuire les pommes de terre, à l'eau ou à la vapeur, les peler et les réduire en purée dans une jatte. Laisser refroidir et ajouter l'ail, le vinaigre et l'huile. Assaisonner avec du sel et du poivre gris concassé, mélanger à la fourchette, puis réserver.

3 Mettre la morue dans une casserole, la couvrir d'eau, amener le tout à ébullition, puis réduire le feu et laisser frémir 15 minutes. Égoutter sur du papier absorbant. Une fois refroidi, dépouiller le poisson, ôter les arêtes, puis l'effeuiller dans une jatte.

4 Entre-temps, cuire les pommes de terre à l'eau ou à la vapeur, les peler et les écraser. Mélanger la purée obtenue à la morue, incorporer l'oignon, le persil, l'œuf et le poivre. Avec une cuillère en bois, remuer afin d'obtenir un mélange épais. Saler à volonté.

5 Remplir une casserole à fond épais d'huile au tiers da sa hauteur et chauffer à 180 °C (un cube de pain doit brunir en 15 secondes). Jeter dans l'huile des cuillerées du mélange et laisser frire 2 à 3 minutes, le temps que les boulettes soient bien dorées. Égoutter sur du papier absorbant. Servir chaud avec le skordalia.

CI-DESSOUS : Croquettes de morue fumée au skordalia

SURF'N'TURF

Préparation : 20 minutes
Cuisson : 15 à 20 minutes
Pour 4 personnes

☆☆

1 grosse queue de homard cru ou 2 petites
2 cuil. à soupe d'huile
170 g de miettes de crabe fraîches ou surgelées
4 steaks de 200 g dans le filet

Sauce à la moutarde et au citron

30 g de beurre
1 oignon nouveau, finement haché
1 gousse d'ail, écrasée
1 cuil. à soupe de farine
250 ml de lait
2 cuil. à soupe de crème fleurette
1 cuil. à soupe de jus de citron
2 cuil. à café de moutarde de Dijon

1 Pour la sauce, faire fondre le beurre dans une poêle, faire suer l'oignon et l'ail à feu moyen pendant 1 minute. Incorporer la farine et remuer 1 minute, jusqu'à ce que le roux soit pâle et mousseux. Ôter du feu et verser le lait petit à petit. Remettre sur le feu et remuer jusqu'à ébullition et épaississement. Réduire le feu et laisser frémir 2 minutes. Ajouter la crème fleurette, le jus de citron et la moutarde hors du feu. Réserver au chaud.

2 Couper, avec des ciseaux de cuisine, la queue dans le sens de la longueur, en partant de la partie molle vers l'extrémité de la queue. Prélever la chair. Faire chauffer la moitié de l'huile dans une sauteuse, faire revenir le homard à feu moyen 3 minutes de chaque côté (plus longtemps s'il s'agit d'une grosse queue), ou jusqu'à ce qu'elle semble à point. Ôter de la poêle et garder au chaud. Réchauffer les miettes de crabe, les retirer de la poêle et les réserver au chaud. Nettoyer la poêle.

3 Faire chauffer le reste d'huile et cuire les steaks à feu vif 2 minutes de chaque côté ; les retourner une fois. Pour des steaks saignants, laisser 1 minute de plus ; pour une cuisson à point, réduire le feu et laisser 2 à 3 minutes de plus de chaque côté ; pour des steaks bien cuits, laisser 4 à 6 minutes de plus. Dresser les steaks sur des assiettes. Disposer les miettes de crabe et la chair de homard, napper de la sauce, puis servir.

CI-DESSOUS : Surf'n'turf

CRABE CROUSTILLANT FRIT

Préparation : 30 minutes
+ 1 heure de congélation
+ 1 nuit de marinade
Cuisson : 15 minutes
Pour 4 personnes en hors-d'œuvre

☆☆☆

1 kg d'étrilles
1 œuf, légèrement battu
1 piment rouge, finement haché
1/2 cuil. à café d'ail, écrasé
1/2 cuil. à café de sel
1/4 de cuil à café de poivre blanc moulu
Huile, pour la friture

Assaisonnement
40 g de farine
60 g de farine de riz
3 cuil. à café de sucre en poudre
1 cuil. à café de poivre blanc moulu

1 Congeler les étrilles 1 heure pour les immobiliser. Les gratter et les décortiquer en retirant le plastron (partie sous le ventre) et la carapace supérieure (en général, elle vient facilement en un seul morceau). Retirer les intestins et les branchies. Tordre les pattes et les pinces. Couper le corps en quatre avec un couteau tranchant.

2 Briser les pinces d'un coup sec. Battre l'œuf avec le poivron, l'ail, le sel et le poivre dans une jatte. Incorporer les morceaux d'étrilles, couvrir et réfrigérer 1 heure.

3 Tamiser les ingrédients de l'assaisonnement au-dessus d'un plat. Rouler les morceaux d'étrilles dans ce mélange.

4 Remplir une casserole à fond épais d'huile au tiers de sa hauteur et chauffer à 180 °C (un cube de pain doit brunir en 15 secondes). Plonger délicatement dans l'huile : les pinces 7 à 8 minutes, les parties du corps 3 à 4 minutes, et les pattes 2 minutes. Égoutter sur du papier absorbant avant de servir.

NOTES : Le crabe ne doit pas être cuit à l'avance. Manger avec les doigts, se munir d'une pince à crustacés pour prélever la chair des pattes. Servir avec des quartiers de citrons.

CI-DESSUS : Crabe croustillant frit

CI-DESSUS : Darnes de saumon en salsa de fruits

DARNES DE SAUMON EN SALSA DE FRUITS

Préparation : 20 minutes
+ 2 heures de marinade
Cuisson : 10 minutes
Pour 4 personnes

☆

4 darnes de saumon
1 cuil. à soupe 1/2 de poivre
2 cuil. à soupe de jus de citron
125 ml de jus de citron vert
1 cuil. à soupe de thym frais, haché

Salsa de fruits
1/2 petite papaye, coupée en dés
1/2 petit ananas, coupé en dés
3 oignons nouveaux, hachés
1 cuil. à soupe de coriandre fraîche, hachée
2 cuil. à soupe de jus de citron vert
3 cuil. à café de sucre en poudre

1 Poivrer uniformément les darnes, les disposer dans un plat creux non métallique. Mélanger les jus et le thym dans un pichet et en arroser le saumon. Couvrir et réfrigérer 2 heures.
2 Pour la salsa, mélanger la papaye, l'ananas, les oignons nouveaux, la coriandre, le jus de citron vert et le sucre en poudre dans un bol. Saler à volonté.
3 Faire revenir les darnes et les badigeonner du restant de marinade. Les saisir 3 à 5 minutes de chaque côté, les retourner une fois : elles doivent être dorées à point et leur chair, tendre au centre. Les servir accompagnées de la salsa de fruits.

NOTES : La truite de mer convient très bien pour cette recette.
Ne pas laisser mariner le saumon plus de 2 heures, sinon le citron commencerait à le « cuire », et sa chair deviendrait opaque. Si cela se produit, réduire de moitié la cuisson. Préparer la salsa juste avant de servir.

CREVETTES AU MIEL

Préparation : 20 minutes
Cuisson : 12 minutes
Pour 4 personnes

☆☆

16 grosses crevettes crues
60 g de Maïzena
125 g de farine avec levure incorporée
1/4 de cuil. à café de jus de citron
1 cuil. à soupe d'huile
3 cuil. à soupe de miel
Huile, pour friture
3 cuil. à soupe de graines de sésame, légèrement grillées

1 Décortiquer les crevettes et ôter le boyau en partant de la tête. Les égoutter sur du papier absorbant, puis les rouler légèrement dans la moitié de Maïzena.
2 Mélanger le reste de Maïzena et la farine dans un bol. Verser le jus du citron et l'huile dans 250 ml d'eau. Creuser un puits dans la farine, puis verser l'eau aromatisée, tout en remuant afin d'éviter les grumeaux.
3 Faire chauffer le miel à feu doux dans une sauteuse. Le retirer du feu et le réserver au chaud.
4 Remplir une casserole à fond épais d'huile au tiers, chauffer à 180 °C (un bout de pain doit dorer en 15 secondes). Rouler légèrement les crevettes dans la pâte. Avec des pincettes ou une écumoire, plonger des petites quantités dans l'huile, 2 à 3 minutes : elles doivent être croustillantes et dorées. Les égoutter sur du papier absorbant et les réserver au chaud.
5 Ajouter les crevettes cuites au miel chaud et remuer doucement. Transférer dans un plat et saupoudrer de graines de sésame. Servir sans attendre.

HARENGS FRITS AUX FLOCONS D'AVOINE

Étêter 8 harengs frais. Éventrer et retirer les boyaux. Les aplatir et retirer délicatement l'arête dorsale en partant de la queue. Se servir d'une pince à épiler pour les autres arêtes. Verser 125 ml de lait dans une jatte. Dans une assiette, mettre 185 ml de flocons d'avoine fins, saler et poivrer. Tremper les poissons dans le lait, puis les rouler dans les flocons d'avoine. Remplir une sauteuse d'huile au tiers de sa hauteur, chauffer à 180 °C (un bout de pain doit brunir en 15 secondes). Frire les harengs 3 à 5 minutes jusqu'à ce qu'ils soient dorés. Les égoutter sur du papier absorbant. Décorer de quartiers de citron. Pour 8 personnes.

CREVETTES JAPONAISES
Ces crevettes à chair ferme sont très moelleuses et savoureuses. On les appelle aussi « crevettes tigrées », leur corps étant strié de rayures rouges ou marron. On les trouve dans le commerce cuites ou crues. La plupart proviennent d'élevage. Ce dernier s'est beaucoup développé, car c'est le seul moyen de répondre à la demande sans vider les océans. Une fois cuites, les crevettes d'élevage se reconnaissent facilement : elles ont une couleur plus brillante que les sauvages qui sont, elles, plus grosses.

CI-CONTRE :
Crevettes au miel

FRITTO MISTO DI MARE

Préparation : 30 minutes
Cuisson : 12 minutes
Pour 4 personnes

☆☆☆

125 g de farine avec levure incorporée
30 g de Maïzena
1 cuil. à soupe d'huile
8 grosses crevettes crues
8 noix de Saint-Jacques
12 sardines fraîches
500 g de filets de poisson à chair blanche (perche, dorade, julienne, saint-pierre), dépouillés et coupés en fines lanières
1 calmar, coupé en rondelles
Farine
Huile, pour la friture
Sauce tartare (voir page 128), pour servir
Quartiers de citron, pour décorer

CI-DESSUS : Fritto misto di mare

1 Mélanger la farine et la Maïzena dans une jatte, saler, poivrer et creuser un puit au centre. Verser 1 cuil. à soupe d'huile dans 250 ml d'eau, puis incorporer lentement à la farine afin d'obtenir une pâte souple.

2 Décortiquer les crevettes et ôter le boyau en partant de la tête. Ôter tout boyau, membrane et tout muscle blanc dur des Saint-Jacques.

3 Évider soigneusement les sardines et les rincer dans de l'eau salée. Les étêter. Les déposer sur le plan de travail, la peau au-dessus, les aplatir avec la paume, puis les retourner et ôter délicatement l'arête centrale en coupant au niveau de la queue avec des ciseaux.

4 Égoutter les fruits de mer sur du papier absorbant, puis les fariner légèrement.

5 Remplir une casserole à fond épais d'huile au tiers et chauffer à 180 °C (un bout de pain doit dorer en 15 secondes). Tremper les fruits de mer dans la pâte, puis les frire 2 à 3 minutes, jusqu'à ce qu'ils deviennent bien croustillants. Les retirer avec des pinces ou une écumoire, les égoutter sur du papier absorbant, les réserver au chaud. Servir avec une sauce tartare et des quartiers de citron.

NOTE : Les fruits de mer se préparent plusieurs heures à l'avance. Les couvrir et les réfrigérer.

SAUMON AU NORI, SUR LIT DE NOUILLES JAPONAISES

Préparation : 30 minutes
Cuisson : 10 minutes
Pour 4 personnes

☆☆

2 oignons nouveaux, coupés en fines lanières
4 darnes de saumon, prélevées au milieu du poisson
1 feuille de nori (algues séchées)
2 cuil. à café d'huile
250 g de nouilles japonaises

Sauce

1/2 à 3/4 de cuil. à café de pâte de wasabi
2 cuil. à soupe de vinaigre de riz
2 cuil. à soupe de mirin
1 cuil. à soupe de jus de citron vert
2 cuil. à café de cassonade
1 cuil. à soupe d'huile
2 cuil. à café de sauce de soja
2 cuil. à café de graines de sésame noires

1 Mettre l'oignon dans un bol d'eau froide. Retirer la peau et les arêtes des darnes et les reconstituer. Couper le nori en bandelettes, et en entourer les darnes avec. Sceller avec un peu d'eau. Saler et poivrer.
2 Cuire les darnes dans un peu d'huile chaude 2 à 3 minutes de chaque côté, davantage selon la cuisson souhaitée (idéalement, les darnes doivent être rosées au centre).
3 Entre-temps, préparer la sauce et les nouilles. Bien mélanger les ingrédients de la sauce dans un pichet.
4 Dans une jatte, recouvrir les nouilles d'eau bouillante pendant 5 minutes, afin qu'elles ramollissent. Bien les égoutter. Les répartir entre 4 assiettes, déposer les darnes et napper de sauce. Décorer avec l'oignon égoutté.
NOTE : La truite de mer convient aussi très bien pour ce plat.
Les graines de sésame se présentent sous différentes couleurs, crème ou noires. Les noires servent souvent de garniture. Si elles s'avèrent introuvables dans les supermarchés, essayer les épiceries asiatiques.

CI-DESSUS : Saumon au nori, sur lit de nouilles japonaises

METS POCHÉS OU CUITS À LA VAPEUR

Rien de tel que de cuisiner les produits de la mer au naturel : il faut reconnaître que Mère Nature a vraiment bien fait les choses… Ce n'est d'ailleurs pas un hasard si les poissons et les fruits de mer pochés ou cuits à la vapeur remportent un franc succès, surtout lorsque leur fraîcheur permet de les préparer aussi simplement. La cuisson à la vapeur conserve toutes les propriétés nutritives et la saveur des aliments. Un pochage dans un bouillon savamment parfumé ne manquera pas de révéler le meilleur du poisson.

SAUMON DE L'ATLANTIQUE POCHÉ

Piquer les oignons de clous de girofle et les mettre dans la casserole.

Disposer le poisson entier, égoutté, dans la poissonnière.

Enlever délicatement la peau.

SAUMON DE L'ATLANTIQUE POCHÉ

Préparation : 50 minutes
Cuisson : 1 heure
Pour 8 à 10 personnes

☆☆

2 l de vin blanc
60 ml de vinaigre de vin blanc
2 oignons
10 clous de girofle
4 carottes, hachées
1 citron, coupé en quartiers
2 feuilles de laurier
4 brins de persil frais
1 cuil. à café de grains de poivre gris
1 saumon de l'Atlantique de 2,5 kg, vidé et écaillé

Mayonnaise à l'aneth
1 œuf, à température ambiante
1 jaune d'œuf, à température ambiante
1 cuil. à soupe de jus de citron
1 cuil. à café de vinaigre de vin blanc
375 ml d'huile d'olive
1 à 2 cuil. à soupe d'aneth frais, haché

1 Verser le vin, le vinaigre et 2,5 l d'eau dans une casserole à fond épais.

2 Ajouter les oignons, piqués de clous de girofles, le citron, le laurier, le persil et le poivre. Porter à ébullition, réduire le feu et laisser frémir 30 à 35 minutes. Laisser refroidir. Verser dans une poissonnière suffisamment grande pour contenir le poisson.

3 Déposer le saumon dans la poissonnière et couvrir. Porter à ébullition, réduire le feu et pocher doucement 10 à 15 minutes, jusqu'à ce que la chair se défasse facilement. Ôter du feu et laisser refroidir dans le bouillon.

4 Mixer l'œuf, le jaune, le jus du citron et le vinaigre pendant 10 secondes : le mélange doit être onctueux. Incorporer, toujours en mixant, l'huile en mince filet continu : la mayonnaise devient ferme et crémeuse. Transférer dans un bol et ajouter l'aneth, le sel et le poivre.

5 Disposer le poisson égoutté sur le plan de travail ou dans un plat de service et retirer la peau. Servir avec du cresson, des rondelles de citron et la mayonnaise.

NOTE : D'autres poissons conviennent pour cette recette : truite de mer, dorade, bar, etc.
On peut réaliser ce plat au four. Cuire le saumon 30 à 40 minutes à 180 °C.

CI-CONTRE : Saumon de l'Atlantique poché

DARNES DE SAUMON POCHÉES, SAUCE HOLLANDAISE

Préparation : 20 minutes
Cuisson : 10 minutes
Pour 4 personnes

☆☆

250 ml de vin blanc
500 ml de fumet de poisson
1 cuil. à soupe de jus de citron
1 belle rondelle d'oignon
4 darnes de saumon de l'Atlantique, épaisses de 2,5 cm
Brins d'aneth frais, pour décorer

Sauce hollandaise
3 jaunes d'œufs
125 g de beurre, fondu et chaud
1/2 cuil. à café de zeste de citron râpé
1 cuil. à soupe de jus de citron

1 Verser le vin, le fumet dans une poêle à bords hauts, ajouter le jus de citron et la rondelle d'oignon. Porter à ébullition, réduire le feu et laisser frémir.
2 Aligner les darnes dans la poêle. Les pocher à feu doux environ 7 minutes, jusqu'à ce qu'elles soient à point. Les égoutter sur du papier absorbant. Couvrir d'aluminium ménager et garder au chaud.
3 Pour la sauce hollandaise, mixer le jaune d'œuf 10 secondes. Toujours en mixant, verser lentement le beurre encore chaud. Éliminer tout résidu blanc. Verser le zeste de citron et le bouillon, puis mixer 30 secondes, jusqu'à épaississement. Servir sans attendre.
4 Dresser les darnes dans un plat et napper de sauce hollandaise, parsemer d'aneth.
NOTE : On peut remplacer le saumon par de la carangue bleue ou de la truite de mer. Si l'on utilise de longs filets de saumon, voire un saumon entier, il est préférable d'ôter la peau après l'avoir poché. Si le saumon entier est servi froid, le laisser dans le fumet jusqu'à total refroidissement, enlever la peau ensuite.

SAUCE HOLLANDAISE
À l'origine, cette sauce était appelée Sauce Isigny, du nom du village normand, réputé pour son beurre. Au cours de la Première Guerre mondiale, la production de beurre dut s'interrompre ; de ce fait, le beurre fut importé de Hollande. C'est ainsi que cette sauce changea de nom, afin d'indiquer la provenance du beurre. Depuis, l'appellation est restée.

CI-DESSUS : Darnes de saumon pochées, sauce hollandaise

DORADE POCHÉE

Découper avec des ciseaux les nageoires du poisson.

Envelopper le poisson des feuilles de romaine blanchies.

Ensuite, déposer le poisson dans un plat à four.

PAGE CI-CONTRE : Dorade pochée, nappée d'un coulis de tomates fraîches (en haut) ; dorade pochée

DORADE POCHÉE

Préparation : 15 minutes
Cuisson : 40 minutes
Pour 4 à 6 personnes

☆☆

10 à 15 feuilles de romaine
1 dorade entière de 1,25 kg, vidée et écaillée
2 oignons, finement émincés
1 citron, en tranches fines
170 ml de fumet de poisson
170 ml de vin blanc
12 grains de poivre gris
1 feuille de laurier
160 g de beurre doux, ramolli
1 cuil. à soupe de jus de citron vert

1 Préchauffer le four à 180 °C. Dans une jatte, mettre les feuilles de romaine, les couvrir d'eau bouillante pour les blanchir. Les égoutter, puis les rafraîchir à l'eau froide.
2 Couper avec des ciseaux de cuisine les nageoires du poisson. Remplir sa cavité avec 1 oignon émincé et les fines tranches de citron. Bien envelopper le poisson dans les feuilles de romaine et le déposer dans un plat à four creux.
3 Verser le fumet et le vin dessus. Ajouter l'autre oignon émincé, le poivre et le laurier, puis répartir 30 g de beurre en noisettes. Recouvrir de papier d'aluminium, enfourner 30 minutes. La chair doit se défaire facilement dans la partie la plus épaisse.
4 Égoutter le poisson et le déposer sur un plat de service, le réserver au chaud. Tamiser le jus de cuisson au-dessus d'une casserole, le faire bouillir 10 minutes afin qu'il réduise de moitié. Incorporer petit à petit le reste de beurre hors du feu et remuer : le mélange épaissit légèrement. Ajouter le jus de citron vert, saler et poivrer à volonté. Servir dans une saucière.
NOTE : On peut remplacer la dorade par de l'omble ou une truite de rivière.

DORADE POCHÉE, NAPPÉE D'UN COULIS DE TOMATES FRAÎCHES

Préparation : 20 minutes
Cuisson : 45 minutes
Pour 4 personnes

☆☆

1 kg de dorade, vidée et écaillée
4 tomates mûres
1 oignon, finement haché
4 oignons nouveaux, finement émincés
2 cuil. à soupe de persil frais, haché
320 ml de fumet de poisson
60 g de beurre
1 cuil. à soupe de farine

1 Préchauffer le four à 190 °C. Nettoyer le poisson à l'eau froide, essuyer l'intérieur et l'extérieur avec du papier absorbant.
2 Inciser en croix la base des tomates. Les mettre dans une jatte en Pyrex et les recouvrir d'eau bouillante. Les laisser 30 secondes. Les rafraîchir ensuite à l'eau froide et les peler. Les couper en deux et ôter le cœur. Les épépiner avec une petite cuillère, puis hacher grossièrement la pulpe.
3 Beurrer légèrement un grand plat à four. Étaler la moitié des tomates, des oignons, puis déposer le poisson dessus ; le recouvrir du reste de légumes. Saupoudrer de la moitié du persil, puis verser le fumet. Répartir 30 g de beurre en noisettes.
4 Cuire 30 minutes. Le poisson doit être complètement cuit (vérifier avec la pointe d'une fourchette).
5 Retirer délicatement le poisson du plat, bien l'égoutter et le mettre sur un plat. Le réserver au chaud. Verser le bouillon et les légumes dans une casserole. Saler, poivrer à volonté. Porter à ébullition et laisser frémir 5 minutes, jusqu'à réduction d'un quart.
6 Bien mélanger le reste de beurre et la farine dans un bol. Incorporer ce mélange à la sauce, en tournant avec le fouet jusqu'à épaississement. Rectifier l'assaisonnement. Napper le poisson de la sauce. Décorer avec le persil haché.
NOTE : On peut remplacer la dorade par de l'omble, de la truite de rivière ou de l'empereur.

QUENELLES DE FRUITS DE MER

Préparation : 30 minutes
+ 3 heures de réfrigération
Cuisson : 40 minutes
Pour 4 personnes

☆☆☆

Quenelles

200 g de filets à chair blanche et ferme (brochet, cabillaud, julienne, lotte), dépouillés
150 g de noix de Saint-Jacques, nettoyées
150 g de crevettes crues, décortiquées
1 blanc d'œuf
1 cuil. à café de zeste de citron, finement râpé
125 ml de crème fleurette
3 cuil. à soupe de ciboulette fraîche, finement hachée
1 l de fumet de poisson

Coulis de tomates

1 cuil. à soupe d'huile d'olive
1 gousse d'ail, écrasée
425 g de tomates concassées en boîte
170 ml de fumet de poisson ou d'eau
2 cuil. à soupe de crème fleurette
2 cuil. à soupe de ciboulette fraîche, hachée

CI-DESSUS : Quenelles de fruits de mer

1 Pour les quenelles, bien essuyer le poisson et les fruits de mer. Mixer séparément le poisson (grossièrement pendant 30 secondes) et les fruits de mer. Remettre le tout dans le mixeur, ajouter le blanc d'œuf et le zeste de citron, puis mixer environ 30 secondes, jusqu'à ce que le mélange soit haché menu.

2 Mettre le mixeur sur la vitesse lente, verser la crème fleurette et mixer jusqu'à épaississement. Ajouter la ciboulette, couvrir et réfrigérer au moins 3 heures.

3 À l'aide de 2 cuillères à soupe mouillées, prélever de la pâte et la mouler en forme d'œuf. Ranger les quenelles dans un plat, puis recouvrir de papier sulfurisé. Couvrir et réfrigérer 30 minutes.

4 Pour le coulis, faire chauffer de l'huile à feu moyen, puis faire suer l'ail 30 secondes. Incorporer les tomates, le fumet ou l'eau, du sel et du poivre gris fraîchement moulu. Laisser mijoter 30 minutes en remuant de temps à autre, jusqu'à réduction et épaississement de la sauce.

5 Tamiser le coulis, jeter la pulpe et verser le jus dans une poêle propre. Ajouter la crème fleurette et la ciboulette, réchauffer à feu doux en remuant de temps en temps.

6 Dans une sauteuse, réchauffer le fumet de poisson jusqu'à frémissement ; il ne doit pas bouillir. Plonger

délicatement les quenelles dans ce jus, les pocher à couvert. Réduire le feu et pocher chaque fournée 5 à 6 minutes, jusqu'à ce qu'elles soient fermes. Les déposer avec une écumoire sur du papier absorbant.
7 Napper les assiettes de coulis, puis dresser les quenelles dessus.

CIGALES DE MER, SAUCE À LA MANGUE

Préparation : 10 minutes
+ 1 heure de congélation
Cuisson : 5 minutes
Pour 4 personnes

☆☆

8 cigales de mer ou 2 grosses queues de homards crues
1 grosse ou 2 petites mangues
2 à 3 cuil. à soupe de crème fraîche
60 ml de jus de citron jaune ou vert
1 cuil. à café de cassonade
2 à 3 cuil. à café de sauce de piment douce
1 mangue, en plus, pour décorer

1 Immobiliser les cigales de mer 1 heure au congélateur, avant de les cuisiner. Ensuite, les plonger dans une grande casserole d'eau légèrement salée. Laisser frémir à découvert 4 à 5 minutes : les cigales doivent devenir rouge orangé. (Cuire les queues de homard 8 à 10 minutes.)
2 Séparer délicatement la tête du corps pour prélever la chair, inciser le dessous de la queue et couper en deux. Retirer avec précaution l'intestin non comestible. Extraire ensuite la chair et la couper en tranches.
3 Pour la sauce, écraser la pulpe de la mangue. Mixer 20 à 30 secondes avec la crème fraîche, le jus de citron, la cassonade et la sauce de piment, jusqu'à ce que la sauce soit onctueuse. Couvrir, réfrigérer jusqu'à l'emploi. Si la sauce est trop épaisse, ajouter un peu de crème liquide ou de jus de citron.
4 Servir les cigales de mer sur un lit de salade, décorer de tranches de mangues. Napper de sauce et verser le reste dans une saucière.
NOTE : À défaut de mangue fraîche, on peut utiliser des tranches de mangues au sirop ou 170 g de mangues concassées en boîte.

CIGALES DE MER
Elles sont disponibles crues, congelées ou précuites. Si vous achetez des cigales de mer fraîches et crues, choisissez des spécimens intacts et dont la queue est nettement redressée. S'assurer qu'elles ne sont pas tachées autour du ventre ou des pattes. La carapace doit être ferme au toucher et dégager une agréable odeur. Ne pas prendre celles qui sentent « l'ail » : c'est signe qu'elles manquent de fraîcheur.

CI-CONTRE : Cigales de mer, sauce à la mangue

HADDOCK

Le haddock Finnan, version traditionnelle du haddock, doit son nom au village écossais du même nom, situé dans le Aberdeenshire. À l'origine, il était placé (fumé) au-dessus de la tourbe. D'abord étêtés, les poissons étaient ensuite vidés et ouverts le long de l'arête centrale avant d'être plongés dans la saumure. Ils étaient ensuite enfilés sur des lances afin de permettre à leur aspect brillant de se développer avant d'être fumés. Aujourd'hui, le haddock n'est pas toujours préparé ainsi ; il est souvent coloré artificiellement, d'où les différences de couleurs.

À DROITE : Haddock en sauce

HADDOCK EN SAUCE

Préparation : 12 minutes
Cuisson : 20 minutes
Pour 4 personnes

☆

- 1 gros oignon, finement émincé
- 500 g de filets de haddock
- 420 ml de lait
- 1/4 de cuil. à café de poivre gris concassé
- 1 cuil. à café 1/2 de moutarde en poudre
- 20 g de beurre, ramolli
- 2 cuil. à café de farine
- 1 oignon nouveau, finement haché

1 Tapisser le fond d'une grande poêle de l'oignon. Couper le poisson en cubes de 2 cm, puis le disposer sur l'oignon.
2 Mélanger le lait avec le poivre et la moutarde et en arroser le poisson. Porter doucement à ébullition, puis réduire le feu. Couvrir et laisser frémir 5 minutes. Découvrir et laisser mijoter 5 minutes.
3 Dresser le poisson sur un plat et le réserver au chaud. Laisser frémir le bouillon (lait, poivre et moutarde) encore 5 minutes jusqu'à réduction, remuer de temps à temps.
4 Amalgamer le beurre et la farine en une pâte souple. L'incorporer lentement au bouillon à l'aide d'un fouet. Ajouter l'oignon nouveau et remuer à feu doux, jusqu'à ébullition et épaississement, pendant 1 à 2 minutes. Napper le poisson de la sauce.

SAUMON POCHÉ

Préparation : 5 minutes
Cuisson : 13 minutes
Pour 4 personnes

☆

- 375 ml de fumet de poisson
- 1/2 cuil. à café de poivre gris concassé
- 1 pincée de noix de muscade en poudre
- 2 oignons nouveaux, finement hachés
- 4 darnes de saumon, prélevées dans la queue
- 3 cuil. à soupe de persil frais, haché

1 Mélanger doucement le fumet, le poivre, la muscade, le vin, les oignons nouveaux dans une poêle à bords hauts. Saler. Amener doucement à ébullition, puis laisser frémir 1 minute.
2 Pocher les darnes à couvert dans le court-bouillon 8 à 10 minutes. Les dresser sur les assiettes de service. Les réserver au chaud.

3 Laisser bouillir le bouillon 1 minute de plus. Assaisonner et ajouter le persil. Arroser les darnes de bouillon. Parsemer de persil.

NOTE : La truite de mer convient également pour ce plat.

POISSON FUMÉ À LA SAUCE BLANCHE

Préparation : 15 minutes
Cuisson : 8 minutes
Pour 6 à 8 personnes

☆

Sauce blanche
750 ml de lait
1 oignon, coupé en deux
1 clou de girofle
1 feuille de laurier
60 g de beurre
40 g de farine
1 à 2 cuil. à soupe de ciboulette ou de persil frais, haché

1 kg de filets de cabillaud fumé ou de haddock
250 ml de lait

1 Pour la sauce blanche, mélanger le lait, l'oignon, le clou de girofle, le laurier et une pincée de poivre blanc dans une petite poêle. Porter doucement à ébullition, puis ôter du feu ; attendre 3 minutes avant de transférer dans un pichet. Faire fondre le beurre à feu doux dans une poêle, incorporer la farine et cuire le roux 1 minute, jusqu'à ce qu'il soit pâle et mousseux. Verser le lait petit à petit hors du feu.

2 Réchauffer et remuer sans cesse jusqu'à ébullition et épaississement de la sauce. Réduire le feu et laisser frémir 2 minutes. Ôter du feu, saler et poivrer à volonté. Ajouter la ciboulette ou le persil haché.

3 Couper les filets en morceaux prêts à être servis et les mettre dans une grande sauteuse. Recouvrir du lait additionné de 250 ml d'eau. Porter à ébullition, réduire le feu. Pocher doucement les morceaux, jusqu'à ce que la chair se défasse. Les égoutter rapidement sur du papier absorbant, puis les dresser sur les assiettes. Les napper de sauce blanche, décorer de brins de ciboulette ou de persil frais, hachés.

NOTE : Le poison fumé est souvent très salé. Pour le dessaler partiellement, mélanger 125 ml d'eau et 125 ml de lait dans une jatte. Laisser tremper le poisson plusieurs heures avant de le cuire. Jeter le liquide de trempage.

CI-DESSUS : Poisson fumé à la sauce blanche

CI-DESSUS : Moules à la citronnelle, au basilic et au vin

MOULES À LA CITRONNELLE, AU BASILIC ET AU VIN

Préparation : 30 minutes
Cuisson : 15 minutes
Pour 4 à 6 personnes

☆

- 1 kg de petites moules de bouchot
- 1 cuil. à soupe d'huile
- 1 oignon, haché
- 4 gousses d'ail, hachées
- 2 tiges de citronnelle (partie blanche), émincées
- 1 à 2 piments rouges frais, égrainés et hachés
- 250 ml de vin blanc ou d'eau
- 1 cuil. à soupe de sauce de poisson
- 50 g de feuilles de basilic frais thaï, grossièrement hachées

1 Gratter les moules à l'aide d'une brosse dure et les ébarber. Jeter les moules abîmées et celles qui sont déjà ouvertes. Bien les rincer.

2 Chauffer l'huile dans une grande poêle, puis faire revenir 4 minutes à feu doux l'oignon, l'ail, la citronnelle et le piment, remuer. Verser le vin et la sauce de poisson, poursuivre la cuisson 3 minutes.

3 Jeter les moules dans la poêle et secouer. Couvrir et laisser cuire 4 à 5 minutes à feu moyen, jusqu'à ce que les moules s'ouvrent. Ajouter le basilic, secouer la poêle et servir avec du riz.

SAUMON POCHÉ AU GINGEMBRE

Préparation : 5 minutes
Cuisson : 15 minutes
Pour 4 personnes

☆

- 1 cuil. à soupe d'huile
- 8 oignons nouveaux, émincés en diagonale
- 2 cuil. à soupe de gingembre frais, finement haché
- 4 cuil. à soupe de sauce de poisson
- 4 cuil. à soupe de cassonade ou de sucre de palme
- 4 darnes (ou des filets) de saumon ou de truite de mer de 200 g chacune
- 2 cuil. à soupe de jus de citron vert
- 200 g de petits pois surgelés
- Feuilles de coriandre fraîche, pour décorer

1 Chauffer l'huile dans une grande sauteuse, puis faire revenir les oignons et le gingembre 2 minutes à feu doux, en remuant de temps à temps. Verser la sauce de poisson, le sucre et 1,5 l d'eau. Porter à ébullition. Réduire le feu, ajouter les darnes et les pocher doucement 3 à 4 minutes, jusqu'à ce que la chair se défasse facilement. Les retirer avec une écumoire et les déposer dans une jatte préchauffée. Recouvrir de papier d'aluminium et réserver au chaud.
2 Amener le bouillon à ébullition, réduire le feu et laisser frémir jusqu'à réduction de moitié. Parfumer avec le jus de citron vert.
3 Plonger les petits pois dans une casserole d'eau bouillante, puis les cuire : ils doivent être tendres.
4 Dresser les darnes sur des assiettes et les arroser de bouillon. Servir avec les petits pois et décorer avec les feuilles de coriandre.

DARNES DE POISSON AU GINGEMBRE ET AU PIMENT

Préparation : 15 minutes
Cuisson : 10 minutes
Pour 4 personnes

☆

4 darnes moyennes de poisson à chair blanche et ferme (dorade, maigre, cabillaud)
5 cm de gingembre frais, finement émincé
2 gousses d'ail, hachées
2 cuil. à café de piment rouge frais, haché
2 cuil. à soupe de tiges de coriandre fraîche, hachées
3 oignons nouveaux, coupés en fines petites lanières
2 cuil. à soupe de jus de citron vert

1 Tapisser le fond d'un panier en bambou de feuilles de bananier ou de papier sulfurisé pour que le poisson n'attache pas.
2 Ranger les darnes de poisson dans le panier et recouvrir du gingembre, de l'ail, du piment et de la coriandre. Couvrir et faire étuver 8 à 10 minutes au-dessus d'un wok où l'eau est arrivée à ébullition. Soulever le couvercle, puis parsemer avec les lanières d'oignon nouveau et arroser du jus de citron. Couvrir de nouveau et laisser cuire 30 secondes, jusqu'à ce que la chair se défasse facilement. Servir.

CUISSON À LA VAPEUR
Remplir le wok ou la marmite au tiers d'eau. Vérifier le niveau de l'eau avant de la porter à ébullition, en posant le panier en bambou ou en métal sur le wok. S'il y a trop d'eau, les aliments vont bouillir, s'il n'y en a pas assez, ils vont se dessécher. Lorsque l'eau bout, disposer les aliments dans le panier, puis placer ce dernier délicatement dans le wok. Couvrir le wok ou la marmite et maintenir la chaleur durant la cuisson, de façon que l'eau bouille fortement durant la cuisson. Attention au jet de vapeur, lorsqu'on soulève le couvercle.

À GAUCHE : Darnes de poisson au gingembre et au piment

YUM CHA

Les presses à samosas ou à raviolis chinois sont très pratiques pour bien sceller la pâte. On les trouve dans les supermarchés ou dans les magasins spécialisés en ustensiles de cuisine.

CHAMPIGNONS CHINOIS FARCIS AUX NOIX DE SAINT-JACQUES

Faire tremper 30 minutes 16 champignons chinois dans de l'eau bouillante. Les égoutter, puis les mettre dans une casserole contenant 375 ml d'eau, 2 cuil. à soupe de mirin, 2 cuil. à soupe de sauce de soja et un morceau de gingembre frais de 5 cm, grossièrement haché. Laisser frémir 20 minutes, puis refroidir. Couper les queues des champignons. Nettoyer 16 noix de Saint-Jacques et les disposer au centre de chaque champignon. Émincer finement un morceau de 3 cm de gingembre frais, 1 oignon nouveau et 1 piment rouge, puis en parsemer les noix. Les saupoudrer aussi de 2 cuil. à café de lemon-grass haché. Les ranger dans un panier en bambou, puis les cuire à la vapeur 3 à 5 minutes, jusqu'à ce que la chair soit tendre. Mélanger 1 cuil. à soupe de xérès doux et 1 cuil. à soupe de sauce à l'huître avec 1/2 cuil. à café d'huile de sésame et 1/2 cuil. de sucre en poudre. Arroser les Saint-Jacques de ce mélange. Pour 16 champignons farcis.

CROISSANTS DE FRUITS DE MER

Mélanger dans une jatte 250 g de noix de Saint-Jacques hachées et 250 g de chair de crevettes crues hachées, 2 oignons nouveaux finement hachés, 3 cuil. à soupe de châtaignes d'eau grossièrement hachées, 1 cuil. à café d'huile de sésame, 1 cuil. à soupe de sauce de soja et 1 cuil. à soupe de vin de riz. Mettre

1 cuil. à soupe de la farce au centre d'un carré de pâte won-ton, mouiller les bords avec un peu d'eau, puis refermer avec une presse. Dans une sauteuse, faire revenir 3 minutes, dans 1 cuil. à soupe d'huile, 10 croissants, jusqu'à ce qu'ils soient dorés. Verser 125 ml de fumet de poisson, couvrir et cuire 5 minutes. Laisser bouillir à découvert jusqu'à ce que les croissants soient croustillants. Cuire le reste des croissants. Pour 30 croissants.

RAVIOLIS PIMENTÉS AU SAUMON

Dans une jatte, mélanger 250 g de filets de saumon dépouillés de leur peau et des arêtes, finement hachés avec 1 oignon nouveau haché, 3 cuil. à café de sauce de piment doux, 1 cuil. à soupe de jus de citron vert, 60 g de jeunes pousses d'épinards blanchies finement hachées, 2 cuil. à soupe de civette hachée et 1 blanc d'œuf. Déposer 1 cuil. à café de la farce au centre d'une crêpe à gow gee, mouiller les bords avec un peu d'eau, puis refermer à l'aide d'une presse. Recommencer. Faire étuver les bouchées dans un panier en bambou, placé dans une marmite d'eau bouillante, 5 à 10 minutes. Pour 24 raviolis.

BOUCHÉES DE CREVETTES À LA VAPEUR

Faire tremper 5 minutes 15 g de champignons chinois dans de l'eau bouillante. Les égoutter et les hacher finement. Ajouter 1 cuil. à soupe de saké et de gingembre frais râpé, 1 cuil. à soupe d'huile de sésame et 2 cuil. à café de sauce de piment doux. Décortiquer soigneusement 24 crevettes crues en gardant les queues. Les couper en deux et réserver les morceaux avec la queue. Hacher finement les autres morceaux et les ajouter à la farce. Mettre 1 cuil. à café de farce au centre d'une crêpe à gow gee. Piquer une queue de crevette au sommet. Mouiller les bords avec un peu d'eau, puis former une petite bourse en laissant la queue dépasser. Confectionner 24 raviolis. Les cuire à la vapeur en plusieurs fournées, dans un panier en bambou légèrement huilé, environ 5 minutes, le temps qu'elles soient cuites. Pour la sauce, mélanger 60 ml de sauce de soja, 1 cuil. à soupe de sauce de poisson, 1 cuil. à soupe de jus de citron vert et 60 ml de sauce de piment doux. Ces raviolis peuvent aussi se frire. Pour 24 bouchées.

DE GAUCHE À DROITE : *Champignons chinois farcis aux noix de Saint-Jacques ; croissants de fruits de mer ; raviolis pimentées au saumon ; bouchées de crevettes à la vapeur*

PRAIRES VAPEUR AU VIN ET À L'AIL

Préparation : 25 minutes + 1 heure de trempage
Cuisson : 5 minutes
Pour 4 personnes

☆

1 kg de praires
60 g de beurre, ramolli
2 gousses d'ail, écrasées
2 cuil. à soupe d'aneth frais, haché
2 cuil. à soupe de ciboulette fraîche, hachée
1 cuil. à café de feuilles de thym frais, hachées
2 cuil. à soupe de pignons de pin, grillés
1/4 de cuil. à café de poivre gris concassé
1 petite tomate mûre
125 ml de vin blanc
1 petit oignon, finement haché

1 Faire tremper pendant 1 heure les praires afin d'éliminer le sable. Jeter les praires qui sont déjà ouvertes.
2 Battre dans un bol le beurre et l'ail jusqu'à obtention d'un mélange pâle et onctueux. Incorporer les herbes, les pignons et le poivre.
3 Inciser en croix la base de la tomate. La mettre dans un bol en Pyrex, la recouvrir d'eau bouillante. La laisser 30 secondes. La rafraîchir ensuite à l'eau froide et la peler. Retirer le cœur et hacher finement la pulpe.
4 Dans une casserole, mettre le vin, 125 ml d'eau et l'oignon. Amener à ébullition. Ajouter les praires, couvrir et cuire à feu vif 3 à 5 minutes, en secouant la casserole de temps à temps, jusqu'à ce qu'elles s'ouvrent.
5 Ajouter le beurre aromatisé à l'ail et aux herbes, et la pulpe de tomate dans la casserole ; bien remuer jusqu'à ce que le beurre ait fondu. Servir sans attendre dans des bols de service, avec des croûtons pour absorber le jus. Jeter toute praire fermée.

CI-DESSOUS : Praires vapeur au vin et à l'ail

TIMBALES DE SAINT-JACQUES À LA CRÈME D'HUÎTRES

Préparation : 20 minutes
Cuisson : 35 minutes
Pour 6 personnes

☆☆

400 g de noix de Saint-Jacques
200 g de filets de poisson à chair blanche (dorade, brochet, bar)
2 blancs d'œufs
1 cuil. à café de zeste de citron, râpé
185 ml de crème fleurette

Sauce à la crème d'huîtres
18 huîtres fraîches, sans leur coquille
15 g de beurre
1/2 carotte, coupée en très petits dés
1/2 branche de céleri, coupé en très petits dés
2 oignons nouveaux, finement hachés
1 feuille de laurier
60 ml de vin blanc
125 ml de fumet de poisson
125 ml de crème fleurette
1 cuil. à café de beurre
1 cuil. à café de farine
1 cuil. à café d'aneth frais, haché

CI-DESSUS : Timbales de Saint-Jacques à la crème d'huîtres

1 Ôter tout boyau, membrane et tout muscle blanc dur des Saint-Jacques. Les mixer avec le poisson jusqu'à obtention d'un mélange homogène. Ajouter les blancs d'œufs, le zeste de citron, du sel et du poivre concassé. Mixer. Verser la crème, puis mixer de nouveau mais brièvement : attention, si l'on mixe trop longtemps, la pâte risque de « retomber ». En pocher une petite quantité dans de l'eau frémissante, afin de tester sa consistance.

2 Préchauffer le four à 170 °C. Huiler légèrement des ramequins de 125 ml de contenance. Répartir le mélange dedans, en donnant un coup sec sur le plan de travail pour éliminer les éventuelles bulles d'air. Les recouvrir de papier d'aluminium graissé. Mettre dans un plat à four rempli d'eau bouillante jusqu'à mi-hauteur des ramequins. Cuire 15 à 20 minutes, jusqu'à ce que la pointe d'un couteau plongée au centre ressorte propre.

3 Pendant la cuisson des timbales, préparer la sauce à la crème d'huîtres. Faire fondre le beurre dans une petite casserole, puis faire revenir 5 minutes les légumes et la feuille de laurier, remuer afin qu'ils ne brunissent. Verser d'abord le vin et laisser frémir 1 minute, puis le fumet et la crème, porter à ébullition, puis réduire le feu ; laisser frémir 5 minutes. Amalgamer le beurre et la farine, mettre cette pâte dans la casserole et remuer avec le fouet jusqu'à ébullition et épaississement. Incorporer les huîtres et leur jus, la crème fraîche, l'aneth, le sel et le poivre gris concassé à volonté.

4 Démouler les timbales sur les assiettes de service. Napper chacune de la crème d'huîtres.

POISSON POCHÉ À L'INDIENNE

Couper les nageoires et la queue avec des ciseaux.

Inciser profondément en diagonale les parties les plus charnues des deux côtés.

PAGE CI-CONTRE: Empereur poché dans du lait de coco

POISSON POCHÉ À L'INDIENNE

Préparation: 20 minutes
Cuisson: 20 minutes
Pour 2 à 4 personnes

☆

1 poisson entier à chair blanche (dorade, perche de mer, merlan) de 500 g, vidé et écaillé
15 g d'amandes, grillées
2 feuilles de laurier
1/2 poivron vert, coupé en lanières
1 cuil. à soupe d'huile
320 g de yaourt nature
1/2 cuil. à café de garam masala
1/2 cuil. à café de sucre

1 Rincer le poisson et bien l'essuyer avec du papier absorbant. Couper les nageoires et la queue avec des ciseaux. Inciser profondément en diagonale les parties les plus charnues des deux côtés, puis le déposer dans un panier en bambou tapissé de feuilles de bananier ou de papier sulfurisé.
2 Mélanger les autres ingrédients ensemble et en saupoudrer le poisson. Mettre le panier en bambou dans une marmite remplie d'eau en ébullition, puis faire étuver le poisson 20 minutes, jusqu'à ce que la chair se défasse facilement.

EMPEREUR POCHÉ DANS DU LAIT DE COCO

Préparation: 20 minutes
Cuisson: 30 à 40 minutes
Pour 4 personnes

☆

4 x 250 g de filets d'empereur, avec la peau
1 l de lait de coco
2 cuil. à café de gingembre frais, râpé
3 petits piments rouges, finement hachés
1 cuil. à soupe de racines et de tiges de coriandre fraîche, hachées
6 échalotes asiatiques, finement hachées
6 feuilles de citron kaffir, en lanières
2 tiges de lemon-grass (partie blanche), hachées
2 cuil. à café de zeste de citron vert, râpé
500 ml de fumet de poisson
80 ml de sauce de poisson
80 ml de jus de citron vert tamisé
Feuilles de coriandre, pour décorer
1 petit piment rouge, coupé en longues lanières, pour décorer
2 feuilles de citron kaffir, en lanières, pour décorer

1 Dans une casserole, faire bouillir le lait de coco 3 minutes. Ajouter le gingembre, le piment, la coriandre, les échalotes, les feuilles de citron kaffir, le lemon-grass et le zeste de citron. Amener de nouveau à ébullition. Verser le fumet et la sauce de poisson. Laisser frémir 15 minutes. Tamiser et ajouter le jus de citron vert. Goûter et rehausser avec un peu de sauce de poisson si nécessaire.
2 Réchauffer la sauce dans une grande sauteuse. Dès qu'elle bout, mettre le poisson et laisser frémir 10 à 15 minutes, jusqu'à cuisson complète.
3 Dresser délicatement le poisson sur un plat de service. Napper de sauce et décorer avec la coriandre, le piment et les lanières de feuilles de citron kaffir.
NOTE: Cette recette est également délicieuse avec de la truite de mer, de la dorade royale ou de l'omble.

FILETS POCHÉS SAUCE À L'ANETH

Préparation: 15 minutes
Cuisson: 20 minutes
Pour 4 personnes

☆

500 g de filets de poisson (perche de mer, dorade, mérou), dépouillés
1 oignon, émincé
1 petite feuille de laurier
1 cuil. à soupe de beurre
1 cuil. à soupe de farine
125 ml de crème fraîche
2 cuil. à soupe d'aneth frais, haché

1 Ôter les arêtes du poisson. Verser 625 ml d'eau dans une grande sauteuse, ajouter l'oignon et le laurier. Porter à ébullition et réduire le feu. Pocher le poisson doucement 5 minutes, jusqu'à ce que la chair se défasse. Retirer le poisson avec une écumoire et le réserver au chaud sur un plat de service.
2 Tamiser le bouillon et en réserver 250 ml. Dans une casserole, faire fondre le beurre, incorporer la farine en remuant vivement. Laisser 1 minute: le roux doit être pâle et mousseux. Retirer du feu et verser le bouillon réservé petit à petit, tout en remuant. Réchauffer le tout, puis remuer de nouveau jusqu'à ébullition et épaississement. Réduire le feu et laisser frémir 2 minutes. Ajouter la crème fraîche et l'aneth hors du feu. Saler, poivrer. Napper le poisson de la sauce, décorer d'aneth.

COQUILLES SAINT-JACQUES À LA VAPEUR

Préparation : 20 minutes
Cuisson : 10 minutes
Pour 4 personnes

☆

1 petit poivron rouge
90 g de beurre
1 cuil. à soupe de ciboulette fraîche, hachée
2 cuil. à café de moutarde de Dijon
1/4 de cuil. à café de poivre gris concassé
2 cuil. à café de jus de citron vert
24 Saint-Jacques non détachées de leur coquille
6 oignons nouveaux, coupés en fines lanières

1 Couper le poivron en quatre, retirer les graines et les filaments blancs. Passer sous le gril chaud, peau au-dessus, jusqu'à ce qu'elle noircisse et se fende. Laisser refroidir dans un sac en plastique, puis peler. Réduire la chair en purée.
2 Battre le beurre dans un bol jusqu'à ce qu'il soit onctueux, incorporer la ciboulette, la moutarde, le poivre, le jus et la purée de poivron.
3 Détacher les noix de Saint-Jacques et ôter tout boyau, membrane et tout muscle blanc dur. Tapisser le fond de chaque coquille des lanières d'oignons, puis remettre les noix. Ranger les coquilles, sans les superposer, dans un panier en bambou ou en métal. Le poser sur une marmite remplie d'eau bouillante, puis faire étuver les coquilles 2 à 3 minutes. Transférer sur des assiettes préchauffées les Saint-Jacques cuites et déposer une noix de beurre sur chacune. Servir.

ROULEAUX DE CREVETTES À LA VAPEUR

Dérouler 4 crêpes de farine de riz (disponibles dans les supermarchés asiatiques en paquets de 4 à 6) et les couper en deux avec un couteau aiguisé. Décortiquer 24 crevettes crues. Déposer 3 crevettes, 1 pincée de gingembre frais et d'ail hachés, ainsi que des lanières d'oignons nouveaux et de feuilles de brocoli chinois d'un côté d'une crêpe. Replier au niveau des extrémités, puis enrouler. Tapisser le fond d'un panier en bambou de papier sulfurisé et cuire à la vapeur 2 à 4 rouleaux pendant 7 à 10 minutes : les crevettes doivent être roses et cuites. Recouvrir de papier d'aluminium, pendant la cuisson des autres rouleaux. Servir avec de la sauce de soja. Pour 4 personnes.

CI-DESSOUS : Coquilles Saint-Jacques à la vapeur

TRUITE À LA VAPEUR ET SON BEURRE AU CITRON VERT

Préparation : 15 minutes
Cuisson : 15 minutes
Pour 2 personnes

☆

Beurre au citron vert

90 g de beurre, ramolli
1 cuil. à soupe de zeste de citron vert, finement râpé
1 cuil. à soupe de jus de citron vert

2 petites truites arc-en-ciel, nettoyées et séchées
4 cuil. à soupe de jus de citron vert
1 pincée d'herbes déshydratées (thym, romarin et origan)

1 Dans un petit bol, battre le beurre avec une cuillère en bois, pour le rendre onctueux. Incorporer le zeste et le jus de citron vert. Transférer dans une saucière et réserver.

2 Couper deux carrés d'aluminium de 30 cm environ (cela dépend de la taille des truites) et les huiler légèrement. Déposer une truite sur chaque carré et les farcir de 1 cuil. à café de beurre de citron vert. Arroser les truites de jus de citron vert, puis saupoudrer d'herbes (voir la note ci-dessous) et de poivre gris. Envelopper les truites et les ranger dans un panier en bambou ou en métal. Faire étuver au-dessus d'une marmite remplie d'eau bouillante 15 minutes, jusqu'à ce que la chair se défasse facilement. Servir avec le reste de beurre et décorer de quartiers de citron vert (facultatif).

NOTE : Cette recette est également délicieuse avec des petits saumons ou des darnes de truite de mer. Suivre les mêmes instructions ; déposer sur les poissons une noix de beurre. Bien les envelopper et les cuire à la vapeur aussi 15 minutes.
Si l'on utilise des herbes fraîches, ne pas oublier de doubler les proportions.

CI-DESSOUS : Truite à la vapeur et son beurre au citron vert

FILETS DE FLET POCHÉS, NAPPÉS D'UNE SAUCE AU VIN ET AUX HUÎTRES

Préparation : 10 minutes
Cuisson : 15 minutes
Pour 4 personnes

☆☆

2 cuil. à café de beurre
1 échalote, finement hachée
125 ml de vin blanc sec pétillant
1 cuil. à soupe de vinaigre de vin blanc
125 ml de fumet de poisson
1 cuil. à café de sucre
150 g de beurre doux, ramolli, en plus
2 cuil. à café d'aneth frais, haché
2 feuilles de laurier
Grains de poivre gris
4 x 150 g de filets de flet
12 huîtres fraîches, sans les coquilles
Quartiers de citron vert, pour décorer

1 Faire fondre le beurre dans une petite casserole, puis faire revenir l'échalote à feu moyen pendant 1 minute. Verser le vin, le vinaigre, le fumet et porter à ébullition. Réduire le feu et laisser frémir jusqu'à ce qu'il ne reste plus que 3 cuil. à soupe de jus. Ajouter le sucre en remuant, puis retirer du feu.
2 Incorporer les 150 g de beurre, remuer jusqu'à léger épaississement de la sauce. Ajouter l'aneth, le sel et le poivre. Réserver au chaud pendant la préparation du poisson.
3 Verser 600 ml d'eau dans une grande sauteuse et ajouter les feuilles de laurier et les grains de poivre. Amener à ébullition, réduire le feu. Plonger les filets dans le court-bouillon, les pocher environ 3 minutes, jusqu'à ce que la chair se défasse facilement.
4 Juste avant de servir, ajouter les huîtres à la sauce au vin, puis la réchauffer. Dresser les filets dans les assiettes et les napper de la sauce au vin et aux huîtres. Décorer de quartiers de citron vert.

NOTE : On peur aussi réaliser cette recette avec de la sole, du carrelet ou du saint-pierre.

CI-DESSOUS : Filets de flet pochés, nappés d'une sauce au vin et aux huîtres

CI-DESSUS : Sole Véronique

SOLE VÉRONIQUE

Préparation : 45 minutes
Cuisson : 20 minutes
Pour 4 personnes

☆☆

12 filets de sole ou 3 soles entières, avec la peau
250 ml de fumet de poisson
60 ml de vin blanc
1 échalote, finement émincée
1 feuille de laurier
6 grains de poivre gris
2 brins de persil frais
3 cuil. à café de beurre
3 cuil. à café de farine
125 ml de lait
60 ml de crème fleurette
125 g de raisin blanc, épépiné et pelé

1 Préchauffer le four à 180 °C. Rouler les filets, peau à l'intérieur. Piquer des cure-dents dans les rouleaux pour bien les maintenir. Les ranger côte à côte dans un plat à four creux qui aura été au préalable huilé.

2 Mélanger le fumet, le vin, l'échalote, le laurier, le poivre et le persil dans un pichet et verser sur le poisson. Recouvrir de papier d'aluminium huilé, puis enfourner 15 minutes, jusqu'à ce que la chair se défasse facilement. Sortir doucement les rouleaux avec une écumoire. Transférer dans un autre plat. Couvrir et réserver au chaud.

3 Dans une petite casserole, porter le bouillon à ébullition 2 minutes, jusqu'à ce qu'il réduise de moitié, puis le tamiser.

4 Dans une poêle propre, faire fondre le beurre, puis incorporer la farine. Remuer jusqu'à ce que le roux soit pâle et mousseux. Incorporer petit à petit hors du feu le lait et la crème mélangés ensemble et faire réduire. Amener de nouveau à ébullition et remuer jusqu'à épaississement. Assaisonner à volonté, ajouter les grains de raisin, les réchauffer. Napper le poisson de cette sauce.

NOTE : La sole peut être remplacée par du flet.

BOULETTES DE POISSON

Préparation : 5 minutes
Cuisson : 1 heure 35 minutes
Pour 4 personnes

☆☆

1 kg de filets de poisson (cabillaud, brochet, aiglefin), avec les arêtes et la peau
2 branches de céleri, hachées
2 oignons, hachés
2 carottes, émincées
1 cuil. à soupe de persil frais, haché
2 cuil. à soupe d'amandes en poudre
2 œufs, battus
Matzo (voir note)

1 Ôter la peau et les arêtes des filets et les mettre dans une grande casserole avec le céleri et la moitié des oignons et des carottes. Couvrir de 750 ml d'eau, porter à ébullition et laisser frémir 20 minutes. Tamiser le fumet.

2 Hacher grossièrement le poisson et mixer avec le reste d'oignon et le persil jusqu'à obtention d'une farce homogène. Ajouter les amandes, les œufs, une pincée de sel et de poivre et suffisamment de matzo pour lier l'ensemble. La quantité de matzo dépend de la consistance du poisson. Se fariner les mains et former 8 boulettes.

3 Mettre le reste de carottes 10 minutes dans le fumet frémissant, puis les retirer. Pocher ensuite les boulettes, couvrir et laisser mijoter 1 heure. Retirer les boulettes avec une écumoire et les déposer sur un plat de service. Décorer chacune d'une rondelle de carotte.

4 Tamiser le fumet de poisson et en arroser les boulettes.

NOTE : Le matzo en poudre (voir photo) est constitué de fines feuilles de pain sans levain. On en trouve dans certains supermarchés.
On peut réfrigérer le reste de fumet jusqu'à ce qu'il se transforme en gelée. S'en servir alors pour décorer.

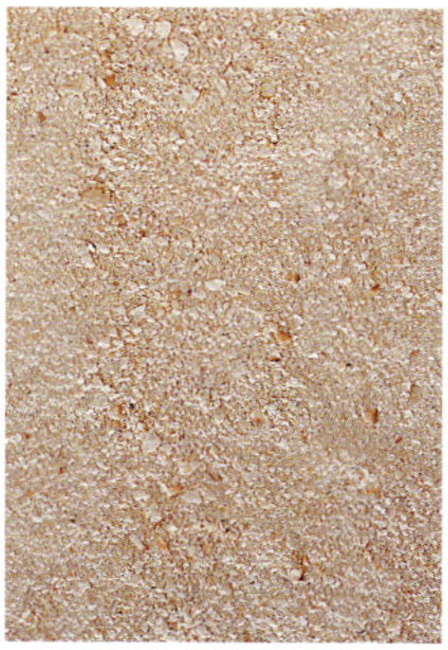

GEFILTE FISH

Ce célèbre plat juif (« gefilte fish », en yiddish) est traditionnellement servi en entrée les jours de sabbat et de fête. « Gefilte » signifie « farci ». À l'origine, une farce était préparée avec un poisson d'eau douce haché, puis mélangé à des herbes ; on en remplissait la peau d'un brochet ou d'une carpe. Dans certains pays, notamment en Pologne, ce plat avait une dominante sucrée. Avec le temps, la recette a évolué et la farce sert maintenant à confectionner des boulettes que l'on poche dans du fumet de poisson. En outre, les poissons de mer ont remplacé ceux d'eau douce.

CI-CONTRE : Boulettes de poisson

GRILLADES ET BARBECUES

Pour les amoureux des fruits de mer et des poissons, la cuisson au barbecue recèle des trésors d'imagination. Des saveurs thaïlandaises aux marinades d'agrumes, sans oublier les darnes juteuses et les brochettes aromatisées à la citronnelle, ce mode de cuisson ne cesse de surprendre. Le poisson frais est un aliment rêvé pour le gril ou le barbecue : il cuit plus rapidement que la viande et est l'une des plus séduisantes alternatives aux traditionnelles saucisses. Pour le pêcheur chanceux, quel plaisir de finir sa journée en dégustant sa prise ! Ceux qui ne pêchent pas trouveront assurément quelques merveilles chez leur poissonnier.

CREVETTES AU BARBECUE FAÇON ASIATIQUE

Préparation : 10 minutes
+ 3 heures de marinade
Cuisson : 5 minutes
Pour 4 personnes

☆

500 g de grosses crevettes crues

Marinade
2 cuil. à soupe de jus de citron
2 cuil. à soupe d'huile de sésame
2 gousses d'ail, écrasées
2 cuil. à café de gingembre frais, râpé

1 Décortiquer les crevettes en gardant les queues intactes. Ôter le boyau en partant de la tête. Inciser le dos des crevettes sur les trois quarts de l'épaisseur.
2 Mélanger le jus de citron, l'huile de sésame, l'ail et le gingembre dans un bol. Ajouter les crevettes et les imprégner doucement de la marinade. Couvrir et réfrigérer au moins 3 heures.
3 Préparer le barbecue. Cuire les crevettes sur une plaque légèrement huilée 3 à 5 minutes : elles doivent rosir. Badigeonner fréquemment de marinade en cours de cuisson. Servir sans attendre.
NOTE : Il est possible d'enfiler les crevettes sur des brochettes en bambou. Faire tremper ces dernières environ 30 minutes dans de l'eau jusqu'à ce qu'elles coulent ; cela évitera qu'elles ne brûlent durant la cuisson. Enfiler régulièrement les crevettes marinées sur les brochettes, puis les cuire comme indiqué ci-dessus, en les retournant et les arrosant de temps à temps.
Cette recette se réalise aussi en remplaçant la moitié des crevettes par des noix de Saint-Jacques.
L'ail est une affaire de goût. Pour une saveur plus relevée, doubler la quantité d'ail et éliminer le gingembre. Pour une saveur plus épicée, remplacer l'ail par 2 piments rouges frais finement hachés.

À DROITE : Crevettes au barbecue façon asiatique

POISSON AUX AGRUMES EN SALSA D'AVOCAT

Préparation : 25 minutes
+ 5 minutes de marinade
Cuisson : 10 minutes
Pour 4 personnes

☆

4 darnes de poisson à chair ferme (dorade, saumon, maigre)
3 cuil. à café de zeste d'orange finement, râpé
3 cuil. à café de zeste de citron, finement râpé
1 cuil. à soupe de jus de citron vert
2 cuil. à soupe d'huile d'olive

Salsa d'avocat
1 petit piment rouge frais
1 cuil. à café 1/2 de cumin moulu
1 gros avocat, finement haché
1 oignon rouge, très finement haché
2 cuil. à café de jus de citron
2 cuil. à café d'huile d'olive

1 Déposer le poisson dans un plat creux non métallique. Mélanger les zestes, le jus de citron vert et l'huile d'olive dans un bol et assaisonner de poivre gris fraîchement moulu. Faire mariner le poisson environ 5 minutes.
2 Huiler légèrement une poêle pour grillades ou une plaque de barbecue et faire chauffer. Cuire le poisson 3 à 5 minutes de chaque côté, jusqu'à ce qu'il commence à dorer. La chair doit se défaire facilement.
3 Pour la salsa d'avocat, égrainer le piment rouge et hacher finement la pulpe. Griller le cumin dans une poêle sans matière grasse environ 40 secondes, en secouant jusqu'à ce qu'il soit odorant. Dans un bol, mélanger le cumin, l'avocat, l'oignon, le piment, le jus de citron et l'huile.
4 Servir le poisson avec la salsa. Ce plat est encore meilleur accompagné de moitiés de tomates cerises grillées, de pois gourmands et de pommes de terre nouvelles cuites à la vapeur.
NOTE : Préparer la salsa d'avocat au dernier moment pour éviter qu'elle ne noircisse. Pour une salsa plus épicée, laisser les graines du piment.

LES CITRONS VERTS
Les citrons verts poussent dans les régions tropicales et subtropicales. Dans de nombreux plats, ils peuvent souvent remplacer les citrons jaunes. Dans ce cas, en utiliser moins, car leur goût est plus amer. Choisir des citrons verts fermes et lourds ; l'écorce ne doit pas être tachée.

À GAUCHE : Poisson aux agrumes en salsa d'avocat

CI-DESSUS : *Poisson à l'aneth nappé de beurre citron.*

POISSON À L'ANETH NAPPÉ DE BEURRE CITRON

Préparation : 10 minutes + 3 heures (marinade)
Cuisson : 10 minutes
Pour 4 personnes

☆

4 filets de poisson (perche, dorade, rouget, saint-pierre, truite de mer), dépouillés
1 cuil. à soupe 1/2 de poivre mélangé à du zeste de citron
1 à 2 cuil. à soupe d'aneth frais, haché
80 ml de jus de citron

Beurre citron
2 cuil. à soupe de jus de citron
125 ml de crème fleurette
40 g de beurre, en petits morceaux
2 cuil. à soupe de ciboulette fraîche, hachée

1 Poivrer les filets de poisson et les déposer dans un plat creux non métallique. Parfumer le jus de citron avec l'aneth et en arroser le poisson. Couvrir et réfrigérer 3 heures.
2 Faire chauffer le barbecue, puis griller le poisson 2 à 3 minutes de chaque côté sur la grille légèrement graissée. La chair doit se défaire facilement.
3 Pour le beurre citron, faire frémir le jus de citron dans une petite casserole jusqu'à réduction de moitié et incorporer la crème. Ajouter le beurre petit à petit hors du feu et remuer jusqu'à ce qu'il ait fondu. Mettre la ciboulette.
4 Servir le poisson nappé de beurre citron avec du pain frais. Décorer de brins d'aneth frais, de rondelles de citron grillées au barbecue (facultatif).

ÉCREVISSES AU PIMENT

Préparation : 10 minutes + 1 heure (marinade)
Cuisson : 15 minutes
Pour 6 personnes

☆

12 écrevisses ou scampis crus
2 piments rouges frais, égrainés et hachés
125 ml de purée de tomates
2 gousses d'ail, écrasées
6 oignons nouveaux, finement émincés
2 cuil. à soupe de basilic frais, haché
3 cuil. à café de poivre gris, concassé

1 Remplir une jatte de glace, d'eau et d'une pincée de sel. Immerger les écrevisses vivantes 20 à 30 minutes. Les retirer et pratiquer une petite incision sous la queue afin que la chair absorbe la marinade.
2 Pour la marinade, bien mélanger dans une jatte les piments hachés, la purée de tomates, l'ail, les oignons, le basilic et le poivre. Ajouter les écrevisses, couvrir et réfrigérer 1 heure.
3 Faire chauffer une poêle pour grillades ou un plat à barbecue et griller les écrevisses 10 à 15 minutes, dans la marinade. La chair doit être juste tendre. Servir avec une salade croquante. Ne pas oublier les pinces à crustacés (ou des casse-noisettes) et les rince-doigts.

NOTE : La purée de tomates, disponible en supermarché, est composée de tomates et d'oignons finement hachés et cuits.

BROCHETTES DE POISSON SAUCE AIGRE-DOUCE

Préparation : 20 minutes + 3 heures de marinade
Cuisson : 10 minutes
Pour 12 brochettes

☆

750 g de filets épais de poisson (julienne, cabillaud, marlin rayé), dépouillés
225 g d'ananas au sirop
1 gros poivron rouge
3 cuil. à café de sauce de soja
1 cuil. à soupe 1/2 de cassonade
2 cuil. à soupe de vinaigre blanc
2 cuil. à soupe de sauce tomate

1 Tremper 12 brochettes dans de l'eau froide 30 minutes, jusqu'à ce qu'elles coulent ; cela évitera qu'elles ne brûlent durant la cuisson.
2 Entre-temps, couper le poisson en cubes de 2,5 cm. Égoutter l'ananas et réserver 2 cuil. à soupe de sirop. Couper le poivron en morceaux de 2,5 cm. Enfiler alternativement sur les brochettes le poivron, le poisson et l'ananas.
3 Ranger les brochettes dans un plat creux non métallique. Bien mélanger dans un bol la sauce de soja, le sirop réservé, le sucre, le vinaigre et la sauce tomate. En arroser les brochettes. Couvrir et réfrigérer 3 heures.
4 Huiler une plaque de barbecue, puis faire chauffer. Griller les brochettes 2 à 3 minutes de chaque côté, les badigeonner souvent de marinade. Servir sans attendre, avec des nouilles chinoises et une salade verte.
NOTE : Ne pas faire mariner les brochettes plus de 3 heures, sinon le vinaigre commencerait à « cuire » le poisson. Cette méthode de cuisson dans du vinaigre ou du jus de citron est utilisée dans de nombreuses recettes.

CABILLAUD
Les poissons de mer (comme le cabillaud ou le thon) ont des squelettes plus lourds que ceux d'eau douce (comme la truite), il est donc plus facile de repérer et d'ôter leurs arêtes. C'est l'une des raisons qui expliquent la popularité de ce poisson... Le cabillaud possède une chair blanche, ferme, allongée et peu grasse. L'huile de poisson contient beaucoup d'oméga 3, ces acides gras excellents pour l'homme. Chez les poissons longs et fins, l'huile est stockée dans le foie plutôt que dans la chair ; d'ailleurs, l'huile de foie de morue est réputée pour ses excellentes vertus reconstituantes.

CI-CONTRE : Brochettes de poisson sauce aigre-douce

BROCHETTES DE SAINT-JACQUES ET DE CREVETTES AU MIEL

Préparation : 15 minutes + 3 heures (marinade)
Cuisson : 5 minutes
Pour 8 brochettes

☆

500 g de crevettes moyennes crues
250 g de noix de Saint-Jacques

Marinade
60 ml de miel
2 cuil. à soupe de sauce de soja
60 ml de sauce barbecue
2 cuil. à soupe de xérès doux

1 Tremper 8 brochettes dans de l'eau froide 30 minutes, ou jusqu'à ce qu'elles coulent. Cela évite qu'elles ne brûlent durant la cuisson.
2 Entre-temps, décortiquer les crevettes, en gardant les queues intactes. Ôter le boyau en partant de la tête.
3 Ôter tout boyau, membrane et tout muscle blanc dur des Saint-Jacques, en laissant le corail attaché.
4 Enfiler alternativement sur les brochettes environ 2 crevettes pour 3 noix de Saint-Jacques. Les ranger dans un plat creux non métallique. Mélanger le miel, la sauce de soja, la sauce barbecue et le xérès dans un pichet et en arroser les brochettes. Couvrir et réfrigérer 3 heures ou toute la nuit.
5 Faire chauffer le barbecue. Cuire les brochettes environ 5 minutes sur une grille légèrement huilée, les retourner plusieurs fois. Les badigeonner souvent de marinade en cours de cuisson.
NOTE : On peut remplacer les crevettes et les noix de Saint-Jacques par des cubes de poisson à chair ferme.

CREVETTES AU CITRON ET AU PIMENT DOUX

Décortiquer 24 grosses crevettes crues, retirer la tête, les couper en deux dans le sens de la longueur et ôter les boyaux. Mélanger 2 gousses d'ail écrasées, 2 cuil. à soupe de sauce au piment doux, 2 cuil. à soupe de jus de citron vert et 1 cuil. à soupe d'huile d'olive. Bien imprégner les crevettes de ce mélange. Couvrir et réfrigérer 30 minutes. Cuire ensuite les crevettes au barbecue ou au gril, en les badigeonnant du reste de la marinade. Pour 48 portions.

GALETTES DE POISSON

Préparation : 25 minutes
+ 15 minutes au réfrigérateur
Cuisson : 10 minutes
Pour 8 à 10 galettes

☆

750 g de filets de poisson à chair ferme (aiglefin, cabillaud, brochet), dépouillés, coupés en cubes
80 g de chapelure
3 oignons nouveaux, hachés
60 ml de jus de citron
2 cuil à café de poivre
1 cuil. à soupe d'aneth frais, haché
2 cuil. à soupe de persil frais, haché
90 g de cheddar râpé
1 œuf
Farine

Mayonnaise aux herbes
125 g de mayonnaise de bonne qualité
1 cuil. à soupe de persil frais, haché
1 cuil. à soupe de ciboulette fraîche, hachée
2 cuil. à café de câpres en conserve, égouttées et hachées

1 Faire chauffer le barbecue. Mixer le poisson 20 à 30 secondes, jusqu'à obtention d'un mélange homogène. Transférer dans une jatte.
2 Ajouter la chapelure, les oignons, le jus de citron, le poivre, les herbes, le cheddar et l'œuf. Bien mélanger et composer 8 à 10 galettes. Déposer sur un plateau et réfrigérer 15 minutes, le temps qu'elles soient fermes.
3 Rouler légèrement les galettes dans la farine, retirer l'excédent. Les cuire 2 à 3 minutes de chaque côté sur une grille de barbecue chaude légèrement huilée : elles doivent être dorées et bien cuites.
4 Dans un bol, bien mélanger la mayonnaise, les herbes et les câpres.
5 Servir les galettes chaudes avec la mayonnaise aux herbes et une salade.
NOTE : Ces galettes peuvent se préparer 3 heures à l'avance. Les couvrir et les réfrigérer. Les cuire juste avant de servir.

CÂPRES
Ce sont les boutons floraux du câprier, arbuste des régions méditerranéennes. Mis en conserve dans du vinaigre ou salés pendant qu'ils sont encore fermes, leur saveur particulière est appréciée surtout dans les sauces ; on s'en sert souvent comme garniture. Les câpres salées doivent être rincées avant utilisation.

PAGE CI-CONTRE : Brochettes de Saint-Jacques et de crevettes au miel (en haut) ; galettes de poisson

CALMARS À L'AIL ET AU PARMESAN

Préparation : 30 minutes + 10 minutes (marinade)
Cuisson : 5 minutes
Pour 2 à 4 personnes

☆

350 g de calmars
4 gousses d'ail, hachées
2 cuil. à soupe d'huile d'olive
2 cuil. à soupe de persil frais, finement haché
1 grosse tomate
25 g de parmesan râpé

1 Couper les calmars en deux dans le sens de la longueur, les rincer et les sécher. Tracer, sur la partie intérieure charnue, un motif en forme de croisillons, en prenant soin de ne pas la traverser. Les poser à plat, partie charnue au-dessus, et découper des rectangles de 6 x 2,5 cm.
2 Mélanger l'ail, l'huile, la moitié du persil, le sel et le poivre dans un bol. Ajouter les calmars et réfrigérer au moins 10 minutes.
3 Tracer une croix à la base de la tomate. Mettre dans une jatte en Pyrex, la recouvrir d'eau bouillante 30 secondes, puis la rafraîchir sous l'eau froide. La sécher et la peler. L'épépiner avec une cuillère à café et écraser la pulpe.
4 Faire chauffer à feu vif une poêle pour grillades légèrement huilée, ou un plat à barbecue. Cuire 2 fournées de calmars, en remuant souvent, jusqu'à ce qu'ils se rétractent et blanchissent. Ajouter la tomate et réchauffer.
5 Dresser les calmars sur un plat, saupoudrer de parmesan et décorer du reste de persil.

BROCHETTES DE POISSON EN SALSA DE MAÏS

Faire tremper des brochettes en bambou dans de l'eau froide 30 minutes. Dans un bol, mélanger 125 ml de jus de citron, 1 cuil. à soupe de persil frais haché, 1 cuil. à soupe de coriandre fraîche hachée et une gousse d'ail écrasée. Ajouter la moitié du mélange à 500 g de poisson à chair ferme (colin ou saumon) coupé en cubes. Les enfiler sur les brochettes et les cuire 5 minutes au barbecue sur une plaque huilée, en tournant les brochettes une ou deux fois, jusqu'à ce que la chair soit tendre. Égoutter 270 g de grains de maïs en boîte, mélanger avec 1 avocat et 1 tomate coupés en dés, 2 oignons nouveaux émincés et le reste de sauce au citron. Servir avec le poisson. Pour 4 personnes.

CI-DESSOUS : Calmars à l'ail et au parmesan

FILETS DE POISSON GRILLÉS

Préparation : 10 minutes + 1 heure (marinade)
Cuisson : 8 minutes
Pour 4 personnes

☆

2 cuil. à soupe d'huile d'olive
2 cuil. à soupe de jus de citron
2 cuil. à soupe de chutney aux fruits
1 cuil. à soupe de miel
1 cuil. à soupe de coriandre fraîche, hachée
2 gousses d'ail, écrasées
4 filets de poisson à chair ferme (dorade, flet, saint-pierre)

1 Dans un bol, mélanger l'huile d'olive, le jus de citron, le chutney, le miel, la coriandre et l'ail.
2 Mettre les filets de poisson dans un plat non métallique et les arroser de la marinade. Couvrir et réfrigérer 1 heure.
3 Préchauffer le grill à la chaleur maximale et déposer les filets de poisson sur une plaque à four huilée. Cuire les filets 4 à 6 minutes de chaque côté, en les badigeonnant de temps à autre de la marinade. La chair doit se défaire facilement.

DARNES DE SAUMON AU BARBECUE ET CONCOMBRES DOUX

Préparation : 15 minutes
Cuisson : 5 minutes
Pour 4 personnes

☆☆

2 petits concombres, pelés, épépinés et coupés en petits dés
1 oignon rouge, finement haché
1 piment rouge frais, finement haché
2 cuil. à soupe de gingembre en poudre
2 cuil. à soupe de vinaigre de riz
1/2 cuil. à café d'huile de sésame
4 darnes de saumon
1 feuille de nori (algues séchées) grillée, coupée en fines lanières

1 Dans une jatte, mélanger le concombre, l'oignon, le piment, le pickle, le vinaigre et l'huile de sésame, couvrir et laisser à température ambiante pendant la cuisson du saumon.

2 Huiler légèrement une plaque à barbecue et faire chauffer. Cuire le saumon environ 2 minutes de chaque côté, selon la cuisson souhaitée. Ne pas trop cuire le poisson pour éviter qu'il ne se dessèche. Idéalement, le cœur doit rester rose. Servir le saumon, recouvert de l'accompagnement au concombre. Décorer de nori grillé.
NOTES : Cette recette se réalise aussi avec des truites de mer.
La façon la plus simple de couper finement le nori est d'utiliser des ciseaux propres et secs.

CI-DESSUS : Filets de poisson grillés

BARRAMUNDA AUSTRALIEN

En Australie, le barramunda est considéré comme l'un des poissons comestibles les plus raffinés qui soit. Poisson d'estuaire, on le trouve également dans les baies, les lagons et les grands fleuves. C'est une prise si populaire parmi les pêcheurs amateurs du nord de l'Australie, que certains paient désormais très cher pour se faire héliporter dans des régions inaccessibles, où l'on trouve le barramunda. Son nom, d'origine aborigène, signifie « poisson de rivière à grandes écailles ».

CI-DESSUS : Crevettes pimentées

CREVETTES PIMENTÉES

Préparation : 20 minutes + 3 heures (marinade)
Cuisson : 10 minutes
Pour 4 personnes

☆

6 cuil. à soupe d'huile
2 cuil. à café de piment rouge séché, haché
4 grosses gousses d'ail, écrasées
1 cuil. à café de sel
1 kg de crevettes moyennes crues
75 g de beurre
60 ml de jus de citron

1 Bien mélanger l'huile, le piment, l'ail et le sel dans une jatte. Décortiquer les crevettes en gardant la queue intacte. Ôter le boyau en partant de la tête. Les ajouter à la marinade, couvrir et réfrigérer 3 heures en remuant de temps à temps.

2 Préchauffer le gril à la chaleur maximale. Déposer les crevettes en une seule couche sur un plat à four et les badigeonner de marinade. Faire griller 5 minutes, ou jusqu'à ce qu'elles soient tendres.

3 Entre-temps, faire fondre le beurre avec le jus de citron dans une petite poêle. Servir dans une saucière et en arroser les crevettes chaudes.

BROCHETTES DE BARRAMUNDA

Préparation : 20 minutes + 1 heure (marinade)
Cuisson : 30 minutes
Pour 4 personnes

☆

8 oignons au vinaigre, pelés
500 g de filets de barramunda (ou saint-pierre), dépouillés, coupés en dés de 2,5 cm
12 champignons de Paris
1 poivron rouge, coupé en dés

Marinade

2 cuil. à soupe d'huile
1 bonne pincée de thym déshydraté
1 bonne pincée d'origan déshydraté
125 ml de jus de citron
2 feuilles de laurier
1 cuil. à café de persil frais, haché

1 Mélanger tous les ingrédients de la marinade dans un plat creux non métallique.

2 Mettre les oignons dans une casserole d'eau bouillante et laisser frémir 15 minutes. Alterner le

poisson, l'oignon, les champignons et le poivron sur les brochettes. Laisser mariner 1 heure à couvert au réfrigérateur. Retourner souvent.
3 Préchauffer le gril à haute température. Griller les brochettes 10 à 15 minutes, en les retournant une ou deux fois.

POISSON GRILLÉ AUX OIGNONS ET AU GINGEMBRE

Préparation : 25 minutes
+ 20 minutes (marinade)
Cuisson : 25 minutes
Pour 4 à 6 personnes

☆

1 kg de petits poissons entiers, à chair blanche et ferme (empereur, brème, dorade royale), vidés et écaillés
2 cuil. à café de grains de poivre vert en conserve, égouttés
2 cuil. à café de piment rouge, haché
3 cuil. à café de sauce de poisson
3 cuil. à soupe d'huile
2 oignons, finement émincés
4 cm de gingembre frais, finement émincé
3 gousses d'ail, très finement émincées
2 cuil. à café de sucre
4 oignons nouveaux, finement émincés

Sauce au citron et à l'ail
60 ml de jus de citron
2 cuil. à soupe de sauce de poisson
1 cuil. à soupe de sucre
2 petits piments rouges frais, finement hachés
3 gousses d'ail, hachées

1 Rincer le poisson et bien l'essuyer. Pratiquer 2 ou 3 incisions en diagonales dans les parties les plus charnues de chaque côté. Dans un robot, bien mixer le poivre, le piment ainsi que la sauce de poisson et en badigeonner le poisson. Réfrigérer 20 minutes.
2 Préchauffer le gril ou une plaque de barbecue à la chaleur maximale, huiler avec 1 cuil. à soupe d'huile. Cuire le poisson 8 minutes de chaque côté, jusqu'à ce qu'il se défasse facilement. Pour le gril, ne pas placer le poisson trop près de la source de chaleur.
3 Entre-temps, chauffer le reste d'huile dans une casserole, puis faire revenir l'oignon à feu moyen, jusqu'à ce qu'il dore. Ajouter le gingembre, l'ail et le sucre ; cuire 3 minutes. Arroser le poisson de ce mélange et décorer avec l'oignon nouveau.
4 Mélanger les ingrédients de la sauce dans un bol jusqu'à dissolution du sucre. Servir avec le poisson.

CI-DESSOUS : Poisson grillé aux oignons et au gingembre

MARINADES ET SAUCES

Voici quelques recettes de marinades piquantes et de sauces épicées pour relever poissons et fruits de mer cuits au barbecue.

MARINADE ÉPICÉE AU YAOURT

(Pour des poissons à chair ferme, dépouillés: dorade, perche de mer, brème.)
Mélanger 400 g de yaourt nature, 1 cuil. à soupe de gingembre frais râpé, 1 de cumin, 1 de cannelle, 1 de coriandre et 1 de macis en poudre, ajouter 1 à 2 cuil. à soupe de zeste, 1 à 2 cuil. à soupe de jus de citron vert et 2 cuil. à soupe de menthe fraîche. Faire mariner 1 kg de filets de poisson, couvrir et réfrigérer 3 heures. Cuire sur une grille de barbecue chaude jusqu'à ce que la chair soit tendre. Pour 4 à 6 personnes.

SAUCE SUCRÉE ET ÉPICÉE

(Pour les scampis, les écrevisses et les cigales de mer). Dans une jatte, mélanger 250 ml de sauce au piment doux, 2 gousses d'ail écrasées, 1 à 2 cuil. à soupe de jus de citron, 1 cuil. à soupe d'huile d'arachide, 50 g de beurre fondu et 2 cuil. à soupe de coriandre fraîche hachée. Arroser 1 kg de scampis décortiqués de 1 cuil. à soupe d'huile et faire griller sur une plaque de barbecue huilée et chaude; les retourner et les badigeonner fréquemment de marinade. Accompagner du reste de sauce. Pour 4 à 6 personnes.

MARINADE AU CITRON VERT ET AU POIVRE

(Pour les crevettes et les darnes de poisson thon, espadon, saumon.)

Frire 60 g de grains de poivre gris dans un wok jusqu'à ce qu'ils soient odorants. Transférer dans un mortier ou dans un moulin à épices, ajouter 4 échalotes asiatiques hachées, puis moudre le tout. Mettre dans un plat creux et verser 80 ml de jus de citron vert, 1 cuil. à soupe de sel, 1 cuil. à café d'huile de sésame et 60 ml d'huile d'arachide. Ajouter 1 kg de filets de poisson à chair blanche ferme ou 1 kg de crevettes décortiquées (sauf la queue). Couvrir et réfrigérer 3 heures. Cuire en plusieurs fournées sur une plaque de barbecue chaude, jusqu'à ce que les fruits de mer soient tendres. Ne pas trop cuire le thon et le saumon. Pour 4 à 6 personnes.

MARINADE À L'AIL

(Pour les crevettes et le poisson.)
Dans un plat creux, mettre 6 gousses d'ail écrasées, 250 ml d'huile d'olive vierge extra, 1 cuil. à soupe de jus de citron et 1 cuil. à soupe d'aneth frais haché. Ajouter 1 kg de poisson à chair ferme blanche, coupé en cubes, ou 1 kg de crevettes décortiquées. Laisser macérer à couvert au réfrigérateur toute la nuit. Laisser ensuite à température ambiante, enfiler sur des brochettes, cuire au barbecue ou sur un gril en fonte. Pour 4 à 6 personnes.

MARINADE THAÏLANDAISE

(Pour les poulpes.)
Mélanger 125 ml de sauce de poisson, 4 feuilles de citron kaffir coupées en fines lanières, 2 à 3 cuil. à soupe de sucre de palme râpé ou de cassonade, le jus et le zeste de 2 citrons verts et 1 cuil. à café d'huile de sésame. Dans cette marinade, faire macérer 1 kg de poulpes nettoyés, à couvert toute la nuit. Bien les égoutter. Les cuire environ 3 minutes à feu très vif au barbecue, en les retournant souvent. Pour 4 à 6 personnes.

SAUCE BARBECUE TEXANE

(Pour tous les crustacés.)
Mélanger 250 ml de sauce tomate, 6 giclées de tabasco, 3 piments forts hachés réhydratés, 1 cuil. à soupe de vinaigre et 1 cuil. à soupe d'huile dans un bol. En badigeonner, durant leur cuisson, 1 kg de crevettes ou d'écrevisses.

DANS LE SENS DES AIGUILLES D'UNE MONTRE, EN PARTANT DU HAUT À GAUCHE : Marinade épicée au yaourt ; marinade au citron vert et au poivre ; marinade thaïlandaise ; sauce barbecue texane ; marinade à l'ail ; sauce sucrée et épicée

STEAKS DE THON À LA TAPENADE

Préparation : 15 minutes
+ 10 minutes de marinade
Cuisson : 6 minutes
Pour 4 personnes

☆

2 cuil. à soupe de tapenade (purée d'olives)
2 cuil. à soupe d'huile d'olive
2 gousses d'ail, finement hachées
2 cuil. à café de zeste de citron vert, finement râpé
4 steaks de thon
1 oignon nouveau, émincé en diagonale, pour décorer

1 Mélanger la tapenade, l'huile, l'ail, le zeste et une pincée de poivre gris. Badigeonner les deux faces des steaks et réfrigérer 10 minutes.
2 Déposer les steaks dans une poêle pour grillades légèrement huilée, ou sur le barbecue et griller 3 minutes de chaque côté, en les retournant une fois. La chair doit être rosée au centre. Décorer avec l'oignon nouveau.
NOTE : La recette se réalise aussi avec de l'espadon, du maquereau bonite ou de la carangue bleue.

BROCHETTES DE POISSON ÉPICÉ

Préparation : 15 minutes
+ 1 heure de marinade
Cuisson : 5 à 6 minutes
Pour 6 personnes

☆

1 kg de filets de poisson à chair ferme blanche (espadon, marlin rayé), dépouillés
2 gousses d'ail, écrasées
170 g de yaourt nature
1 cuil. à café de gingembre frais, haché
1 piment rouge frais, finement haché
2 cuil. à café de garam masala
1 cuil. à soupe de coriandre fraîche, hachée

1 Faire tremper 12 brochettes en bois 30 minutes pour éviter qu'elles ne brûlent à la cuisson. Couper le poisson en cubes de 3 cm.
2 Dans un bol, mélanger l'ail, le yaourt, le gingembre, le piment, le garam masala et la coriandre.
3 Enfiler les cubes de poisson sur les brochettes et les ranger dans un plat creux. Arroser de marinade, couvrir et réfrigérer 1 heure.
4 Bien préchauffer le gril ou la plaque de barbecue. Griller les brochettes 5 à 6 minutes, en les retournant de temps en temps. Le poisson est cuit lorsque

CI-CONTRE : Steak de thon à la tapenade

la chair se défait facilement. Servir avec du pain et une salade verte

BROCHETTES DE THON AU ROMARIN

Préparation : 20 minutes
Cuisson : 20 minutes
Pour 4 personnes

☆

3 tomates
[illegible] cuil. à soupe d'huile d'olive
2 à 3 piments rouges frais, égrainés et hachés
3 à 4 gousses d'ail, finement hachées
[illegible] oignon rouge, finement haché
[illegible]0 ml de vin blanc ou d'eau
[illegible]00 g de pois chiches, en boîte
[illegible] cuil. à soupe d'origan frais, haché
[illegible] cuil. à soupe de persil frais, haché
Quartiers de citron, pour décorer

Brochettes de thon
1 filet de thon de 1 kg, coupé en cubes de 4 cm
8 branchettes de romarin frais, d'environ 20 cm, avec les feuilles
Huile, pour la cuisson

1 Couper les tomates en deux ou en quatre, les épépiner avec une cuillère à café. Écraser grossièrement la pulpe.
2 Chauffer l'huile dans une grande sauteuse. Faire suer, à feu moyen, le piment, l'ail, l'oignon rouge, 5 minutes en remuant. Ajouter la tomate et le vin blanc ou l'eau. Laisser mijoter 10 minutes : le liquide va s'évaporer et la sauce s'épaissir.
3 Incorporer les pois chiches rincés, l'origan frais et le persil. Saler et poivrer à volonté.
4 Préchauffer le gril ou la plaque de barbecue. Enfiler le poisson sur les branchettes de romarin légèrement huilées, puis les cuire 3 minutes, en les retournant. Ne pas trop cuire le thon, sinon la chair sèche et s'émiette. Servir avec les pois chiches et des quartiers de citron.
NOTE : Cette recette se réalise aussi avec de l'espadon ou du saumon.

CI-DESSUS : Brochettes de thon au romarin

HOMARD THERMIDOR

Avec un couteau de cuisine tranchant, couper le homard en deux dans la longueur.

Prélever la chair et nettoyer les moitiés de carapace.

Couper la chair en cubes de 2 cm après l'avoir délicatement séchée.

Passer le homard farci sous le gril jusqu'à ce qu'il soit légèrement doré.

PAGE CI-CONTRE : Homard thermidor (en haut) ; homard sauce Mornay

HOMARD THERMIDOR

Préparation : 25 minutes
Cuisson : 5 à 10 minutes
Pour 2 personnes

☆☆

1 homard moyen cuit
80 g de beurre
4 oignons nouveaux, finement hachés
2 cuil. à soupe de farine
1/2 cuil. à café de moutarde sèche
2 cuil. à soupe de vin blanc ou de xérès
250 ml de lait
60 ml de crème fleurette
1 cuil. à soupe de persil frais, haché
60 g de gruyère râpé

1 Avec un couteau de cuisine tranchant, couper le homard en deux dans la longueur. Prélever la chair. Tordre les pinces et prélever la chair. Retirer ensuite l'estomac et le foie de la partie supérieure, puis l'intestin non comestible. Couper la chair en cubes de 2 cm, couvrir et réfrigérer. Rincer les moitiés de carapace, les égoutter et les sécher.
2 Dans une sauteuse, faire fondre 60 g de beurre. Faire revenir l'oignon nouveau 2 minutes. Incorporer la farine et la moutarde, puis cuire 1 minute jusqu'à ce que le roux devienne pâle et mousseux. Verser petit à petit le vin et le lait, hors du feu. Réchauffer, sans cesser de remuer, jusqu'à ébullition et épaississement. Réduire le feu et laisser frémir 1 minute. Ajouter la crème fleurette, le persil et la chair du homard. Saler et poivrer à volonté. Réchauffer le homard à feu doux.
3 Préchauffer le gril. Farcir la carapace du mélange, saupoudrer de gruyère et parsemer de noisettes de beurre. Passer sous le gril 2 minutes : la farce doit être légèrement dorée. Servir avec un mélange de salades (mesclun) et des rondelles de citron.

HOMARD SAUCE MORNAY

Préparation : 25 minutes + 15 minutes d'attente
Cuisson : 5 à 10 minutes
Pour 2 personnes

☆☆

1 homard moyen cuit
320 ml de lait
1 tranche d'oignon
1 feuille de laurier
6 grains de poivre gris
30 g de beurre
2 cuil. à soupe de farine
2 jaunes d'œuf battus
2 cuil. à soupe de crème fleurette
1 pincée de noix de muscade
60 g de cheddar râpé

1 Avec un couteau de cuisine tranchant, couper le homard en deux dans la longueur. Prélever la chair. Tordre les pinces et prélever la chair. Retirer ensuite l'estomac et le foie de la partie supérieure, puis l'intestin non comestible. Couper la chair en cubes de 2 cm, couvrir et réfrigérer. Rincer les moitiés de carapace, les égoutter et les sécher.
2 Chauffer le lait dans une casserole, avec l'oignon, le laurier, et les grains de poivre. Porter à ébullition. Retirer du feu, couvrir et laisser reposer 15 minutes. Tamiser la sauce.
3 Faire fondre le beurre dans une grande casserole et incorporer la farine, cuire 1 minute, jusqu'à ce que le roux soit pâle et mousseux. Verser le lait petit à petit hors du feu. Réchauffer, sans cesser de remuer, jusqu'à ébullition et épaississement. Réduire le feu et laisser frémir 1 minute. Ajouter hors du feu la crème, les 2 jaunes d'œuf et la pincée de muscade. Saler, poivrer à volonté.
4 Incorporer la chair de homard à la sauce et réchauffer doucement. Farcir la carapace et saupoudrer de cheddar. Passer le homard sous le gril 2 minutes, afin que le fromage fonde. Saupoudrer d'une pincée de paprika.

CI-DESSUS : Poisson farci au riz

POISSON FARCI AU RIZ

Préparation : 20 minutes
Cuisson : 12 à 15 minutes
Pour 4 personnes

☆

8 grosses orphies (ou merlans), écaillées et vidées
2 cuil. à café d'huile
1 petit oignon, finement haché
1 gousse d'ail, écrasée
1 tomate, finement hachée
1 cuil. à soupe de concentré de tomate
1/4 de poivron vert, finement haché
140 g de riz froid cuit
2 cuil. à café de sauce de soja

1 Bien rincer et sécher les poissons avec du papier absorbant.
2 Chauffer l'huile dans une casserole. Faire revenir l'oignon et l'ail à feu moyen 2 à 3 minutes. Ajouter la tomate, le concentré, le poivron, le riz et la sauce de soja, remuer 2 minutes. Transférer dans une jatte et laisser refroidir.
3 Préchauffer le gril à la chaleur maximale. Farcir les poissons et fermer avec des cure-dents. Mettre dans un plat à four huilé et griller 3 à 4 minutes de chaque côté ou jusqu'à ce que la chair se défasse facilement. Ôter les cure-dents avant de servir.
NOTE : Cette recette nécessite environ 60 g de riz sauvage blanc cuit.

SAINT-JACQUES GRILLÉES, SAUCE HOLLANDAISE AU CITRON VERT

Préparation : 20 minutes
Cuisson : 15 minutes
Pour 4 à 6 personnes

☆☆

500 g de noix de Saint-Jacques
2 cuil. à soupe d'huile d'olive
2 cuil. à café de poivre gris, concassé

Sauce hollandaise au citron vert
185 g de beurre
3 jaunes d'œufs

2 cuil. à café de zeste de citron vert, râpé
1 cuil. à soupe de jus de citron vert

1 Faire tremper 12 brochettes dans l'eau 30 minutes ou jusqu'à ce qu'elles coulent. Cela évitera qu'elles ne brûlent durant la cuisson.
2 Entre-temps, ôter tout boyau, membrane et tout muscle blanc dur des Saint-Jacques, en laissant le corail attaché. Les enfiler sur les brochettes. Huiler et poivrer, réserver au réfrigérateur.
3 Pour la sauce hollandaise au citron vert, faire fondre le beurre dans une petite casserole à feu doux, sans remuer. Laisser légèrement refroidir. Éliminer la mousse qui s'est formée en surface. Battre les jaunes d'œufs avec 3 cuil. à soupe d'eau dans un récipient en Pyrex. Placer le récipient au-dessus d'une casserole d'eau bouillante, laisser cuire pendant environ 3 minutes en fouettant, jusqu'à épaississement. Incorporer le beurre hors du feu. Ajouter l'écorce et le jus de citron vert, presque goutte à goutte, et remuer jusqu'à ce que le mélange commence à épaissir. Saler, poivrer à volonté.
4 Préchauffer le gril ou la plaque de barbecue et faire griller les noix de Saint-Jacques : elles doivent être dorées partout et la chair, à point. Ne pas trop les cuire, sinon elles deviennent comme du caoutchouc. Servir avec la sauce.

ROUGETS EN PAPILLOTE DE MAÏS

Préparation : 10 minutes
Cuisson : 5 à 6 minutes
Pour 6 personnes

☆

6 petits rougets, vidés et écaillés
12 brins de thym citron frais
1 citron, en rondelles
2 gousses d'ail, en lamelles
12 grandes feuilles de maïs (ou aluminium)
Huile d'olive
Poivre gris concassé

1 Rincer et sécher les poissons avec du papier absorbant. Remplir la cavité de thym, de citron et d'ail et poser chaque poisson dans 1 feuille de maïs. Huiler légèrement et poivrer. Refermer avec 1 autre feuille de maïs ; nouer les extrémités avec de la ficelle.
2 Les cuire 6 à 8 minutes au barbecue, en les retournant une fois. Ils sont cuits dès que la chair se défait facilement.
NOTES : Cette recette est également délicieuse avec des dorades roses. Il est possible de remplacer les feuilles de maïs par de l'aluminium.

CI-DESSOUS : Rougets en papillote de maïs

TRUITE ARC-EN-CIEL AU CITRON ET AUX HERBES

Préparation : 20 minutes
Cuisson : 15 minutes
Pour 4 personnes

☆☆

3 cuil. à soupe d'aneth frais, haché
2 cuil. à soupe de romarin frais, haché
4 cuil. à soupe de persil plat, grossièrement haché
2 cuil. à café de feuilles de thym frais, hachées
1 cuil. à soupe 1/2 de grains de poivre vert, broyés
80 ml de jus de citron
1 citron
4 truites arc-en-ciel
80 ml de vin blanc sec
1 citron vert, en rondelles, pour décorer

Sauce au raifort
1 cuil. à soupe de sauce au raifort
125 ml de crème fraîche
2 cuil. à soupe de crème fleurette

Sauce au citron
150 g de beurre
2 jaunes d'œufs
3 à 4 cuil. à soupe de jus de citron

CI-DESSOUS : Truite arc-en-ciel au citron et aux herbes

1 Préparer et faire chauffer le barbecue. Découper 8 feuilles de papier d'aluminium pour envelopper le poisson. Les empiler par 2 afin d'avoir une double épaisseur ; huiler légèrement celles du dessus.
2 Dans un bol, mélanger les herbes, le poivre vert, le jus de citron, saler, poivrer. Glisser des rondelles de citron dans les poissons. Essuyer tout résidu visqueux avec du papier absorbant. Farcir les poissons avec le mélange aux herbes.
3 Déposer chaque poisson sur une feuille d'aluminium et arroser de 1 cuil. à soupe de vin. Replier et former des petits paquets. Cuire au barbecue 10 à 15 minutes, jusqu'à ce que la chair se défasse facilement. Laisser les poissons 5 minutes de plus dans l'aluminium, les servir nappés des sauces au raifort et au citron.
4 Pour la sauce au raifort, mélanger les crèmes et le raifort dans un bol, saler et poivrer à volonté.
5 Pour la sauce au citron, faire fondre doucement le beurre dans une petite casserole, sans remuer. Éliminer la mousse qui s'est formée en surface. Mixer les jaunes d'œufs 20 secondes. Ajouter lentement le beurre en filet continu, toujours en mixant, jusqu'à ce qu'il soit bien incorporé et que le mélange soit épais et crémeux. Ajouter le jus de citron, saler et poivrer. Décorer les truites avec des rondelles de citron et des brins de ciboulette (facultatif).
NOTE : Cette recette se réalise aussi avec des petits saumons ou des darnes de saumons de l'Atlantique. Leur chair ressemble, tant dans la texture que dans le goût, à celle de la truite. Disposer le saumon sur des rondelles de citron et arroser du mélange aux herbes ; ou inciser le centre de la darne et farcir du mélange aux herbes et au citron. La cuisson est la même.

TRUITES DE MER, SAUCE AU POIREAU ET AUX CÂPRES

Préparation : 10 minutes
Cuisson : 10 minutes
Pour 4 personnes

☆

45 g de beurre fondu
4 filets épais de truite de mer, dépouillés

Sauce au poireau et aux câpres
50 g de beurre
1 blanc de poireau, finement émincé
250 ml de vin blanc
2 cuil. à soupe de câpres en conserve, égouttées
1 cuil. à soupe de persil plat frais, haché

1 Graisser un plat à four avec le beurre fondu, déposer la truite au fond et les arroser de beurre fondu. Passer sous le gril (chaleur modérée) et cuire jusqu'à ce que la chair se défasse facilement. Sortir du four, couvrir de papier d'aluminium et réserver.

2 Pour la sauce, faire fondre le beurre à feu doux, puis faire revenir doucement le poireau. Verser le vin et laisser frémir 3 à 4 minutes. Incorporer les câpres et le persil, saler et poivrer à volonté.

3 Napper les truites de la sauce chaude et servir avec des pommes de terre nouvelles à la vapeur.

NOTE : Cette recette se réalise aussi avec des filets ou des darnes de saumon (ou tout poisson à chair blanche ferme).

BROCHETTES DE POISSON TANDOORI

Tremper les brochettes dans de l'eau froide 30 minutes. Dans un bol, mélanger 250 g de yaourt nature, 2 gousses d'ail écrasées, 2 cuil. à café de curcuma, 2 cuil. à café de garam masala en poudre et 2 cuil. à café de gingembre frais râpé. Couper 500 g de poisson à chair ferme blanche en cubes de 3 cm (lingue, colin ou requin) ; couper 1 poivron rouge et 1 oignon en morceaux identiques. Enfiler, en les intercalant, les morceaux de légumes et de poisson sur les brochettes. Les faire macérer dans la marinade à couvert 1 heure au réfrigérateur. Préchauffer le gril ou la plaque de barbecue. Cuire le poisson 5 à 10 minutes, en le retournant : la chair doit être dorée. Pour 4 à 6 personnes.

CI-DESSUS : Truites de mer, sauce au poireau et aux câpres

PLATEAU INTERNATIONAL DE FRUITS DE MER AU BARBECUE

Préparation : 40 minutes
+ 1 heure de congélation
Cuisson : 30 minutes
Pour 6 personnes

☆☆☆

6 cigales de mer crues
30 g de beurre fondu
1 cuil. à soupe d'huile
12 moules de bouchot
12 noix de Saint-Jacques non détachées de leur coquille
12 huîtres
18 grosses crevettes crues, non décortiquées

Salsa verde, pour les noix de Saint-Jacques

1 cuil. à soupe de citron confit finement haché (voir note)
20 g de feuilles de persil frais
1 cuil. à soupe de câpres en conserve, égouttées
1 cuil. à soupe de jus de citron
Environ 3 cuil. à soupe d'huile

Vinaigrette aux échalotes, pour les moules

60 ml de vinaigre de vin blanc
4 échalottes, finement hachées
1 cuil. à soupe de cerfeuil frais, haché

Sauce au gingembre au vinaigre et à la sauce wasabi, pour les huîtres

1 cuil. à café de sauce de soja
60 ml de mirin
2 cuil. à soupe de vinaigre de riz
1/4 de cuil. à café de pâte de wasabi
2 cuil. à soupe de gingembre en poudre

Sauce sucrée au vinaigre balsamique, pour les cigales de mer

1 cuil. à soupe d'huile d'olive
1 cuil. à soupe de miel
125 ml de vinaigre balsamique

Sauce thaïlandaise à la coriandre, pour les crevettes

125 ml de sauce de piment doux
1 cuil. à soupe de jus de citron vert
2 cuil. à soupe de coriandre fraîche, hachée

1 Congeler les cigales de mer 1 heure pour les immobiliser. Les couper en deux avec un couteau tranchant, puis les badigeonner de beurre et d'huile mélangés. Réserver pendant la préparation des autres fruits de mer.

2 Gratter les moules avec une brosse dure et les ébarber. Jeter les moules abîmées et celles que l'on ne parvient pas à fermer. Bien les rincer.

3 Ôter tout boyau, membrane et tout muscle blanc dur des Saint-Jacques, en laissant le corail attaché. Les badigeonner les noix de beurre et d'huile mélangés.

4 Ôter les huîtres de leur coquille, rincer les coquilles à l'eau froide. Les essuyer et remettre les huîtres dedans. Couvrir et réfrigérer tous les fruits de mer pendant la préparation des sauces.

5 Pour la salsa verde, mixer grossièrement les ingrédients en procédant par à-coups. Mettre dans un bol et incorporer suffisamment d'huile pour que le mélange soit onctueux, saler et poivrer. En déposer une bonne cuillerée sur les Saint-Jacques cuites.

6 Pour la vinaigrette, bien mélanger le vinaigre, les échalotes et le cerfeuil dans un bol. En arroser les moules cuites.

7 Pour la sauce au gingembre et au wasabi, bien mélanger les ingrédients dans un bol. En napper les huîtres cuites.

8 Pour la sauce au vinaigre balsamique, chauffer l'huile dans une poêle, ajouter le miel et le vinaigre et porter à ébullition jusqu'à réduction de moitié. En arroser les cigales de mer cuites.

9 Pour la sauce thaïlandaise à la coriandre, bien mélanger les ingrédients dans un pichet ou un bol et en arroser les crevettes cuites.

10 Cuire les fruits de mer au barbecue en plusieurs fournées (selon la taille du barbecue) sur une grille et une plaque préchauffées. Les cigales de mer cuisent plus longtemps, environ 5 minutes ; ils sont cuits lorsque leur chair vire au blanc et se décolle de la coquille. Les moules, les noix de Saint-Jacques, les huîtres et les crevettes cuisent entre 2 à 5 minutes.

NOTES : Pour les citrons confits, ôter et jeter la pulpe. Rincer la peau afin de retirer l'excédent de sel et les hacher finement.

Le mirin, le vinaigre de riz et le gingembre s'achètent dans les épiceries asiatiques.

HUÎTRES

Sur les étals, on trouve des huîtres fraîchement ouvertes, présentées dans leur moitié de coquille, elles reposent sur de la glace pilée ; elles sont également vendues fermées. Les huîtres ouvertes peuvent être mises en conserve ou séchées. En achetant des huîtres préouvertes, veillez à ce que la chair soit humide et ferme. Elles doivent avoir un aspect crémeux, baigner dans un liquide clair (liqueur d'huîtres) et ne pas contenir de débris de coquille. Une odeur d'eau de mer doit, en outre, s'en dégager. Si l'on préfère les ouvrir soi-même, choisissez des huîtres bien fermées et non abîmées.

PAGE CI-CONTRE : Plateau international de fruits de mer au barbecue

CIGALES DE MER, BEURRE AU CITRON VERT ET À LA CORIANDRE

Mettre le beurre au citron vert et à la coriandre sur une feuille d'aluminium.

Enrouler le beurre, bien replier les extrémités.

CI-CONTRE : Cigales de mer, beurre au citron vert et à la coriandre

CIGALES DE MER, BEURRE AU CITRON VERT ET À LA CORIANDRE

Préparation : 10 minutes
+ temps de réfrigération
Cuisson : 5 à 6 minutes
Pour 4 à 6 personnes

☆

- 90 g de beurre ramolli
- 2 cuil. à café de zeste de citron vert, finement râpé
- 2 cuil. à soupe de jus de citron vert
- 2 cuil. à soupe de coriandre fraîche, hachée
- 3 cuil. à café de poivre gris concassé
- 1 kg de cigales de mer crues
- 3 gousses d'ail, écrasées
- 2 cuil. à soupe d'huile

1 Amalgamer le beurre avec le zeste et le jus de citron vert, la coriandre et le poivre. Mettre ce beurre aromatisé au centre d'une feuille d'aluminium et former un rouleau ; bien replier les extrémités. Réfrigérer.

2 Remplir une jatte de glace, d'eau et d'une pincée de sel. Immerger les cigales de mer vivantes 20 à 30 minutes.

3 Faire chauffer le barbecue. Disposer les bugs, l'ail et l'huile dans un plat à barbecue et cuire 5 à 6 minutes, jusqu'à ce que les cigales virent à l'orange

POISSON PANÉ

Préchauffer le grill. Déposer 4 filets de saint-pierre, de dorade, de flet ou de colin sur un plat à four légèrement huilé et les griller 3 à 4 minutes environ. Dans un bol, mélanger 80 g de chapelure, 2 œufs durs hachés, 2 oignons nouveaux hachés, 50 g de beurre fondu et 1 cuil. à soupe de persil frais haché. Saler et poivrer à volonté. Rouler les filets dans la panure. Passer sous le gril 1 à 2 minutes ou jusqu'à ce que la chair soit à point et les filets légèrement dorés. Pour 4 personnes.

vif, la chair doit blanchir et se décoller de la carapace. Les parsemer de rondelles de beurre aromatisé.

CREVETTES GRILLÉES AU CONCOMBRE VINAIGRÉ

Préparation : 30 minutes
Cuisson : 5 minutes
Pour 4 personnes

☆

60 ml de vinaigre de vin blanc
90 g de sucre en poudre
2 cuil. à soupe de jus de citron vert
2 cuil. à soupe de sauce de poisson
1 long piment rouge, épépiné, coupé en fines lamelles
1 long piment vert, épépiné, coupé en fines lamelles
2 oignons nouveaux, émincés en diagonale
1 petit concombre, pelé, coupé en deux, épépiné et finement émincé
2 cuil. à soupe de coriandre fraîche, hachée
24 crevettes crues

1 Mélanger le vinaigre de vin blanc avec le sucre en poudre dans une poêle, puis porter à ébullition. Remuer, retirer du feu et laisser refroidir. Incorporer le jus de citron vert, la sauce au poisson, les piments, les oignons, le concombre et la coriandre.
2 Cuire les crevettes sur une grille ou un plat à barbecue (chaleur moyenne) 1 à 2 minutes de chaque côté. Les arroser de la sauce.
NOTE : Cette recette se réalise aussi avec des écrevisses. Les cuire un peu plus longtemps.

SCAMPIS AUX HERBES ET AU CIDRE DOUX

Préparation : 15 minutes + 1 heure de congélation + 1 heure (marinade)
Cuisson : 5 à 10 minutes
Pour 4 personnes

☆

12 scampis crus ou Balmain bugs
60 ml d'huile d'olive
125 ml de jus de citron
2 gousses d'ail, écrasées
5 cuil. à soupe de persil plat, finement haché
2 cuil. à soupe d'aneth frais, finement haché
60 ml de cidre
30 g de beurre

1 Congeler les scampis 1 heure pour les immobiliser, puis les couper en deux dans le sens de la longueur. Les ranger dans un plat creux non métallique. Mélanger l'huile, le jus de citron, l'ail, le persil et l'aneth et en arroser les fruits de mer. Couvrir et réfrigérer au moins 1 heure.
2 Les cuire 2 minutes au barbecue, la coquille au-dessous, retourner et cuire jusqu'à ce que la chair soit tendre (les cigales cuisent un peu plus longtemps).
3 Chauffer le cidre dans une petite casserole, le temps qu'il réduise aux deux tiers. Réduire le feu et incorporer le beurre en remuant jusqu'à ce qu'il ait fondu. Arroser les scampis de la sauce. Servir.

CI-DESSUS : Crevettes grillées au concombre vinaigré

CALMARS AU BARBECUE

Retirer délicatement les tentacules de la calotte.

Couper sous les yeux pour retirer les intestins.

Frotter les calottes sous l'eau froide et retirer la peau.

CI-DESSUS : Calmars au barbecue

CALMARS AU BARBECUE

Préparation : 40 minutes
+ 30 minutes de réfrigération
Cuisson : 10 minutes
Pour 6 personnes

✯

500 g de petits calmars (voir note)
1/4 de cuil. à café de sel

Sauce picada
2 cuil. à soupe d'huile d'olive vierge extra
2 cuil. à soupe de persil plat, finement haché
1 gousse d'ail, écrasée
1/4 de cuil. à café de poivre gris concassé

1 Nettoyer les calmars : retirer délicatement les tentacules de la calotte (les intestins devraient venir avec). Pour ce faire, inciser juste au-dessous des yeux. Couper les organes de la mastication au centre des tentacules. Ôter l'os transparent de la calotte.

2 Frotter les calottes sous l'eau froide : la peau doit alors s'en aller facilement. Bien rincer la calotte et les tentacules et les égoutter. Les mettre dans un bol, saler et bien mélanger. Couvrir et réfrigérer environ 30 minutes.

3 Préchauffer une plaque à barbecue légèrement huilée ou le gril à la chaleur maximale.

4 Pour la sauce picada, bien mélanger l'huile d'olive, le persil, le poivre et une pincée de sel dans un petit pichet ou un bol.

5 Cuire les calmars en plusieurs fournées au barbecue ou au gril, environ 2 à 3 minutes, jusqu'à ce que les calottes blanchissent et soient tendres. Cuire les tentacules 1 minute au barbecue ou au gril, en les retournant pour qu'ils soient uniformément dorés : ils doivent se rétracter. Arroser de sauce picada et servir chaud.

NOTES : Choisir la plus petite variété de calmars existante. Il est également possible d'utiliser, pour cette recette, des poulpes, des crevettes, voire du poisson à chair blanche et ferme.
Préparer la sauce picada juste avant de servir, sinon le persil risque de perdre sa couleur.

POULPES GRILLÉS

Préparation : 15 minutes
+ 3 heures (marinade)
Cuisson : 5 minutes
Pour 4 personnes

☆☆

1 kg de poulpes
185 ml de vin rouge
2 cuil. à soupe de vinaigre balsamique
2 cuil. à soupe de sauce de soja
2 cuil. à soupe de sauce hoisin
1 gousse d'ail, écrasée

1 Rincer et essuyer soigneusement les poulpes. À l'aide d'un petit couteau aiguisé, couper les têtes et les jeter. Si les poulpes sont gros, couper les tentacules en deux.
2 Mettre les poulpes dans une jatte. Mélanger le vin, le vinaigre, les sauces et l'ail dans un pichet, en arroser uniformément les poulpes. Couvrir et réfrigérer au moins 3 heures, voire la nuit entière.
3 Préchauffer le gril ou le barbecue à la chaleur maximale. Égoutter les poulpes, réserver la marinade. Sur une plaque légèrement huilée, cuire 3 à 5 minutes en plusieurs fournées, en les badigeonnant de marinade. La chair doit blanchir. Servir froid ou chaud.

BROCHETTES DE CREVETTES À LA CITRONNELLE

Décortiquer soigneusement 400 g de crevettes moyennes crues. Mélanger dans un bol 1 1/2 cuil. à soupe de cassonade et 1 1/2 cuil. à soupe de jus de citron vert, 2 cuil. à café de pâte de curry vert et 2 feuilles de citron kaffir coupées en fines lanières. Ajouter les crevettes et réfrigérer plusieurs heures. Couper 2 tiges de citronnelle de 20 cm dans la longueur, en gardant la racine : on obtient 4 « brochettes ». Enfiler les crevettes dessus. Cuire au gril ou au barbecue. En accompagnement, préparer une salsa avec 1 mangue finement hachée, 2 cuil. à café de jus de citron vert, 1 cuil. à café de zeste de citron vert râpé et 1/2 cuil. à café de sucre de palme râpé ou de cassonade. Pour 4 personnes.

FRUITS DE MER ET POISSONS AU BARBECUE

Préparer le barbecue à l'avance. La chaleur doit être maximale pour les poulpes et les crustacés, et moyenne pour les poissons. Afin de savoir si la chaleur est suffisante, mettre les mains au-dessus du barbecue : on doit les retirer avant 2 à 3 secondes lorsque la chaleur est maximale, avant 3 à 4 secondes, lorsqu'elle est moyenne. Bien essuyer les poulpes marinés de façon qu'ils cuisent rapidement et ne baignent pas dans la marinade. Si nécessaire, les cuire en plusieurs fournées : quand la grille est trop chargée, la température ne reste pas constante.

CI-DESSUS : Poulpes grillés

POISSONS ET FRUITS DE MER FUMÉS

Il existe deux méthodes de fumage : le fumage chaud, qui peut être réalisé à la maison et le fumage froid, qui est réservé à l'industrie. Le poisson fumé se conserve 3 à 5 jours.

Le fumage à froid est la méthode industrielle pour produire du saumon fumé. En fait, le poisson est fumé à basse température sans être cuit. Le fumage à chaud, décrit ici, nécessite un appareil à fumer. Il est particulièrement recommandé pour les truites entières et les maquereaux. Le poisson est simultanément fumé et cuit.

SALAISON

Avant de fumer un poisson, le faire tremper dans de l'eau salée, ou frotter activement sa peau avec une grosse quantité de sel : cela favorise la conservation et fait ressortir le goût. Afin de savoir si la saumure est de bonne qualité, plonger une pomme de terre dans l'eau saumurée : tant qu'elle ne flotte pas, ajouter du sel. Dès qu'elle flotte, plonger le poisson entier 3 heures, 2 heures s'il est vidé, 30 minutes pour des filets. Ensuite, rincer le poisson et les entrailles, si nécessaire. On peut faire « sauter » l'étape si le temps manque, mais dans ce cas le poisson ne se conservera pas après fumage et devra être consommé immédiatement. Les pois-

sons non vidés sont les plus adaptés au fumage à chaud. Se renseigner auprès du poissonnier.

QUEL BOIS POUR LE FUMAGE ?

Le hickory, le chêne, le pommier, ou tout bois dur disponible dans le commerce pour le barbecue, peuvent être utilisés. Les résineux, le pin par exemple, sont à éviter, car ils donnent au poisson un goût désagréable d'antiseptique. En revanche, les aromates (thym, romarin, laurier) imprègnent le poisson de leurs saveurs subtiles.

FUMER UN POISSON ENTIER

Pour fumer un poisson soi-même, il faut avant tout disposer d'un appareil à fumer ou d'un fumoir. La recette qui suit utilise un appareil à fumer, plus courant.

1 Mettre dans un récipient non réactif une bonne poignée de petit bois, ajouter 125 ml de vin blanc ou d'eau et laisser macérer 1 heure. Bien les égoutter.
2 Entre-temps, allumer le charbon et attendre que les boulets blanchissent.
3 Farcir 4 truites arc-en-ciel de fines rondelles de citron vert et d'oignon rouge. Attacher un bouquet d'herbes fraîches (laurier, aneth, thym-citron, persil) autour de la queue.
4 Lever la grille avec précaution et parsemer de petit bois.
5 Déposer les truites directement sur la grille légèrement huilée ou sur une double épaisseur de papier d'aluminium. Badigeonner d'huile d'olive, assaisonner de sel et de poivre noir concassé. Couvrir et fumer 7 à 15 minutes : la chair doit se défaire facilement. Le temps de cuisson varie selon la taille du poisson.

FUMER DES FILETS

Procéder de la même façon pour les filets de poisson ou les poissons ouverts en deux et aplatis, le temps de cuisson variant selon la taille des filets. Les poissons gras sont recommandés (saumon, maquereau).

FUMER DES MOULES

Elles n'ont pas besoin d'être saumurées. Les gratter et les ébarber. Jeter celles que l'on ne parvient pas à fermer. Mettre les moules dans un plat à four, puis sur le barbecue préparé. Cuire à couvert 3 à 5 minutes.

ESPADON
La mâchoire supérieure de ce poisson est prolongée par une épée, d'où son surnom d'« épée de mer ». Il abonde dans toutes les mers chaudes. Sa chair ayant une texture proche de celle de la viande, il convient bien aux recettes épicées des cuisines cajun et indienne.

PAGE CI-CONTRE : Espadon cajun (en haut) ; escalopes de poisson tandoori

ESPADON CAJUN

Préparation : 15 minutes
Cuisson : 10 minutes
Pour 4 personnes

☆

1 cuil. à soupe d'ail en poudre
1 cuil. à soupe d'oignon en poudre
2 cuil. à café de poivre blanc
2 cuil. à café de poivre noir concassé
2 cuil. à café de thym déshydraté
2 cuil. à café d'origan déshydraté
1 cuil. à café de poivre de Cayenne
4 darnes d'espadon
Huile, pour la cuisson
Quartiers de citron vert, pour servir
Yaourt, pour servir (facultatif)

1 Dans un bol, mélanger épices et aromates.
2 Essuyer les darnes d'espadon avec du papier absorbant et les rouler dans le mélange. Ôter tout excédent.
3 Faire chauffer une plaque à barbecue, la huiler légèrement. Cuire les darnes 4 à 5 minutes environ de chaque côté, selon leur épaisseur. Accompagner de quartiers de citron vert et, éventuellement, de yaourt.
NOTE : Cette recette se réalise aussi avec du thon, de la dorade coryphère ou du marlin rayé.

ESCALOPE DE POISSON TANDOORI

Préparation : 15 minutes + 1 nuit (marinade)
Cuisson : 8 minutes
Pour 4 personnes

☆

4 escalopes de poissons (dorade royale, carangue bleue)
60 ml de jus de citron
1 oignon, finement haché
2 gousses d'ail, écrasées
1 cuil. à soupe de gingembre frais, râpé
1 piment rouge frais
1 cuil. à soupe de garam masala
1 cuil. à café de paprika
1/4 de cuil. à café de sel
500 g de yaourt épais à la grec
Colorants alimentaires rouge et jaune

1 Bien essuyer les escalopes avec du papier absorbant et les ranger dans un plat creux non métallique. Les arroser de jus de citron.
2 Dans un mixeur, hacher l'oignon, l'ail, le gingembre, le piment, le garam masala, le paprika et le sel. Mettre dans un bol et incorporer le yaourt et assez de colorants alimentaires pour obtenir la couleur d'un vrai tandoori (orange foncé). Recouvrir le poisson de marinade, couvrir et réfrigérer toute la nuit.
3 Préchauffer le barbecue. Ôter les escalopes de la marinade et les égoutter légèrement. Les cuire au barbecue ou sous le gril 3 à 4 minutes de chaque côté : la chair doit se défaire facilement. Ce plat est délicieux accompagné de yaourt et de jeunes pousses d'épinard.

POISSON GRILLÉ

Préparation : 5 minutes
Cuisson : 5 à 10 minutes
Pour 4 personnes

☆

30 g de beurre, fondu
4 filets de poisson (perche, dorade royale, cabillaud, brème, merlan, saint-pierre), dépouillés de leur peau
Quartiers de citron, pour servir

1 Préchauffer le gril et couvrir le plateau d'aluminium. L'enduire avec un peu de beurre fondu.
2 Disposer les filets sur la grille, les arroser du reste de beurre. Saler et poivrer légèrement.
3 Les faire griller 5 à 10 minutes environ : la chair doit se défaire facilement. Le temps de cuisson dépend de l'épaisseur des filets. Servir avec des quartiers de citron.
NOTE : Durant la cuisson, on peut arroser le poisson de citron.

CI-DESSUS : *Crevettes à la mayonnaise à l'aneth*

CREVETTES À LA MAYONNAISE À L'ANETH

Préparation : 15 minutes
+ 2 heures (marinade)
Cuisson : 10 à 15 minutes
Pour 4 personnes

☆

Marinade
125 ml d'huile d'olive
80 ml de jus de citron
2 cuil. à soupe de moutarde en grains
2 cuil. à soupe de miel
2 cuil. à soupe d'aneth frais, haché
20 grosses crevettes crues

Mayonnaise à l'aneth
185 g de mayonnaise aux œufs entiers
2 cuil. à soupe d'aneth frais, haché
1 cuil. à soupe 1/2 de jus de citron
1 cornichon, finement haché
1 cuil. à café de câpres en conserve, égouttées et hachées
1 gousse d'ail, écrasée

1 Préparer la marinade. Dans un bol, mélanger l'huile, le jus de citron, la moutarde, le miel et l'aneth. Bien en enrober les crevettes entières. Couvrir et réfrigérer au moins 2 heures, en les retournant de temps en temps.
2 Préparer la mayonnaise. Dans un bol, fouetter tous les ingrédients : aneth, jus de citron, cornichon, câpres, ail dans un bol. Couvrir et réfrigérer.
3 Huiler légèrement une poêle pour grillade, une grille ou une plaque à barbecue chaude. Cuire les crevettes égouttées 4 minutes en plusieurs fournées à feu vif. Les retourner souvent : elles doivent être roses. Servir avec la mayonnaise à l'aneth.

THON AU SOJA ET AU MIEL

Préparation : 15 minutes
+ 1 heure de réfrigération
Cuisson : 8 à 10 minutes
Pour 4 personnes

☆

4 steaks de thon
10 cm de gingembre frais, pelé et coupé en fine julienne
2 oignons nouveaux, finement émincés
2 cuil. à soupe de miel
2 cuil. à soupe de vinaigre balsamique
125 ml de sauce de soja douce

1 Mettre le thon, le gingembre et l'oignon dans un plat creux non métallique.
2 Mélanger le miel, le vinaigre et la sauce de soja dans un petit bol. Verser la marinade sur les steaks de thon ; bien les recouvrir. Réfrigérer 1 heure à couvert.
3 Faire chauffer la grille du barbecue et cuire les steaks 3 à 4 minutes de chaque côté. Le temps de cuisson dépend de l'épaisseur des steaks et de la cuisson désirée.
NOTE : Cette recette se réalise aussi avec de l'espadon, du maquereau bonite ou du marlin rayé.

SAUMON À LA CRÈME D'ANETH

Préparation : 25 minutes
Cuisson : 25 minutes
Pour 4 personnes

☆☆

4 petits saumons
4 gousses d'ail, pelées
2 citrons, en rondelles
8 feuilles de laurier frais
8 brins de persil plat frais
8 brins de thym frais
Huile d'olive, pour la cuisson

Crème à l'aneth
90 g de beurre
250 ml de fumet de poisson
1 cuil. à café 1/2 de moutarde en grains
250 ml de crème fleurette
2 cuil. à soupe de jus de citron
3 cuil. à soupe d'aneth frais, haché

1 Préchauffer le barbecue ou une poêle à bois à feu vif. Nettoyer l'intérieur et l'extérieur des saumons, les essuyer avec du papier absorbant. Insérer dans la cavité une gousse d'ail, quelques rondelles de citron et une feuille de laurier. Attacher 1 brin de thym et de persil à la queue avec de la ficelle. Garder le reste des herbes. Badigeonner les poissons d'un peu d'huile d'olive.

2 Préparer la crème. Faire fondre le beurre dans une casserole, incorporer le fumet, la moutarde et la crème. Porter à ébullition, réduire le feu et laisser frémir 15 minutes, jusqu'à léger épaississement. Ajouter l'aneth et le jus de citron. Réserver au chaud. Saler et poivrer à volonté.

3 Entre-temps, faire griller les poissons sur le barbecue ou au feu de bois 3 à 6 minutes environ de chaque côté, en les retournant délicatement. Jeter le bouquet. Attacher un nouveau bouquet de persil, de thym et de laurier frais à la queue. Servir chaud avec la crème à l'aneth.

NOTE : Cette recette se réalise aussi avec de la truite arc-en-ciel.

CI-DESSOUS : Saumon à la crème d'aneth

PÂTES ET RIZ

Quelle évolution depuis l'époque où nos ancêtres déterraient les graines, pêchaient et remuaient la vase pour trouver des palourdes, sans jamais penser à associer dans leurs gamelles les saveurs de la nature - citron, aneth - pourtant à portée de main ! De nos jours, manger est devenu davantage un plaisir qu'une simple nécessité. Il est donc normal d'inventer et de concocter des plats mélangeant saveurs et textures, notamment celles des pâtes et du riz au poisson et aux fruits de mer.

RISOTTO AUX FRUITS DE MER

Gratter les moules avec une brosse dure et les ébarber.

Verser graduellement le fumet dans le riz jusqu'à totale absorption.

Mettre les moules dans une casserole d'eau en ébullition, et les faire ouvrir à couvert.

Saupoudrer le risotto des herbes et du parmesan.

RISOTTO AUX FRUITS DE MER

Préparation : 25 minutes
Cuisson : 45 à 50 minutes
Pour 4 personnes

★★

- 8 à 10 moules
- 8 crevettes moyennes crues
- 150 g de filet de poisson à chair blanche et ferme (colin, lingue, cabillaud), dépouillés et coupés en cubes
- 1,75 l de fumet de poisson ou de poulet
- 2 cuil. à soupe d'huile
- 2 oignons, finement hachés
- 2 gousses d'ail, finement hachées
- 1 branche de céleri, finement hachée
- 450 g de riz arborio
- 2 cuil. à soupe de persil frais, haché
- 1 cuil. à soupe d'origan frais, haché
- 1 cuil. à soupe de thym frais, haché
- 2 cuil. à soupe de parmesan, fraîchement râpé

1 Gratter les moules avec une brosse dure et les ébarber. Jeter les moules abîmées et celles que l'on ne parvient pas à refermer. Bien les rincer, les réfrigérer.

2 Décortiquer les crevettes et ôter le boyau en partant de la tête et en laissant la queue intacte. Réserver les crevettes et le poisson dans un bol, couvrir et réfrigérer.

3 Dans une casserole, porter le fumet à ébullition, réduire le feu et laisser frémir. Couvrir.

4 Chauffer un peu d'huile dans une sauteuse à feu moyen. Faire revenir l'oignon, l'ail et le céleri 2 à 3 minutes. Verser 2 cuil. à soupe d'eau, couvrir et poursuivre la cuisson 5 minutes. Ajouter le riz. Le laisser cuire 3 à 4 minutes à feu moyen sans cesser de remuer.

5 À feu doux, verser doucement le fumet chaud sur le riz, par dose de 125 ml. Remuer avec une cuillère en bois jusqu'à totale absorption des 125 ml, puis recommencer jusqu'à ce qu'il n'y ait plus de fumet (en réserver un peu pour la suite de la recette). Au fur et à mesure, le riz devient tendre.

6 Entre-temps, amener à ébullition 60 ml d'eau dans une casserole. Ajouter les moules et les faire ouvrir à couvert environ 4 à 5 minutes, en secouant de temps en temps. Les égoutter et jeter celles qui sont demeurées fermées. Les réserver.

7 Incorporer le poisson, les crevettes et le fumet réservé au riz. Cuire le tout 5 à 10 minutes : les fruits de mer et le poisson doivent être juste cuits et le riz, onctueux. Ôter du feu, ajouter les moules, couvrir et réchauffer 5 minutes. Saupoudrer des herbes et du parmesan, saler et poivrer. Servir sans attendre.

CI-CONTRE : Risotto aux fruits de mer

RAVIOLIS AUX CREVETTES, BEURRE AU BASILIC

Préparation : 30 minutes
+ 30 minutes de réfrigération
Cuisson : 20 minutes
Pour 4 personnes

☆☆

500 g de crevettes moyennes crues
1 cuil. à soupe de ciboulette fraîche, hachée
1 blanc d'œuf, légèrement battu
350 ml de crème fleurette
200 g de crêpes à gow gee
1 œuf, légèrement battu

Beurre au basilic
90 g de beurre
1 gousse d'ail, écrasée
15 g de feuilles basilic frais, finement ciselées
40 g de pignons de pin

1 Décortiquer les crevettes et ôter le boyau en partant de la tête. Dans un robot, mixer la ciboulette, le blanc d'œuf et les crevettes jusqu'à obtenir un mélange onctueux. Saler, poivrer. Incorporer la crème en prenant garde à ne pas trop mixer, sinon la sauce retomberait. Transférer dans un bol, couvrir et réfrigérer 30 minutes.

2 Déposer 2 à 3 cuil. à café du mélange au centre de la moitié des crêpes à gow gee, badigeonner les bords d'œuf battu, puis sceller les raviolis avec une autre crêpe en pinçant les bords. Pocher les raviolis 4 minutes en plusieurs fournées dans une grande casserole d'eau en ébullition. Les égoutter avec précaution et les dresser sur les assiettes de service chaudes.

3 Faire fondre le beurre à feu doux dans une poêle, ajouter l'ail et remuer jusqu'à ce qu'il soit odorant. Ajouter le basilic, les pignons, du poivre noir fraîchement moulu. Le beurre au basilic est prêt lorsqu'il prend une couleur noisette. Le verser sur les pâtes. Servir sans attendre.

NOTE : Les crêpes à gow gee s'achètent dans les épiceries asiatiques.

PIGNONS DE PIN
Ces petites graines proviennent des pignes (ou pommes de pin) du pin parasol. Elles sont très présentes dans la cuisine du bassin méditerranéen : en Turquie, elles agrémentent le riz ; en Italie, elles sont utilisées dans les sauces, comme le pesto, pour accommoder les pâtes. Pour plus de saveur, les faire légèrement dorer avant emploi.

CI-DESSUS : Raviolis aux crevettes, beurre au basilic

CI-DESSUS : Lasagnes aux fruits de mer

LASAGNES AUX FRUITS DE MER

Préparation : 15 minutes
Cuisson : 45 minutes
Pour 4 à 6 personnes

☆☆

250 g de plaques de lasagnes
125 g de noix de Saint-Jacques
500 g de crevettes moyennes crues
500 g de filets de poisson (colin, dorade royale, roussette, escolier royal, lingue), dépouillés
125 g de beurre
1 blanc de poireau, finement émincé
85 g de farine
500 ml de lait
500 ml de vin blanc sec
125 g de cheddar, râpé
125 ml de crème fleurette
60 g de parmesan, râpé
2 cuil. à soupe de persil frais, haché

1 Préchauffer le four à 180 °C. Garnir le fond d'un plat à gratin carré (environ 30 cm de côté) huilé de plaques de lasagnes, en les brisant délicatement pour combler les vides. Réserver.
2 Ôter tout boyau, membrane et muscle blanc dur des Saint-Jacques, en laissant le corail attaché.
3 Décortiquer les crevettes et ôter le boyau en partant de la tête. Couper les fruits de mer en morceaux de taille identique.
4 Faire fondre le beurre dans une sauteuse à feu doux, faire revenir le poireau à feu moyen 1 minute, jusqu'à ce qu'il soit tendre. Incorporer la farine et remuer le roux jusqu'à ce qu'il soit pâle et mousseux. Verser graduellement le lait et le vin mélangés hors du feu. Laisser cuire, en remuant constamment, jusqu'à ébullition et épaississement. Réduire le feu et poursuivre la cuisson 2 minutes. Ajouter les fruits de mer et cuire 1 minute. Ajouter le fromage hors du feu, saler et poivrer.
5 Répartir la moitié du mélange aux fruits de mer sur les lasagnes, recouvrir d'une couche de plaques de lasagnes. Répéter l'opération une fois, en terminant par une couche de lasagnes
6 Napper de crème, parsemer de parmesan et de persil mélangés. Enfourner 30 minutes : le dessus doit être bien doré.

SPAGHETTIS À L'ENCRE DE CALMARS

Préparation : 20 minutes
Cuisson : 20 minutes
Pour 4 à 6 personnes

☆

500 g de blancs de calmars
375 g de spaghettis
4 cuil. à soupe d'huile d'olive vierge extra
3 gousses d'ail, écrasées
1 oignon, finement haché
80 ml de vin blanc
12 g d'encre de calmar en sachet

1 Couper les blancs de calmars en deux, puis en fines lanières.
2 Cuire les spaghettis *al dente* dans une grande casserole d'eau en ébullition. Les égoutter et les réserver au chaud.
3 Dans une sauteuse, chauffer 2 cuil. à soupe d'huile, faire revenir l'ail et l'oignon à feu moyen jusqu'à ce qu'ils soient dorés. Verser le vin, porter à ébullition et laisser frémir 5 minutes. Dès que le bouillon a réduit de moitié, baisser le feu. Ajouter l'encre de calmars. Bien mélanger. Ajouter la préparation aux spaghettis. Saler et poivrer. Dresser dans des assiettes chaudes.
4 Faire sauter les blancs de calmars 1 minute à feu vif dans le reste : ils doivent être tendres. Disposer sur les pâtes, puis servir.

FARFALLES AU THON, AUX CHAMPIGNONS ET À LA CRÈME

Préparation : 10 minutes
Cuisson : 15 minutes
Pour 4 personnes

☆

60 g de beurre
1 cuil. à soupe d'huile d'olive
1 oignon, haché
1 gousse d'ail, écrasée
125 g de champignons de Paris, émincés
250 ml de crème fleurette
450 g de thon au naturel en boîte, égoutté et effeuillé
1 cuil. à soupe de jus de citron
1 cuil. à soupe de persil frais, haché
500 g de farfalles

1 Faire fondre le beurre avec l'huile d'olive dans une sauteuse. Faire revenir l'oignon et l'ail à feu doux 3 à 5 minutes jusqu'à ce que l'oignon soit tendre.
2 Ajouter les champignons dans la sauteuse et les faire revenir 2 minutes. Verser la crème, porter à ébullition. Réduire le feu et laisser légèrement épaissir. Ajouter le thon, le jus de citron, le persil et laisser cuire en remuant. Saler et poivrer à volonté.
3 Entre-temps, cuire *al dente* les farfalles dans une casserole d'eau en ébullition. Bien les égoutter et les remettre dans la casserole. Verser la sauce sur les pâtes et bien mélanger. Servir sans attendre.

NOTES : Le thon en boîte peut être remplacé par du saumon en boîte.
Les farfalles, jolies pâtes en forme de papillon, ont différentes tailles et sont quelquefois aromatisées à la tomate ou aux épinards.

ENCRE DE CALMARS
Pour les poulpes et les calmars, l'encre est une arme qui leur permet d'échapper à leurs prédateurs : l'encre lâchée dans l'eau forme un nuage opaque aussi grand qu'eux ; ils s'enfuient ensuite, laissant ce leurre derrière eux. Aujourd'hui, on emploie souvent l'encre de calmars comme colorant alimentaire pour les pâtes. Le sépia, pigment extrait des sacs à encre, est utilisé depuis l'Antiquité comme encre à dessin. On trouve des sachets d'encre de calmars en poissonnerie

CI-CONTRE : Farfalles au thon, aux champignons et à la crème

PASTA FRITTATA AU SAUMON

Préparation : 25 minutes
Cuisson : 35 à 40 minutes
Pour 6 personnes

☆

150 g de spaghettinis (voir note)
300 g de grosses fèves surgelées
415 g de saumon rouge en boîte, égoutté
30 g de beurre
1 blanc de poireau, finement émincé
6 œufs, légèrement battus
125 ml de crème fleurette
185 ml de lait

1 Cuire les pâtes *al dente* dans une casserole d'eau en ébullition. Dans une jatte, recouvrir les fèves d'eau bouillante pendant 10 minutes. Les égoutter, puis retirer la pellicule blanche. Dépouiller le saumon de sa peau, ôter les arêtes et effeuiller grossièrement.
2 Dans une poêle, faire fondre le beurre, puis faire revenir le poireau à feu moyen : il doit être tendre sans trop dorer. Dans une jatte, mélanger les pâtes, les fèves, le poireau, le saumon, les œufs, la crème et le lait. Assaisonner avec du sel et du poivre noir concassé.
3 Verser le mélange dans une grande sauteuse légèrement chaude et huilée. Couvrir avec de l'aluminium ou un couvercle. Laisser mijoter à feu doux environ 25 minutes.
4 Entre-temps, préchauffer le gril. Enfourner la sauteuse (envelopper le manche dans du papier d'aluminium) et faire dorer le dessus. Attendre 5 minutes avant de démouler la fritatta. Décoller doucement les bords et la renverser sur une assiette ; ou bien découper des parts directement dans la sauteuse. Servir avec une salade verte.
NOTES : Les spaghettinis sont des spaghettis plus fins. Du saumon rose ou du thon en boîte conviennent aussi. Choisir un thon de bonne qualité, pas trop sec.

CANNELLONIS AU SAUMON ET AU CITRON

Préparation : 25 minutes
Cuisson : 40 minutes
Pour 4 à 6 personnes

☆

Farce
415 g de saumon rose en boîte
250 g de ricotta
1 cuil. à soupe de jus de citron
1 jaune d'œuf, légèrement battu
2 cuil. à soupe d'oignon, finement haché

Sauce
125 g de beurre
85 g de farine
685 ml de lait
1 cuil. à café de zeste de citron, finement râpé
1/4 de cuil. à café de noix de muscade moulue

16 cannellonis
1 à 2 cuil. à soupe d'aneth frais haché, pour décorer

1 Égoutter le saumon, en réservant le jus pour la sauce. Ôter la peau et les arêtes. Effeuiller la chair et mélanger, dans un bol, à la ricotta, au jus de citron, au jaune d'œuf et à l'oignon. Saler et poivrer.
2 Pour la sauce, faire fondre le beurre à feu doux dans une poêle. Incorporer la farine et remuer 1 minute jusqu'à ce que le roux soit pâle et mousseux. Verser le lait petit à petit hors du feu. Réchauffer en remuant jusqu'à ébullition et épaississement. Réduire le feu, laisser frémir 2 minutes. Ajouter le jus du saumon, le zeste de citron, la muscade. Saler et poivrer à volonté. Laisser refroidir.
3 Préchauffer le four à 180 °C. Garnir de farce les cannellonis à l'aide d'une petite cuillère ou d'une poche à douille. Tapisser le fond d'un plat à gratin avec un tiers de la sauce, puis ranger les cannellonis. Napper les pâtes du reste de la sauce. Enfourner environ 30 minutes : le dessus doit bouillonner. Parsemer d'aneth, puis servir.

SAUMON
Le saumon est un poisson migrateur : il passe une partie de sa vie en mer, avant de venir pondre en eau douce, dans sa rivière natale. Il y a quelque chose d'héroïque chez le célèbre saumon écossais qui remonte à contre-courant sa rivière d'origine, très rocailleuse, afin d'y déposer ses œufs. Les Indiens d'Amérique entouraient le saumon d'un respect superstitieux et interdisaient à certaines tribus d'en manger au cas où leur esprit courroucé dépeuplerait les rivières.

PAGE CI-CONTRE : Pasta frittata au saumon (en haut) ; cannellonis au saumon et au citron

RISOTTO DE CREVETTES AU SAFRAN

Préparation : 20 minutes
Cuisson : 40 minutes
Pour 4 personnes

☆☆

1/4 de cuil. de café de stigmates de safran
500 g de crevettes moyennes crues
60 ml d'huile d'olive
2 gousses d'ail, écrasées
3 cuil. à soupe de persil frais, haché
60 ml de xérès sec
60 ml de vin blanc
1,5 l de fumet de poisson
1 oignon, haché
440 g de riz arborio

1 Faire tremper les stigmates de safran dans 3 cuil. à soupe d'eau chaude. Décortiquer les crevettes et ôter le boyau en partant de la tête.

2 Chauffer la moitié d'huile d'olive dans une poêle moyenne, puis faire revenir l'ail, le persil, les crevettes 2 minutes, saler et poivrer. Verser le xérès, le vin, les stigmates de safran et leur liquide de trempage. Retirer les crevettes avec une écumoire et les réserver. Laisser mijoter jusqu'à réduction de moitié. Verser le fumet et 250 ml d'eau, couvrir et laisser mijoter.

3 Dans une sauteuse, chauffer le reste d'huile. Cuire l'oignon 3 minutes jusqu'à ce qu'il soit doré. Ajouter le riz et remuer à feu moyen 3 minutes.

4 Veiller à ce que le fumet frémisse constamment. À feu doux, verser 125 ml de fumet chaud sur le riz, remuer constamment avec une cuillère en bois, jusqu'à complète absorption du jus. Répéter l'opération jusqu'à ce qu'il n'y ait plus de fumet et que le riz soit tendre et crémeux (cela prendra environ 25 à 30 minutes). Remettre les crevettes dans la sauteuse et les réchauffer. Assaisonner avec du sel et du poivre noir concassé. Servir sans attendre.

RIZ ARBORIO
Ce riz est idéal pour les risottos, car ses grains absorbent facilement le bouillon tout en restant fermes. Cuit, il prend une texture crémeuse. Le grain est rond et de taille moyenne, translucide aux extrémités. Le cœur est dur et blanc.

CI-CONTRE : Risotto de crevettes au safran

FUSILLIS AU THON, AUX CÂPRES ET AU PERSIL

Préparation : 15 minutes
Cuisson : 10 minutes
Pour 4 personnes

☆

425 g de thon au naturel en boîte, égoutté
2 cuil. à soupe d'huile d'olive
2 gousses d'ail, finement hachées
2 petits piments rouges, finement hachés
3 cuil. à soupe de câpres en boîte, égouttées
30 g de persil frais, haché
60 ml de jus de citron
375 g de fusillis
125 ml de bouillon de poule chaud

1 Mettre le thon dans une jatte et l'effeuiller doucement avec une fourchette. Dans un petit bol, amalgamer l'huile, l'ail, le piment, les câpres, le persil et le jus de citron. En arroser le thon et mélanger. Assaisonner de sel et de poivre noir fraîchement moulu.

2 Entre-temps, cuire les pâtes *al dente* (environ 10 minutes) dans une casserole d'eau salée en ébullition. Les égoutter. Mélanger la sauce au thon avec les pâtes, puis les arroser du bouillon de poule chaud. Servir sans attendre.

FETTUCINES AU SAUMON FUMÉ

Cuire *al dente* 500 g de fettucines dans une grande casserole d'eau en ébullition. Les égoutter. Faire fondre 30 g de beurre dans une poêle, faire revenir à feu doux un poireau finement émincé, sans le laisser brunir. Ajouter 300 g de crème fraîche, 125 ml de bouillon de poule et 300 g de saumon fumé, coupé en lanières. Cuire en remuant sans faire bouillir. Mélanger la sauce et les pâtes chaudes, ajouter 1 à 2 cuil. à soupe d'aneth et de ciboulette frais, hachés. Assaisonner de sel et de poivre noir concassé. Pour 4 personnes.

CI-DESSUS : Fusillis au thon, aux câpres et au persil

CI-DESSUS : *Spaghettis marinara*

SPAGHETTIS MARINARA

Préparation : 40 minutes
Cuisson : 50 minutes
Pour 6 personnes

☆☆

Sauce tomate

2 cuil. à soupe d'huile d'olive
1 oignon, finement émincé
1 carotte, émincée
2 gousses d'ail, écrasées
425 g de tomates concassées en boîte
125 ml de vin blanc
1 cuil. à café de sucre en poudre

20 moules
200 g de crevettes moyennes crues
60 ml de vin blanc
60 ml de fumet de poisson
1 gousse d'ail, écrasée
375 g de spaghettis
30 g de beurre
125 g de blancs de calmars, coupés en anneaux
125 g de filets de poisson à chair blanche (mérou, marlin rayé), dépouillés et coupés en cubes
10 g de persil frais, haché
200 g de palourdes en boîte, égouttées

1 Pour la sauce tomate : chauffer l'huile dans une poêle, faire revenir environ 10 minutes l'oignon et la carotte jusqu'à ce qu'ils dorent légèrement. Ajouter l'ail, la tomate, le vin blanc et le sucre, porter à ébullition, réduire le feu et laisser mijoter 30 minutes, en remuant de temps en temps.
2 Gratter les moules avec une brosse dure et les ébarber. Jeter les moules abîmées et celles que l'on ne parvient pas à fermer. Bien les rincer.
3 Décortiquer les crevettes et ôter le boyau en partant de la tête.
4 Faire chauffer le vin avec le fumet et l'ail dans une grande poêle. Y jeter les moules. Couvrir et secouer 4 à 5 minutes à feu vif. Au bout de 3 minutes, commencer à retirer les moules ouvertes et les réserver. Au bout de 5 minutes, jeter celles demeurées fermées. Réserver le bouillon.
5 Cuire les spaghettis *al dente* dans une casserole d'eau salée en ébullition. Les égoutter et les réserver au chaud.
6 Entre-temps, faire fondre le beurre dans une sauteuse, faire sauter les calmars, le poisson et les crevettes pendant 2 minutes, le temps qu'ils soient cuits. Ôter du feu. Incorporer à la sauce tomate, le bouillon réservé, les fruits de mer et le poisson frits, le persil et les palourdes. Réchauffer doucement en remuant. Mélanger délicatement la sauce et les pâtes, puis servir.

NOUILLES DE SINGAPOUR

Préparation : 35 minutes
Cuisson : 15 minutes
Pour 2 à 4 personnes

☆

300 g de vermicelle de riz
300 g de crevettes moyennes crues
2 cuil. à soupe d'huile
2 gousses d'ail, finement hachées
350 g de longe de porc, coupée en lamelles
1 gros oignon, coupés en fins quartiers
1 à 2 cuil. à soupe de poudre de curry (voir note)
150 g d'haricots verts, coupés en petits morceaux
1 grosse carotte, émincée
1 cuil. à café de sucre en poudre
1 cuil. à café de sel
1 cuil. à soupe de sauce de soja
200 g de germes de soja
1 oignon nouveau, coupé en julienne, pour décorer

1 Plonger le vermicelle dans de l'eau bouillante environ 5 minutes, afin qu'il ramollisse. Bien les égoutter et les couper en petits bouts.

2 Décortiquer les crevettes et ôter le boyau en partant de la tête.

3 Dans un wok ou une poêle, chauffer la moitié de l'huile à feu vif, faire frire l'ail, le porc et les crevettes 2 minutes en plusieurs fournées. L'ensemble doit être saisi. Ôter du wok et réserver.

4 À feu moyen, faire revenir dans le reste d'huile l'oignon et le curry 2 à 3 minutes. Ajouter les haricots verts, la carotte, le sucre, le sel, mouiller d'un peu d'eau et faire sauter 2 minutes.

5 Incorporer le vermicelle et la sauce de soja à ce mélange. Mettre les germes de soja et la préparation au porc dans le wok. Saler et poivrer à volonté. Bien mélanger et décorer avec l'oignon nouveau.

NOTE : Il existe de nombreuses sortes de curry. Chacun est composé d'un mélange d'épices spécifiques à la viande, à la volaille ou aux fruits de mer avec lequel il sera cuisiné.
Ici, le curry est au poisson, disponible dans les épiceries asiatiques. Les marques de supermarché ne conviennent pas à cette recette.

VERMICELLE DE RIZ
Généralement consommé frais dans les zones de riziculture de la Chine du Sud, le vermicelle de riz (ou nouilles de riz) est souvent vendu sec et plié. Avant de l'accommoder, le faire tremper dans de l'eau bouillante afin de le ramollir. Il peut aussi être plongé dans l'huile de friture avant le trempage pour obtenir un effet croustillant.

CI-CONTRE : Nouilles de Singapour

SPAGHETTIS AUX MOULES À LA SAUCE TOMATE

Préparation : 15 minutes
Cuisson : 30 minutes
Pour 4 personnes

☆

1,5 kg de moules
2 cuil. à soupe d'huile d'olive
1 oignon, finement émincé
2 gousses d'ail, écrasées
425 g de tomates concassées en boîte
250 ml de vin blanc
1 cuil. soupe de basilic frais, haché
2 cuil. à soupe de persil frais, haché
500 g de spaghettis

1 Gratter les moules avec une brosse dure et les ébarber. Jeter les moules abîmées et celles que l'on ne parvient pas à fermer. Bien les rincer et les réfrigérer.
2 Chauffer l'huile dans une poêle, faire revenir l'oignon et l'ail à feu doux 5 minutes, jusqu'à ce que l'oignon soit tendre. Ajouter les tomates, le vin, saler et poivrer. Porter à ébullition, réduire le feu et laisser mijoter 15 à 20 minutes : la sauce doit épaissir un peu.
3 Ajouter les moules, couvrir et laisser frémir 4 à 5 minutes, en secouant la poêle de temps en temps. Jeter les moules demeurées fermées. Parsemer de basilic et de persil. Entre-temps, cuire les spaghettis *al dente* dans une casserole d'eau en ébullition. Les égoutter tout de suite. Recouvrir les pâtes avec les moules et la sauce.

SPAGHETTIS ALLE VONGOLE

Préparation : 30 minutes
Cuisson : 30 minutes
Pour 4 à 6 personnes

☆

750 g de palourdes
2 cuil. à soupe d'huile d'olive
125 ml de vin blanc
1 oignon, finement haché
1 à 2 gousses d'ail, finement hachées
2 courgettes, finement hachées
8 tomates mûres, pelées et concassées
2 cuil. à soupe de concentré de tomates

CI-CONTRE : Spaghettis aux moules à la sauce tomate

1 cuil. à café de sucre en poudre
500 g de spaghettis
4 cuil. à soupe de persil plat frais, haché

1 Bien frotter les palourdes. Jeter celles qui sont ouvertes et abîmées. Les faire tremper 5 minutes dans l'eau froide pour ôter le sable. Chauffer la moitié de l'huile dans une grande poêle. Y jeter les palourdes, verser le vin et 125 ml d'eau. Couvrir et cuire 3 à 4 minutes, en secouant la poêle de temps à autre, jusqu'à ouverture des palourdes. Les transférer dans un plat et jeter celles qui sont demeurées fermées. Tamiser le jus de cuisson et réserver.
2 Chauffer le reste d'huile dans la même poêle. Faire revenir l'oignon, l'ail et les courgettes 3 à 4 minutes, jusqu'à ce que l'oignon soit tendre. Ajouter les tomates, le concentré, le sucre et le jus réservé. Cuire 20 minutes jusqu'à épaississement. Saler et poivrer.
3 Décoquiller environ un tiers des palourdes, jeter les coquilles.
4 Entre-temps, cuire les spaghettis *al dente* dans une grande casserole d'eau en ébullition. Bien les égoutter.
5 Remettre toutes les palourdes dans la sauce et réchauffer 2 minutes. Verser la sauce aux palourdes sur les spaghettis. Saupoudrer de persil frais, puis servir sans attendre.

PÂTES AU SAUMON FUMÉ

Préparation : 10 minutes
Cuisson : 10 minutes
Pour 4 personnes

☆

1 cuil. à soupe d'huile d'olive
1 gousse d'ail, écrasée
375 ml de crème fleurette
3 cuil. à soupe de ciboulette fraîche, hachée
1/4 de cuil. à café de moutarde
200 g de saumon fumé, coupé en lamelles
2 cuil. à café de jus de citron
500 g de tagliatelles
3 cuil. à soupe de tomates séchées, hachées
2 cuil. à soupe de parmesan râpé, pour servir

1 Dans une poêle, faire revenir l'ail à feu doux dans l'huile chaude. Ajouter la crème, la ciboulette et la moutarde. Saler, poivrer. Porter à ébullition. Réduire le feu et laisser mijoter jusqu'à épaississement.
2 Ajouter le saumon et le jus de citron, puis réchauffer. Entre-temps, cuire les fettucines *al dente* dans une casserole d'eau bouillante. Bien les égoutter et les remettre dans la casserole. Verser la sauce sur les pâtes. Parsemer de tomates séchées, de parmesan et de ciboulette.
NOTE : Cette recette se réalise aussi avec de la truite fumée.

CI-DESSUS : Pâtes au saumon fumé

CANNELLONIS AUX FRUITS DE MER

Les cubes de fruits de mer doivent rentrer dans les cannellonis.

Tamiser les fruits de mer et réserver le jus de cuisson.

Se servir d'une petite cuillère pour farcir les cannellonis.

PAGE CI-CONTRE : Cannellonis aux fruits de mer

CANNELLONIS AUX FRUITS DE MER

Préparation : 30 minutes
Cuisson : 1 heure 55 minutes
Pour 6 personnes

☆☆

1 oignon, émincé
1 carotte, émincée
1 branche de céleri, coupée en deux
1 bouquet garni
250 ml de vin blanc
4 grains de poivre noir
300 g de noix de Saint-Jacques
500 g de crevettes moyennes crues
300 g de filets de poisson (roussette, colin, lingue, cabillaud), dépouillés de leur peau et des arêtes et hachés
60 g de beurre
1 oignon, finement haché
200 g de champignons de Paris, finement hachés
800 g de tomates en boîte, finement hachées
2 cuil. à soupe de persil frais, haché
2 cuil. à soupe de basilic frais, haché
2 cuil. à soupe de crème fleurette
15 cannellonis
125 g de cheddar, râpé

Sauce béchamel
60 g de beurre
2 cuil. à soupe de farine
750 ml de lait

1 Préchauffer le four à 180 °C. Dans une sauteuse, mettre l'oignon, la carotte, le céleri, le bouquet garni et 500 ml d'eau, puis porter à ébullition. Réduire le feu et cuire 15 minutes. Ajouter le vin et le poivre, laisser mijoter 15 minutes. Tamiser, jeter les légumes et réserver le bouillon.
2 Entre-temps, ôter tout boyau, membrane et muscle blanc dur des Saint-Jacques, en laissant le corail attaché. Les couper en cubes. Décortiquer les crevettes et ôter le boyau en partant de la tête, les couper en cubes (ces « cubes » doivent rentrer dans les cannellonis).
3 Dans une poêle propre, amener à ébullition le bouillon réservé. Ajouter les fruits de mer. Réduire le feu et les cuire 3 minutes, jusqu'à ce qu'ils soient tendres. Tamiser et réserver le bouillon.
4 Faire fondre le beurre dans une sauteuse, faire revenir l'oignon à feu moyen jusqu'à ce qu'il soit doré, puis les champignons jusqu'à ce qu'ils soient tendres. Ajouter 60 ml de bouillon, les tomates, les herbes et porter à ébullition. Réduire le feu et laisser mijoter 30 minutes : la sauce épaissit un peu. Ajouter les fruits de mer et la crème, saler et poivrer.
5 Pour la béchamel, faire fondre le beurre dans une casserole, incorporer la farine et remuer jusqu'à ce que le roux soit pâle et mousseux. Ôter du feu et verser le lait petit à petit. Réchauffer et remuer jusqu'à ébullition et épaississement.
6 Farcir les cannellonis avec le mélange aux fruits de mer. Les ranger dans un grand plat à four graissé de 3 l de contenance. Les napper de béchamel et parsemer de cheddar. Enfourner 40 minutes, jusqu'à ce que les pâtes soient tendres.

RIZ CANTONNAIS

Préparation : 15 minutes
Cuisson : 10 minutes
Pour 4 personnes

☆

250 g de petites crevettes cuites
2 œufs, légèrement battus
2 cuil. à soupe d'huile
1 oignon, coupé en quartiers
250 g de tranches de jambon, coupé en fines lanières
740 g de riz cuit froid
40 g de petits pois surgelés
2 cuil. à soupe de sauce de soja
4 oignons nouveaux, coupés en biais en petits morceaux

1 Décortiquer les crevettes et ôter le boyau en partant de la tête. Saler et poivrer les œufs.
2 Chauffer 1 cuil. à soupe d'huile dans un wok ou une grande poêle à frire. Verser les œufs et constituer une grosse omelette. Lorsque les bords de l'omelette sont cuits, les soulever et faire couler dessous l'œuf non cuit. La couper en gros morceaux. Transférer sur une assiette et réserver.
3 Chauffer le reste d'huile dans le wok. Faire revenir l'oignon à feu vif jusqu'à ce qu'il soit opaque. Ajouter le jambon et le frire 1 minute. Ajouter le riz et les petits pois et les faire sauter 3 minutes. Incorporer les morceaux d'omelette, la sauce de soja, les oignons et les crevettes. Remuer pour réchauffer. Servir.
NOTES : Cuire 275 g de riz sauvage la veille. L'égoutter et le réfrigérer à couvert.
Le porc grillé, les saucisses chinoises ou le bacon (lard fumé) peuvent remplacer le jambon.

MOULES

Appelée parfois « l'huître du pauvre », la moule est très savoureuse. Elle s'accroche aux rochers ou, en élevage, à des sacs ou des cordes, grâce à leur byssus, ou barbes, fibres brunes très solides. Les moules d'élevage parviennent à maturité entre 18 mois et 2 ans. À l'achat, vérifier que les coquilles ne sont pas abîmées ou cassées. Les consommer rapidement; sinon les mettre dans un récipient contenant un peu d'eau, recouvert d'un sac en toile de jute humide, puis le placer dans un endroit frais. Au moment de les cuire, jeter toutes les moules déjà ouvertes et que l'on ne parvient pas à fermer (cela signifie en effet qu'elles sont mortes). Lorsque les coquilles sont ouvertes, les moules sont cuites. Celles qui ne s'ouvrent pas au bout de 3 à 5 minutes sont à jeter.

CI-DESSUS : Paella

PAELLA

Préparation : 30 minutes
+ 2 heures de trempage
Cuisson : 45 minutes
Pour 4 personnes

☆☆

12 crevettes moyennes crues
12 à 16 moules
125 ml de vin blanc
1 petit oignon rouge, haché
125 ml d'huile d'olive
1 petit blanc de poulet, coupé en cubes
100 g de blancs de calmar, coupés en anneaux
100 g de filet de poisson à chair blanche, dépouillé (cabillaud, lingue, lotte), coupé en cubes
1/2 petit oignon rouge, finement haché, en plus
1 tranche de bacon (lard fumé), finement hachée
4 gousses d'ail, écrasées
1 petit poivron vert, finement haché
1 tomate mûre, pelée et hachée
90 g de chorizo ou de pepperoni, en tranches fines
1 pincée de poivre de Cayenne
200 g de riz long
1/4 de cuil. à café de stigmates de safran
500 ml de fumet de poisson, chaud
80 g de petits pois frais ou surgelés
2 cuil. à soupe de persil frais, finement haché

1 Décortiquer les crevettes et ôter le boyau en partant de la tête.

2 Gratter les moules avec une brosse dure et les ébarber. Jeter les moules abîmées et celles que l'on ne parvient pas à fermer.

3 Faire chauffer le vin et l'oignon rouge dans une grande poêle. Ajouter les moules, couvrir et secouer doucement 4 à 5 minutes. Au bout de 3 minutes, retirer les moules ouvertes et les réserver. Au bout de 5 minutes, jeter celles qui sont demeurées fermées. Réserver le jus de cuisson.

4 Chauffer la moitié de l'huile dans une poêle. Essuyer le poulet avec du papier absorbant et le faire revenir 5 minutes : il doit être bien doré. L'ôter de la poêle et le réserver. Faire revenir 1 minute les crevettes, les calmars et le poisson dans la poêle. Les ôter de la poêle et les réserver.

5 Chauffer le reste d'huile dans la poêle, faire

revenir la moitié d'oignon, le bacon (lard fumé), l'ail et le poivron rouge 5 minutes, jusqu'à ce que l'oignon soit tendre. Ajouter la tomate, le chorizo et le poivre. Saler à volonté. Incorporer le jus réservé, puis le riz, en remuant bien.

6 Diluer le safran dans 125 ml de fumet avant de l'incorporer au reste de fumet. Verser sur le riz et bien mélanger. Porter lentement à ébullition. Réduire le feu et laisser mijoter à découvert 15 minutes, sans remuer.

7 Mettre les petits pois, le poulet, les crevettes et les blancs de calmar sur le riz. Mélanger doucement les ingrédients. Couvrir et laisser mijoter à feu doux 10 à 15 minutes, le riz doit être tendre et les fruits de mer cuits. Si le riz n'est pas totalement cuit, rajouter un peu de fumet et laisser cuire quelques minutes. Dresser dans des assiettes creuses, les moules sur le dessus, parsemer de persil, puis servir.

RISOTTO DE POISSON AUX HERBES ET AU CITRON

Préparation : 20 minutes
Cuisson : 30 minutes
Pour 4 personnes

☆☆

- 60 g de beurre
- 400 g de filets de poisson à chair blanche (colin, cabillaud, lingue), dépouillés et coupés en cubes de 3 cm
- 1,25 l de fumet de poisson
- 1 oignon, finement haché
- 1 gousse d'ail, écrasée
- 1 cuil. à café de curcuma moulu
- 330 g de riz arborio
- 2 cuil. à soupe de jus de citron
- 1 cuil. à soupe de persil frais, haché
- 1 cuil. à soupe de ciboulette fraîche, hachée
- 1 cuil. à soupe d'aneth frais, haché

1 Faire fondre la moitié du beurre dans une poêle. Frire les cubes de poisson 3 minutes à feu moyen, en plusieurs fournées. Les ôter de la poêle et les réserver.

2 Dans une autre poêle, verser le fumet, porter à ébullition, couvrir et laisser frémir.

3 Dans la première poêle, faire fondre le reste du beurre, puis cuire l'oignon et l'ail 3 minutes à feu moyen : l'oignon doit être tendre. Ajouter le curcuma et remuer 1 minute. Ajouter le riz et bien mélanger. À feu doux, verser 125 ml de fumet, remuer constamment : le fumet doit être totalement absorbé. Recommencer cette opération jusqu'à ce qu'il n'y ait plus de fumet : le riz doit devenir tendre et crémeux.

4 Ajouter le jus de citron, le persil, la ciboulette et l'aneth, puis le poisson, en remuant doucement. Saupoudrer d'herbes fraîches, puis servir avec des rondelles de citron.

NOTE : À chaque fois que l'on verse du fumet (par dose de 125 ml) sur le riz, celui-ci doit l'absorber complètement. Certains traiteurs et le rayon poissonnerie de la plupart des supermarchés proposent du fumet de poisson frais ou surgelé.

CI-DESSOUS : Risotto de poisson aux herbes et au citron

KEDGEREE

Préparation : 10 minutes
Cuisson : 15 minutes
Pour 4 personnes

☆

600 g de filets de cabillaud fumé
3 rondelles de citron
1 feuille de laurier
4 œufs durs
60 g de beurre
1 petit oignon, finement haché
1 à 2 cuil. à soupe de pâte de curry doux
740 g de riz longs grains cuit
1 cuil. à soupe de persil frais, finement haché
170 ml de crème fleurette

1 Mettre le cabillaud dans une grande casserole avec les rondelles de citron et le laurier. Couvrir d'eau, puis laisser frémir 6 minutes, jusqu'à ce que le poisson soit cuit. L'ôter de la casserole à l'aide d'une écumoire et l'effeuiller. Retirer les arêtes.
2 Hacher menu 2 œufs durs. Couper les 2 autres en quatre, les réserver pour décorer.
3 Faire fondre le beurre dans une poêle, cuire l'oignon 3 minutes à feu moyen, jusqu'à ce qu'il soit tendre. Incorporer la pâte de curry, prolonger la cuisson 2 minutes. Ajouter le riz, le réchauffer en remuant 2 à 3 minutes. Ajouter le persil, le poisson, le hachis d'œufs, la crème, puis réchauffer toujours en remuant.
4 Décorer avec les quartiers d'œufs. Servir sans attendre avec des toasts.

RAVIOLIS CRÉMEUX AUX FRUITS DE MER

Préparation : 45 minutes + 30 minutes de repos
Cuisson : 15 minutes
Pour 4 personnes

☆☆☆

Pâte
250 g de farine
3 œufs
1 cuil. à soupe d'huile d'olive
1 jaune d'œuf

Farce
100 g de noix de Saint-Jacques
50 g de beurre, ramolli
3 gousses d'ail, finement hachées
2 cuil. à soupe de persil plat frais, haché
100 g de crevettes crues, décortiquées, finement hachées

CI-DESSOUS : Kedgeree

RAVIOLIS CRÉMEUX AUX FRUITS DE MER

Pétrir la pâte sur une surface farinée pendant 5 minutes : elle doit devenir souple et élastique.

Déposer 1 cuil. à café de farce à intervalle régulier le long de chaque bande.

Découper les raviolis avec un couteau aiguisé.

Sauce
60 g de beurre
30 g de farine
375 g de lait
300 g de crème fleurette
125 ml de vin blanc
50 g de parmesan, râpé
2 cuil. à soupe de persil plat frais, hâché

1 Tamiser la farine dans une jatte. Assaisonner de 1 pincée de sel. Creuser un puits. Mélanger les œufs, l'huile et 1 cuil. à soupe d'eau dans un bol, puis amalgamer ce mélange petit à petit avec la farine, afin d'obtenir une pâte ferme. (La pâte peut se réaliser avec le robot.) Former une boule.
2 Pétrir la pâte sur une surface farinée pendant 5 minutes : elle doit devenir souple et élastique. La réserver dans un bol légèrement huilé, couvrir de film alimentaire et la laisser reposer au moins 30 minutes.
3 Pour la farce, ôter tout boyau, membrane et muscle dur des Saint-Jacques, en laissant le corail attaché. Les hacher menu. Dans un bol, mélanger ce hachis avec le beurre, l'ail, le persil et les crevettes. Réserver.
4 Abaisser très finement un quart de la pâte sur une surface farinée (ou utiliser une machine à faire les raviolis). Chaque portion doit mesurer environ 10 cm de large. Déposer 1 cuil. à café de farce à 5 cm d'intervalle le long de chaque bande. Battre le jaune d'œuf avec 3 cuil. à soupe d'eau. En badigeonner la pâte entre la farce et sur la partie sans farce. Replier la pâte sur la farce pour fermer. Recommencer cette opération avec le reste de pâte et de farce. Sceller les bords en les pinçant fermement.
5 Découper les raviolis avec un couteau ou un emporte-pièce cannelé, spécial pâtes. Les cuire 6 minutes dans une grande casserole d'eau en ébullition, en plusieurs fournées. Bien les égoutter, puis les réserver au chaud dans la casserole.
6 Préparer la sauce. Faire fondre le beurre à feu doux dans une poêle. Incorporer la farine et cuire le roux 1 minute jusqu'à ce qu'il soit pâle et mousseux. Hors du feu, verser petit à petit le lait, la crème et le vin blanc mélangés. Porter le tout à ébullition, remuant constamment jusqu'à épaississement. Réduire le feu, laisser frémir 2 minutes. Ajouter le parmesan et le persil. Remuer. Ôter la sauce du feu, puis la verser sur les raviolis, bien mélanger, puis servir.

CI-DESSUS : Raviolis crémeux aux fruits de mer

TAGLIATELLES AUX CREVETTES ET À LA CRÈME

Préparation : 30 minutes
Cuisson : 20 minutes
Pour 4 personnes

☆☆

500 g de crevettes moyennes crues
500 g de tagliatelles fraîches
60 g de beurre
6 oignons nouveaux, finement hachés
60 ml de cognac
315 ml de crème fraîche épaisse
1 cuil. à soupe de thym frais, haché
15 g de persil plat frais, finement haché
Parmesan râpé, pour servir

1 Décortiquer les crevettes et ôter le boyau en partant de la tête, en laissant la queue intacte.
2 Cuire les pâtes *al dente* dans une casserole d'eau en ébullition. Bien les égoutter.
3 Entre-temps, faire fondre le beurre dans une sauteuse, puis faire revenir les oignons 2 minutes, en remuant. Ajouter les crevettes, les cuire 2 minutes. Dès qu'elles commencent à changer de couleur, les ôter et les réserver.
4 Verser le cognac dans la sauteuse, le faire bouillir 2 minutes et le laisser réduire de moitié. Incorporer la crème, le thym et la moitié du persil. Assaisonner avec du poivre noir fraîchement moulu. Laisser frémir 5 minutes : la sauce doit épaissir. Ajouter les crevettes et prolonger la cuisson encore 2 minutes. Saler et poivrer.
5 Verser la sauce sur les pâtes. Pour une sauce plus fluide, mouiller avec un peu d'eau chaude ou de lait. Saupoudrer du reste de persil et de parmesan.
NOTE : On peut remplacer le cognac par du xérès ou du vin blanc.

PAPILLOTES DE SAUMON ET SPAGHETTIS

Préparation : 20 minutes
Cuisson : 35 minutes
Pour 6 papillotes

☆☆

185 g de spaghettis fins
4 tomates olivettes mûres
1 cuil. à soupe d'huile d'olive
4 oignons nouveaux, finement hachés
1 branche de céleri, finement hachée
80 ml de vin blanc
125 ml de sauce tomate pour pâtes
4 cornichons, coupés en rondelles fines
câpres
6 x 175 g de filets de saumon ou de truite de mer, peau et arêtes retirées
6 grands brins d'aneth
Zeste de 2 citrons, ciselé
30 g de beurre, coupé en petits cubes

1 Préchauffer le four à 180 °C. Cuire les pâtes *al dente* dans une casserole d'eau en ébullition. Les égoutter dans une passoire et les rafraîchir sous l'eau froide. Les transférer dans une jatte.
2 Inciser en croix la base de chaque tomate. Les disposer dans une jatte et les couvrir d'eau bouillante. Les faire blanchir 30 secondes, les plonger dans de l'eau froide, les égoutter et les peler en partant de la croix. Les couper en deux, les épépiner et hacher finement la pulpe.
3 Chauffer l'huile dans une poêle, faire revenir les oignons et le céleri 2 minutes. Ajouter la pulpe des tomates et le vin et porter à ébullition. Laisser bouillir 3 minutes : la sauce doit réduire. Baisser le feu, puis incorporer la sauce tomate, les cornichons et les câpres. Assaisonner avec du sel et du poivre noir. Mélanger la sauce avec les pâtes.
4 Couper 6 carrés de papier sulfurisé de 30 cm de côté (cela dépend de la taille du poisson) et badigeonner les bords d'huile. Avec une cuillère, rouler les pâtes et les déposer sur les carrés. Recouvrir d'un morceau de poisson, d'aneth, de zeste de citron et de cubes de beurre.
5 Bien fermer les papillotes, en pliant deux fois le papier sur le dessus et en repliant les extrémités sur le dessous. Enfourner 20 minutes sur une plaque à four. Ouvrir ou découper les papillotes, puis servir. Ou bien faire glisser les tagliatelles au poisson sur des assiettes.
NOTE : Les papillotes peuvent se préparer quelques heures à l'avance. Les réfrigérer jusqu'à l'emploi. Les cuire un peu plus longtemps.

PAPILLOTES DE SPAGHETTIS AU SAUMON

Recouvrir chaque portion de pâtes au poisson, d'aneth, de zeste de citron et de cubes de beurre.

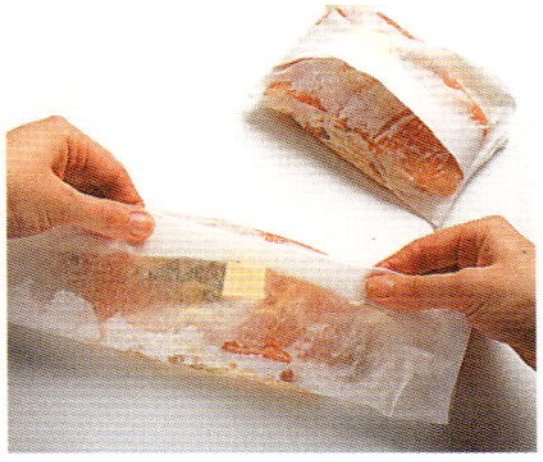

Fermer les papillotes, en pliant deux fois le papier sur le dessus et en repliant les extrémités sur le dessous.

PAGE CI-CONTRE : Tagliatelles aux crevettes et à la crème (en haut) ; papillotes de saumon et spaghettis

JAMBALAYA
Ce plat de riz créole ressemble beaucoup à la paella espagnole. On peut y mettre du poulet, des saucisses, du jambon, des crevettes et autres crustacés. Il est généralement servi avec du Tabasco, sauce très pimentée.

CI-DESSUS : Jambalaya de crevettes

JAMBALAYA DE CREVETTES

Préparation : 20 minutes
Cuisson : 1 heure 10 minutes
Pour 6 personnes

☆☆

1 kg de grosses crevettes crues
1 petit oignon, haché
2 branches de céleri, hachées
250 ml de vin blanc sec
60 ml d'huile végétale
200 g de chorizo, ou autre saucisse épicée, haché
1 oignon, haché, en plus
1 poivron rouge, haché
425 g de tomates concassées en boîte
1/2 cuil. à café de poivre de Cayenne
1/2 cuil. à café de poivre noir concassé
1/4 de cuil. à café de thym déshydraté
1/4 de cuil. à café d'origan déshydraté
400 g de riz long

1 Décortiquer les crevettes et ôter le boyau en partant de la tête. Réserver les carapaces. Réfrigérer la chair. Mettre les têtes, les carapaces et les queues dans une poêle avec le petit oignon, 1 branche de céleri hachée, le vin et 1 l d'eau. Porter à ébullition, réduire le feu et laisser mijoter 20 minutes. Tamiser le bouillon et le réserver.

2 Dans une sauteuse, chauffer l'huile, puis faire dorer le chorizo haché 5 minutes. L'ôter à l'aide d'une écumoire et le réserver.

3 Dans la poêle, mettre l'autre oignon, le poivron et l'autre branche de céleri, cuire 5 minutes en remuant de temps en temps. Ajouter les tomates, le poivre de Cayenne, les herbes déshydratées, amener le tout à ébullition. Réduire le feu et laisser frémir 10 minutes à couvert.

4 Remettre le chorizo dans la poêle et ajouter le riz et le bouillon réservé. Porter à ébullition, réduire le feu et laisser frémir 25 minutes : le riz va absorber le bouillon.

5 Mettre les crevettes dans la poêle en remuant doucement. Couvrir et cuire 5 minutes. Servir sans attendre.

NOUILLES CROUSTILLANTES AUX CREVETTES

Préparation : 30 minutes
+ 20 minutes de séchage
Cuisson : 15 minutes
Pour 4 personnes

☆☆

100 g de vermicelle de riz
Huile, pour la friture
100 g de tofu, coupé en lanières
2 gousses d'ail, finement hachées
4 cm de gingembre frais, finement râpé
150 g de blanc de poulet ou de porc (ou un mélange des deux), haché
100 g de crevettes décortiquées crues, hachées grossièrement
2 cuil. à soupe de sauce de poisson
1 cuil. à soupe de vinaigre blanc
2 cuil. à soupe de cassonade
2 cuil. à soupe de sauce de piment
1 cuil. à café de piment rouge, finement haché
2 petits morceaux d'ail au vinaigre, hachés
40 g de ciboulette de Chine, hachée
30 g de feuilles de coriandre fraîche

1 Plonger le vermicelle 1 minute dans un bol d'eau bouillante. L'égoutter et le laisser complètement sécher sur du papier absorbant environ 20 minutes.

2 Dans un wok ou une sauteuse, chauffer 2,5 cm d'huile à 180 °C (un cube de pain doit dorer en 15 secondes). Frire le tofu 1 minute en deux fournées : il doit être croustillant et bien doré. Le retirer avec des pincettes (baguettes) et l'égoutter sur du papier absorbant.

3 Plonger le vermicelle totalement sec dans l'huile 10 secondes, en plusieurs fournées : il doit gonfler et devenir croustillant ; le retirer vite, sinon il absorbe trop d'huile. L'égoutter sur du papier absorbant et le laisser refroidir.

4 Ne laisser que 1 cuil. à soupe d'huile dans le wok et le réchauffer à feu vif. Faire revenir l'ail, le gingembre, la chair de poulet ou de porc 3 minutes. Ajouter la sauce de poisson, le vinaigre, le sucre, la sauce de piment et le piment rouge et remuer jusqu'à ébullition.

5 Juste avant de servir, remettre les nouilles et le tofu dans le wok et bien mélanger. Ajouter l'ail au vinaigre, la ciboulette et les feuilles de coriandre. Bien mélanger. Servir sans attendre.

NOTE : L'ail au vinaigre sert surtout à rehausser les plats ou à les décorer.

CI-DESSOUS : Nouilles croustillantes aux crevettes

CI-DESSUS: Nouilles thaïes sautées aux crevettes

NOUILLES THAÏES SAUTÉES AUX CREVETTES

Préparation: 25 minutes
+ 8 minutes d'attente
Cuisson: 10 minutes
Pour 4 personnes

☆☆

200 g de larges nouilles de riz chinoises sèches
1 cuil. à soupe d'huile
2 gousses d'ail, écrasées
2 piments rouges frais, épépinés et finement hachés
1 blanc de poulet, finement émincé
150 g de crevettes décortiquées crues, hachées
30 g de ciboulette de Chine, hachée
2 cuil. à soupe de sauce de poisson
1 cuil. à soupe de cassonade
2 cuil. à soupe de jus de citron
1 œuf, légèrement battu
50 g de tofu frit, coupé en lamelles
3 cuil. à soupe de feuilles de coriandre fraîche
25 g de germes de soja
40 g de cacahuètes grillées, hachées
1 citron, en quartiers, pour décorer

1 Plonger les nouilles dans un bol d'eau bouillante 5 à 8 minutes, pour les ramollir. Les égoutter et les réserver.

2 Chauffer le wok à feu très vif et bien l'enduire d'huile sans oublier les bords. Faire sauter l'ail, le piment et le poulet 2 à 3 minutes à feu vif: le poulet doit dorer.

3 Ajouter les crevettes décortiquées et les cuire 2 minutes: elles doivent être roses. Ajouter ensuite les nouilles égouttées et la ciboulette de Chine, et bien mélanger.

4 Ajouter la sauce de poisson, la cassonade, le jus de citron, l'œuf et le tofu. Mélanger avec des baguettes ou deux cuillères en bois. Décorer de feuilles de coriandre, de germes de soja, de cacahuètes et de quartiers de citron, puis servir.

NOTE: Le tofu frit se trouve dans les épiceries asiatiques et dans certains supermarchés.

NASI GORENG

Préparation : 25 minutes
Cuisson : 15 minutes
Pour 6 personnes

☆☆

350 g de crevettes moyennes crues
5 à 8 piments rouges longs, épépinés et hachés
2 cuil. à café de pâte de crevettes
8 gousses d'ail, finement hachées
4 cuil. à soupe d'huile
2 œufs, légèrement battus
350 g de blancs de poulet prélevés dans la cuisse, coupés en fines lamelles
1,5 kg de riz froid cuit
80 ml de kecap manis
80 ml de sauce de soja
2 petits concombres, finement hachés
1 grosse tomate mûre, épépinée, hachée
Quartiers de citron vert, pour servir

1 Décortiquer les crevettes et ôter le boyau en partant de la tête.

2 Mixer le piment, la pâte de crevette et l'ail. Réserver

3 Chauffer un wok à feu vif et l'enduire uniformément de 1 cuil. à soupe d'huile. Verser les œufs battus et les battre de sorte à former une grande omelette. Cuire 1 minute à feu moyen jusqu'à ce que l'omelette soit prise, la retourner et cuire l'autre face 1 minute. La transférer sur un plat et laisser refroidir avant de la découper en morceaux.

4 Réchauffer le wok, verser 1 cuil. à soupe d'huile et faire sauter à feu vif le poulet et la moitié de la pâte au piment, jusqu'à ce que le poulet soit cuit. Ôter le poulet du wok.

5 Réchauffer le wok, verser 1 cuil. à soupe d'huile et faire sauter les crevettes et le reste de pâte au piment, jusqu'à ce que les crevettes soient cuites. Les ôter du wok et les réserver.

6 Réchauffer le wok, verser 1 cuil. à soupe d'huile et réchauffer le riz cuit en remuant constamment à feu moyen pendant 4 à 5 minutes. Ajouter le kecap manis, la sauce de soja et remuer jusqu'à ce que le riz soit chaud. Remettre le poulet et les crevettes dans le wok, bien mélanger et réchauffer. Assaisonner de sel et de poivre fraîchement concassé. Transférer dans un grand plat de service creux et couvrir avec les morceaux d'omelette, les concombres et la tomate hachés. Servir avec des quartiers de citron vert.

NASI GORENG

Épépiner les piments rouges et hacher finement la pulpe.

Mixer le piment, la pâte de crevette et l'ail pour former une pâte.

CI-CONTRE : Nasi goreng

TARTES, RAGOÛTS, FEUILLETÉS ET GRATINS

La règle d'or, pour accommoder le poisson et les fruits de mer, est de les cuisiner le plus naturellement possible. Mais, cette règle, comme toutes les autres, est faite pour être transgressée. S'il était interdit de faire mijoter les fruits de mer dans un mélange d'herbes aromatiques et de vin, le cioppino californien n'existerait pas. Si l'on ne pouvait pas faire revenir les crevettes dans une sauce parfumée aux épices et au lait de coco, le curry de crevettes thaïlandais n'aurait jamais vu le jour. Enfin, s'il était défendu de gratiner un poisson effeuillé dans une sauce au citron et à l'aneth, nappé d'une purée crémeuse, nous ne pourrions pas nous régaler de la délicieuse tarte au poisson. Inimaginable !

QUICHE AUX FRUITS DE MER

Préparation : 20 minutes
+ 20 minutes de réfrigération
Cuisson : 1 heure
Pour 4 à 6 personnes

☆

- 1 rouleau de pâte brisée prête à l'emploi
- 100 g de noix de Saint-Jacques
- 30 g de beurre
- 100 g de crevettes crues, décortiquées
- 100 g de miettes de crabe en boîte, surgelées ou fraîches
- 90 g de cheddar, râpé
- 3 œufs
- 1 cuil. à soupe de farine
- 125 ml de crème fleurette
- 125 ml de lait
- 1 petit bulbe de fenouil, finement émincé
- 1 cuil. à soupe de parmesan, râpé

1 Beurrer légèrement un moule à tarte de 22 cm de diamètre à fond amovible. Sur le plan de travail, abaisser la pâte. Poser la pâte dans le moule et ôter tout excédent à l'aide d'un petit couteau aiguisé. Réfrigérer 30 minutes.

2 Ôter tout boyau, membrane et muscle blanc dur des Saint-Jacques, en laissant le corail attaché. Préchauffer le four à 190 °C.

3 Disposer sur la pâte une feuille de papier sulfurisé, mettre dessus des haricots secs ou du riz. Enfourner 10 minutes. Ôter le papier et les haricots (ou le riz), puis enfourner de nouveau 10 minutes, pour que la pâte soit un peu dorée. La faire refroidir. Si la pâte cloque, presser avec une serviette.

4 Faire fondre le beurre dans la poêle, faire sauter les crevettes et les Saint-Jacques 2 à 3 minutes, jusqu'à ce qu'elles soient cuites. Laisser refroidir et ranger les fruits de mer sur la pâte (miettes de crabe comprises). Saupoudrer de cheddar.

5 Dans une jatte, battre les œufs, puis incorporer la farine, la crème et le lait, saler et poivrer. Verser sur les fruits de mer. Parsemer de fenouil et de parmesan. Enfourner 30 à 35 minutes : la quiche doit être dorée. La laisser refroidir un peu avant de servir.

CI-CONTRE : Quiche aux fruits de mer

COULIBIAC

Préparation : 25 minutes
+ 30 minutes de réfrigération
Cuisson : 40 minutes
Pour 4 à 6 personnes

☆☆

60 g de beurre
1 oignon, finement haché
200 g de champignons de Paris, émincés
2 cuil. à soupe de jus de citron
220 g de filets de saumon, arêtes et peau retirées, coupés en morceaux de 2 cm
2 œufs durs, hachés
2 cuil. à soupe d'aneth frais, haché
2 cuil. à soupe de persil frais, haché
185 g de riz cuit froid
60 ml de crème fleurette
375 g de pâte feuilletée surgelée, décongelée
1 œuf, légèrement battu

1 Beurrer une plaque à four. Faire fondre la moitié du beurre dans une poêle, faire revenir l'oignon 5 minutes à feu moyen : il ne doit pas brunir mais être tendre. Cuire les champignons 5 minutes. Arroser de jus de citron, bien remuer. Réserver la sauce dans un bol.

2 Faire fondre le reste de beurre dans une poêle, cuire le saumon 2 minutes. Le transférer dans une jatte et le laisser refroidir un peu. Ajouter l'œuf, l'aneth, le persil. Saler et poivrer. Remuer doucement et réserver. Dans un bol, mélanger le riz et la crème, saler et poivrer.

3 Abaisser la moitié de la pâte en un rectangle de 18 x 30 cm et le déposer sur la plaque à four. Répartir la moitié du mélange au riz dessus en laissant 3 cm de bord. Recouvrir du mélange au saumon, puis de celui aux champignons, finir avec le reste de riz.

4 Abaisser le reste de pâte en un rectangle de 20 x 32 cm et le poser en couvercle sur la farce. Souder les bords en les pinçant doucement. Décorer, à l'aide d'emporte-pièces, de chutes de pâte (facultatif). Réfrigérer 30 minutes. Entre-temps, préchauffer le four à 210 °C. Dorer avec l'œuf battu. Enfourner 15 minutes, puis réduire la chaleur à 180 °C et laisser cuire 15 à 20 minutes, jusqu'à ce que le dessus soit bien doré.

NOTES : Cette recette se réalise aussi avec de la truite de mer ou du saumon rouge en boîte.

POMMES DE TERRE AU FOUR AUX CREVETTES ET AU YAOURT

Rincer, puis essuyer 4 grosses pommes de terre, les piquer avec une fourchette. Les mettre sur une plaque à four et les huiler. Les enfourner à 220 °C durant 1 heure à 1 heure 30 jusqu'à ce qu'elles soient tendres au centre (vérifier avec une brochette). Pendant ce temps, dans une poêle légèrement huilée, faire revenir 300 g de petites crevettes décortiquées avec une gousse d'ail écrasée. Incorporer de la ciboulette fraîche hachée et 125 g de yaourt nature. Fendre les pommes de terre et les farcir du mélange aux crevettes. Servir avec des quartiers de citron. Pour 4 personnes.

CI-DESSUS : Coulibiac

ZARZUELA

Ce mot d'origine espagnol signifie « opérette ». Il convient fort bien à ce plat catalan qui est un mélange coloré de coquillages, de crustacés et de poissons, préparés en cocotte dans une sauce à base de tomates (relevée parfois de piments, rouges ou verts). Le vin sert à mouiller les fruits de mer. La zarzuela est souvent servie avec des croûtons frits.

CI-DESSUS : Zarzuela

ZARZUELA

Préparation : 40 minutes
Cuisson : 1 heure 10 minutes
Pour 4 personnes

☆☆☆

Sauce sofrito

1 cuil. à soupe d'huile d'olive
2 oignons, finement hachés
2 grosses tomates, pelées, épépinées et hachées
1 cuil. à soupe de concentré de tomates

Sauce picada

3 tranches de pain blanc, croûtes ôtées
1 cuil. à soupe d'amandes, grillées
3 gousses d'ail
1 cuil. à soupe d'huile d'olive

1 queue de homard cru de 400 g environ
12 à 15 moules
750 g de filets de poisson à chair blanche (roussette, cabillaud, lotte), dépouillés et coupés en morceaux
Farine, salée et poivrée
2 à 3 cuil. à soupe d'huile d'olive
125 g de calmars, coupés en anneaux
12 grosses crevettes crues
125 ml de vin blanc
125 ml de cognac
3 cuil. à soupe de persil frais, haché

1 Préparer la sauce sofrito. Chauffer l'huile dans une poêle à feu moyen, cuire l'oignon 5 minutes en remuant, sans le faire brunir. Ajouter le concentré de tomates et 125 ml d'eau, réchauffer pendant 10 minutes à feu moyen. Verser de nouveau 125 ml d'eau, assaisonner de sel et de poivre fraîchement moulu. Réserver.
2 Préparer la sauce picada. Mixer finement le pain, les amandes et l'ail. Tout en mixant, verser l'huile en filet afin d'obtenir une pâte ; si nécessaire ajouter 1/2 cuil. à soupe d'huile.
3 Préchauffer le four à 180 °C. Couper la queue du homard en tronçons en incisant au niveau des segments de la carapace. Réserver.
4 Gratter les moules avec une brosse dure et les ébarber. Jeter celles qui sont abîmées et celles que l'on ne parvient pas à refermer. Bien les rincer.
5 Fariner le poisson. Chauffer l'huile dans une grande poêle et le frire à feu moyen 2 à 3 minutes, en plusieurs fournées : il doit être bien doré partout. Le transférer dans une grande cocotte.
6 Remettre éventuellement un peu d'huile dans la

MOULES AUX DEUX SAUCES

Préparation : 25 minutes
Cuisson : 45 minutes
Pour 4 personnes

☆☆

1,25 kg de moules
3 cuil. à soupe d'huile d'olive
3 cuil. à soupe de mozzarella râpée
3 cuil. à soupe de parmesan râpé

Sauce tomate
2 gousses d'ail, écrasées
125 ml de vin blanc
3 cuil. à soupe de concentré de tomates

Sauce blanche
25 g de beurre
30 g de farine
250 ml de lait

CI-DESSOUS : Moules aux deux sauces

1 Gratter les moules avec une brosse dure et les ébarber. Jeter les moules abîmées et celles que l'on ne parvient pas à refermer. Bien les rincer.
2 Chauffer la moitié de l'huile dans une grande poêle, ajouter les moules et les cuire 4 à 5 minutes en secouant la poêle jusqu'à ce qu'elles s'ouvrent. Jeter les moules demeurées fermées. Tamiser le jus de cuisson et le réserver. Laisser refroidir et décoquiller les moules. Préchauffer le four à 190 °C.
3 Préparer la sauce tomate, chauffer le reste d'huile dans une poêle. Cuire l'ail à feu moyen jusqu'à ce qu'il soit doré. Verser le vin et le jus des moules réservé, porter à ébullition, réduire le feu et laisser frémir 4 à 5 minutes. Diluer le concentré de tomates dans 3 cuil. à soupe d'eau, puis l'incorporer au bouillon frémissant. Laisser mijoter 10 minutes de plus, saler et poivrer. Ôter du feu.
4 Pour préparer la sauce blanche, faire fondre le beurre à feu doux dans une poêle. Incorporer la farine et remuer 1 minute jusqu'à ce que le roux soit pâle et mousseux. Hors du feu, verser petit à petit le lait. Réchauffer et remuer jusqu'à ébullition et épaississement. Réduire le feu et laisser frémir 2 minutes. Saler et poivrer.
5 Mélanger les moules et la sauce tomate, puis en garnir quatre ramequins de 250 ml de contenance. Napper délicatement de sauce blanche et saupoudrer de fromage. Enfourner 20 minutes, le temps que les fromages fondent et que le dessus soit bien doré. Servir avec du pain croustillant.

HOMARD AU FOUR

Préparation : 15 minutes
Cuisson : 20 minutes
Pour 4 personnes

☆☆

2 grosses queues de homards crues
1 petite gousse d'ail, écrasée
125 ml d'huile
60 ml de cognac
60 ml de jus de citron
Sel et poivre de Cayenne
Quartiers de citron, pour servir

1 Préchauffer le four à 200 °C. Avec un couteau aiguisé, couper les queues de homard en deux dans le sens de la longueur. Dans un bol, mélanger l'ail, l'huile, le cognac et le jus de citron.
2 Saler et poivrer le homard et le badigeonner du mélange à l'huile. Le mettre dans un plat à four et cuire 15 à 20 minutes : la chair doit blanchir et la carapace, être orange vif. Arroser plusieurs fois en cours de cuisson. Servir avec des quartiers de citron.

RAGOÛT DE FRUITS DE MER AUX POMMES DE TERRE ET AU FENOUIL

Préparation : 25 minutes
Cuisson : 30 minutes
Pour 6 personnes

☆☆

18 à 20 moules
6 petits poulpes
16 crevettes moyennes crues
1 gros bulbe de fenouil
2 cuil. à soupe d'huile d'olive
2 blancs de poireaux, finement émincés
2 gousses d'ail, écrasées
1/2 cuil. à café de paprika
2 cuil. à soupe de Pernod ou Ricard (voir note)
170 ml de vin blanc sec
1/4 de cuil. à café de stigmates de safran
1/4 de cuil. à café de feuilles de thym frais
500 g d'escalopes de poisson (espadon, maquereau bonite, carangue bleue, lotte), coupées en gros morceaux
400 g de pommes de terre nouvelles
Tiges ou feuilles de fenouil, pour décorer

1 Gratter les moules avec une brosse dure et les ébarber. Jeter les moules abîmées et celles que l'on ne parvient pas à refermer. Bien les rincer.
2 À l'aide d'un petit couteau aiguisé, étêter les poulpes. Retourner le blanc pour extraire le bec avec l'index. Le jeter. Ouvrir les têtes et ôter le boyau. Bien les rincer.
3 Décortiquer les crevettes et ôter le boyau en partant de la tête.
4 Émincer finement le bulbe de fenouil et éliminer toute tache. Chauffer l'huile à feu moyen dans une poêle, cuire le fenouil, le poireau et l'ail. Ajouter le paprika, saler et poivrer légèrement. Cuire 8 minutes : les légumes deviennent tendres. Verser le Pernod et le vin et porter à ébullition 1 minute jusqu'à réduction d'un tiers.
5 Mettre les moules dans la poêle, couvrir et les cuire 4 à 5 minutes en secouant la poêle de temps en temps. Jeter celles qui sont demeurées fermées. Les ôter du feu et les laisser refroidir. Les décoquiller et réserver.
6 Mettre les stigmates de safran et le thym dans la poêle et cuire 1 à 2 minutes à feu moyen en remuant. Saler et poivrer si nécessaire et transférer dans une grande cocotte.

7 Ajouter les poulpes, les crevettes, le poisson et les pommes de terre au ragoût. Couvrir et laisser mijoter 10 minutes jusqu'à ce que les ingrédients soient tendres. Ajouter les moules, réchauffer à couvert. Servir, décoré de tiges ou feuilles de fenouil.

NOTES : La saveur anisée du Pernod et du Ricard complète celle du fenouil.
Prendre de toutes petites pommes de terre pour cette recette. Sinon, les couper en deux.

CI-DESSUS : Ragoût de fruits de mer aux pommes de terre et au fenouil

CI-DESSUS: *Truite au gingembre et à la coriandre*

TRUITE AU GINGEMBRE ET À LA CORIANDRE

Préparation: 20 minutes
Cuisson: 30 minutes
Pour 2 personnes

☆

- 2 truites arc-en-ciel d'environ 330 g chacune, vidées et écaillées
- 2 citrons verts, en fines rondelles
- 5 cm de gingembre frais, coupé en julienne
- 60 g de sucre en poudre
- 60 ml de jus de citron vert
- Zeste de 1 citron vert, coupé en fines lanières
- 10 g de feuilles de coriandre fraîche

1 Préchauffer le four à 180 °C. Laver les truites et essuyer l'intérieur et l'extérieur avec du papier absorbant. Farcir les truites de rondelles de citron vert et de la moitié du gingembre, puis les envelopper dans une grande feuille de papier d'aluminium légèrement huilée. Poser sur une plaque à four et cuire 20 à 30 minutes jusqu'à ce que la chair se défasse facilement. Entre-temps, préparer la sauce.
2 Dans une poêle, faire fondre le sucre dans 250 ml d'eau additionnée du jus de citron vert en remuant. Quand le sucre est dissous complètement, porter le liquide à ébullition, réduire le feu et laisser frémir 10 minutes: la sauce devient sirupeuse. Incorporer le reste de gingembre et le zeste de citron vert. Dresser les truites sur des assiettes. Décorer de feuilles de coriandre et arroser de la sauce chaude.
NOTES: Cette recette se réalise aussi avec de jeunes saumons.
Ce plat, peu calorique, est recommandé pour les personnes au régime.

TARTELETTES AU CRABE ET AUX OIGNONS

Préparation: 25 minutes
Cuisson: 20 minutes
Pour 15 pièces

☆

- 6 feuilles de brik toutes prêtes
- 30 g de beurre, fondu
- 340 g de miettes de crabes en boîte, égouttées
- 4 oignons nouveaux, hachés
- 2 œufs
- 185 ml de crème fleurette
- 1 cuil. à soupe de farine
- 90 g de gruyère ou de cheddar, râpé
- Brins de thym frais

1 Préchauffer le four à 180 °C. Étaler les feuilles de brik ensemble avec le beurre fondu. Découper 15 cercles de 8 cm de diamètre et en garnir des petits moules.
2 Égoutter les miettes de crabe, bien en exprimer l'eau. Faire fondre un peu de beurre dans une poêle et cuire les oignons. Les mélanger avec le crabe, les œufs, la crème, la farine et 60 g de fromage.
3 Répartir la garniture dans les moules et parsemer du reste de fromage. Décorer avec les brins thym. Enfourner 20 minutes, le temps que la pâte soit bien dorée.

POISSON À LA CITRONNELLE ET À LA CORIANDRE

Préparation : 15 minutes
Cuisson : 40 minutes
Pour 4 personnes

☆

4 escalopes de poisson d'environ 200 g (dorade coryphère, dorade royale, maigre)
Farine, assaisonnée de sel et de poivre moulu
2 à 3 cuil. à soupe d'huile d'arachide
2 oignons, émincés
2 tiges de citronnelle (partie blanche), finement hachées
4 feuilles de citron kaffir, finement ciselées
1 cuil. à café de cumin moulu
1 cuil. à café de coriandre moulue
1 cuil. à café de piment rouge, finement haché
185 ml de bouillon de poule
375 ml de lait de coco
3 cuil. à soupe de coriandre fraîche, hachée
2 cuil. à café de sauce de poisson

1 Préchauffer le four à 180 °C. Fariner le poisson. Chauffer la moitié de l'huile dans une grande poêle et cuire les escalopes à feu moyen, en deux fournées si nécessaire : elles doivent être bien dorées des deux côtés. Les transférer dans un plat à four creux.

2 Chauffer le reste d'huile dans la poêle. Cuire environ 5 minutes l'oignon et la citronnelle en remuant. Ajouter les feuilles de citron kaffir, le cumin, la coriandre et le piment, cuire 2 minutes en remuant : le mélange doit être odorant.

3 Dans la poêle, porter le bouillon de poule et le lait de coco à ébullition. En arroser les escalopes, couvrir et enfourner 30 minutes, le temps que le poisson soit tendre.

4 Dresser sur un plat. Incorporer la coriandre hachée et la sauce de poisson au reste de sauce. Assaisonner de sel et de poivre fraîchement moulu. Napper les escalopes de la sauce, puis servir.

CI-CONTRE : Poisson à la citronnelle et à la coriandre

POISSON PANÉ À L'AIL

Préparation : 15 minutes
Cuisson : 10 à 15 minutes
Pour 4 personnes

★

4 filets de poisson à chair blanche (saint-pierre, serran, dorade royale, brème) de 200 g chacun, dépouillés
75 g de beurre, fondu
3 gousses d'ail, écrasées
160 g de chapelure
1 cuil. à soupe de persil frais, finement haché
Quartiers de citron, pour servir

1 Préchauffer le four à 200 °C. Graisser un plat à four (suffisamment grand pour contenir les filets sur une seule couche) d'huile d'olive. Ranger les filets.
2 Dans un bol, amalgamer le beurre et l'ail et réserver. Mélanger la chapelure et le persil, puis enrober les filets de cette panure. Napper le dessus de beurre à l'ail.
3 Enfourner 10 à 15 minutes. La chair doit être blanche et se défaire facilement, le dessus doit être bien doré. Si le poisson est cuit mais pas le dessus, le passer quelques minutes sous le gril chaud, sans le faire brûler. Servir avec des quartiers de citron.

POISSON EN PAPILLOTE

Préparation : 20 minutes
Cuisson : 20 minutes
Pour 4 personnes

★

4 filets de poisson (saint-pierre, dorade royale, brème) de 200 g chacun, dépouillés
1 blanc de poireau, coupé en julienne
4 oignons nouveaux, coupés en julienne
30 g de beurre, ramolli
1 citron, coupé en 12 rondelles très fines
2 à 3 cuil. à soupe de jus de citron

1 Préchauffer le four à 180 °C. Déposer chaque filet au centre d'une feuille de papier sulfurisé suffisamment grande pour l'envelopper.
2 Répartir le poireau et l'oignon nouveau sur les filets. Déposer une noisette de beurre et 3 rondelles de citron. Arroser de jus de citron. Bien envelopper le poisson en repliant plusieurs fois le papier et en fermant les extrémités de façon à constituer des petits paquets. Enfourner sur une plaque à four 20 minutes (la vapeur fera gonfler le papier). Le poisson sera cuit lorsque sa chair se défera facilement. Dresser sur des assiettes de service chaudes, sortir des papillotes à l'aide d'une pelle à poisson ou servir dans les papillotes.

POISSON AU BOULGHOUR

Préparation : 25 minutes
+ 30 minutes de trempage
Cuisson : 35 minutes
Pour 4 personnes

★★

130 g de boulghour
1 oignon, grossièrement haché
250 g de filets (brochet, cabillaud, brème), dépouillés, coupés en petits morceaux
1/2 cuil. à café de zeste d'orange, finement râpé
2 cuil. à café de coriandre fraîche, finement hachée
2 cuil. à soupe d'huile
2 oignons, émincés, en plus
1 pincée de stigmates de safran

1 Faire tremper le boulgour 30 minutes dans 375 ml d'eau chaude. L'égoutter et ôter tout excédent d'eau sur du papier absorbant.
2 Entre-temps, mixer l'oignon 30 secondes. Ajouter le poisson et mixer jusqu'à ce que le hachis soit onctueux. Réfrigérer 10 minutes.
3 Préchauffer le four à 200 °C. Mettre le boulgour, le hachis de poisson à l'oignon, le zeste d'orange et la coriandre dans une jatte. Saler et poivrer. Bien mélanger et pétrir 5 minutes afin d'obtenir une pâte souple.
4 Chauffer 1 cuil. à soupe d'huile et faire dorer les oignons. Ébouillanter légèrement le safran et le laisser refroidir. Verser le safran et son jus sur l'oignon. Saler et poivrer.
5 Tapisser le fond d'un plat à four rond avec la moitié du hachis de poisson à l'oignon. Recouvrir avec les oignons parfumés au safran, puis avec le reste de hachis. Égaliser le dessus. Tracer des losanges et arroser du reste d'huile. Enfourner 25 à 30 minutes. Laisser refroidir, puis découper en parts.

PAPILLOTES
Lorsque le poisson, la viande ou les légumes sont cuits enveloppés dans du papier d'aluminium ou sulfurisé, ce sont des papillotes. En cuisant, la vapeur emprisonnée fait gonfler le papier et forme une sorte de dôme ou de tente. Pour servir, on peut présenter le plat avec la papillote et l'ouvrir devant ses invités. Le papier d'aluminium ne gonfle pas autant que les autres papiers disponibles pour ce mode de cuisson.

PAGE CI-CONTRE : Poisson pané à l'ail (en haut) ; poisson en papillote

BRIKS À L'ŒUF

Casser doucement un œuf au centre du mélange au thon.

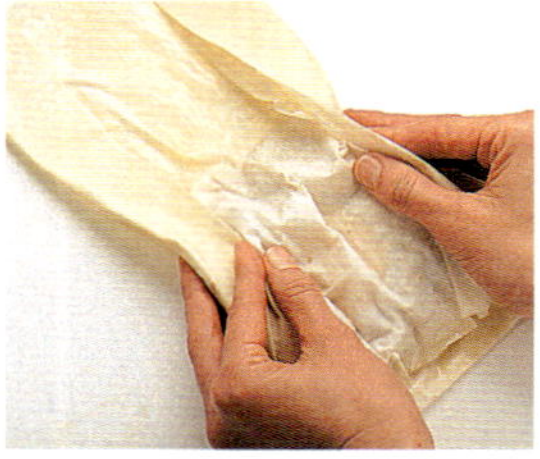

Étaler 2 autres demi-feuilles de brik avec du beurre et en recouvrir l'œuf et le thon.

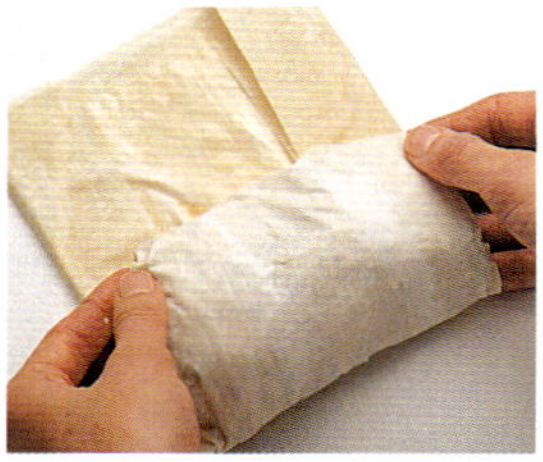

Rabattre les bords et rouler fermement, en gardant l'œuf entier.

BRIKS À L'ŒUF

Préparation : 30 minutes
Cuisson : 15 minutes
Pour 2 personnes

★★

6 feuilles de brik toutes prêtes
30 g de beurre, fondu
1 petit oignon, finement haché
200 g de thon à l'huile en boîte, égoutté
6 olives noires, dénoyautées et hachées
1 cuil. à café de persil frais, finement haché
2 œufs

1 Préchauffer le four à 200 °C. Couper les feuilles de brik en deux dans le sens de la largeur. Superposer 4 demi-feuilles en beurrant la surface de chacune. Couvrir le reste des feuilles d'une serviette humide. Mélanger l'oignon, le thon, les olives et le persil dans un bol et en répartir la moitié au milieu des feuilles de brik beurrées. Creuser un puits au centre du mélange au thon et casser un œuf dedans, en veillant à ce qu'il reste entier. Assaisonner de sel et de poivre noir fraîchement moulu.
2 Étaler 2 autres demi-feuilles de brick avec du beurre et en recouvrir l'œuf et le thon. Rabattre les bords et rouler fermement, en gardant l'œuf entier. Dorer au beurre et déposer sur une plaque à four légèrement graissée. Confectionner la seconde brik à l'œuf.
3 Enfourner 15 minutes : les briks doivent bien dorer. Les servir chaudes.
NOTE : Au bout de 15 minutes, le jaune est mollet. Pour un jaune dur, cuire plus longtemps.

HADDOCK DUGLESE

Préparation : 20 minutes
Cuisson : 30 minutes
Pour 4 personnes

★

500 g de filets de haddock ou de cabillaud fumé
250 ml de vin blanc sec
1 cuil. à café de grains de poivre noir
1 gros oignon, émincé en tranches de 1 cm
30 g de beurre
2 cuil. à soupe de farine
2 tomates, pelées, épépinées et hachées
60 ml de crème fleurette
1 cuil. à soupe de persil frais haché, pour décorer

CI-CONTRE : Briks à l'œuf

1 Préchauffer le four à 180 °C. Bien rincer le haddock et le mettre dans une casserole d'eau. Porter lentement à ébullition, réduire le feu et laisser frémir à découvert 5 minutes. Jeter l'eau.
2 Arroser le haddock avec le vin et 250 ml d'eau, ajouter les tranches d'oignon et les grains de poivre. Couvrir et faire doucement frémir 5 à 8 minutes jusqu'à ce que la chair soit tendre.
3 Ôter le haddock à l'aide d'une écumoire et le déposer dans un plat à four. Réserver 250 ml du bouillon pour la sauce.
4 Préparer la sauce, faire fondre le beurre à feu doux, incorporer la farine et cuire le roux 1 minute jusqu'à ce qu'il soit pâle et mousseux. Verser le bouillon réservé hors du feu, réchauffer et remuer jusqu'à ébullition et épaississement. Réduire le feu et laisser frémir 2 minutes. Ajouter la tomate et la crème et réchauffer en remuant.
5 Napper le poisson de la sauce, saupoudrer de persil et enfourner 15 à 20 minutes. Servir sans attendre avec une purée de pommes de terre et des légumes cuits à la vapeur.

POCHONS AUX CREVETTES

Préparation : 30 minutes
+ 15 minutes de réfrigération
Cuisson : 30 minutes
Pour 4 personnes

☆☆

250 g de farine
125 g de beurre froid, coupé en cubes
1 kg de crevettes moyennes crues
1 cuil. à soupe d'huile
5 cm de gingembre, râpé
3 gousses d'ail, écrasées
80 ml de sauce de piment doux
80 ml de jus de citron vert
80 ml de crème fraîche épaisse
25 g de coriandre fraîche, hachée
1 jaune d'œuf, légèrement battu, pour dorer
Zeste de citron vert, pour décorer

1 Préparer la pâte à foncer. Dans une jatte, amalgamer du bout des doigts la farine et le beurre. Creuser un puits, verser 3 cuil. à soupe d'eau et mixer en utilisant la lame plate. Rassembler la pâte et la travailler sur le plan de travail légèrement fariné. Former une boule, puis l'aplatir. L'envelopper dans du film alimentaire et la réfrigérer 15 minutes.
2 Préchauffer le four à 200 °C. Décortiquer les crevettes et ôter le boyau en partant de la tête.

3 Chauffer l'huile dans une sauteuse et faire revenir 2 à 3 minutes le gingembre, l'ail et les crevettes. Ôter les crevettes et les réserver. Ajouter dans la poêle la sauce de piment, le jus de citron vert et la crème, laisser frémir jusqu'à réduction d'environ un tiers. Remettre les crevettes et ajouter la coriandre. Laisser refroidir.
4 Beurrer 2 plaques à four. Diviser la pâte en 4 portions et les étaler sur des feuilles de papier sulfurisé en disques de 20 cm de diamètre. Répartir la farce sur dessus, en laissant un large bord. Rabattre grossièrement les bords sur la farce et former les pochons. Badigeonner la pâte de jaune d'œuf. Enfourner 25 minutes. Servir avec des quartiers de citron vert.

CI-DESSUS : Pochons aux crevettes

CI-DESSUS : *Tartelettes au poisson et aux herbes*

TARTELETTES AU POISSON ET AUX HERBES

Préparation : 40 minutes
+ 15 minutes de réfrigération
Cuisson : 45 minutes
Pour 8 tartelettes

☆☆

155 g de farine
90 g de beurre, en petits morceaux
1 cuil. à soupe de thym frais, haché
1 cuil. à soupe d'aneth frais, haché
2 cuil. à soupe de persil frais, haché
90 g de cheddar, finement râpé
3 à 4 cuil. à soupe d'eau glacée

Garniture
400 g de filets de poisson à chair blanche (carangue bleue, cabillaud, maigre), dépouillés
2 oignons nouveaux, finement hachés
2 cuil. à soupe de persil frais, haché
60 g de cheddar, finement râpé
2 œufs
125 ml de crème fleurette

1 Graisser légèrement des moules à tartelette de 10 cm de diamètre. Préparer la pâte à foncer. Dans une jatte, mélanger du bout des doigts la farine et le beurre. Incorporer le fromage et les aromates. Creuser un puits au centre, verser l'eau et mixer en utilisant la lame plate. Rassembler la pâte et la travailler sur le plan de travail légèrement fariné. Ajouter un peu d'eau si nécessaire et former une boule. L'envelopper dans du film alimentaire et la réfrigérer 15 minutes.

2 Préchauffer le four à 210 °C. Diviser la pâte en 8 portions. Les abaisser sur un plan de travail fariné et en garnir les moules ; bien presser sur les côtés et égaliser les bords avec un couteau aiguisé ou un rouleau à pâtisserie. Recouvrir la pâte de papier sulfurisé et mettre dessus des haricots secs ou des grains de riz. Enfourner les tartelettes 10 minutes : la pâte doit dorer. Les laisser refroidir.

3 Dans une sauteuse, recouvrir les filets de poisson d'eau. Porter à ébullition, réduire le feu et laisser frémir 3 minutes. Les ôter à l'aide d'une écumoire et les égoutter sur du papier absorbant. Les laisser refroidir et les effeuiller avec une fourchette. Répartir le poisson entre les moules, saupoudrer d'oignon, de persil et du fromage mélangés. Dans un bol, battre les œufs et la crème, verser sur le poisson. Enfourner 25 minutes, jusqu'à ce que le dessus soit saisi et bien doré. Servir sans attendre.

NOTE : Cette recette se réalise aussi avec du poisson fumé. On peut utiliser un moule à tarte de 23 cm de diamètre ; la cuisson sera alors un peu plus longue, vérifier au bout de 25 minutes.

ROULEAUX DE FRUITS DE MER

Préparation : 25 minutes
Cuisson : 35 minutes
Pour 20 rouleaux

☆☆

250 g de filets de poisson à chair blanche (cabillaud, dorade, colin, serran), dépouillés
100 g de noix de Saint-Jacques
400 g de crevettes moyennes cuites
30 g de beurre
1 cuil. à soupe de jus de citron
1 cuil. à soupe de farine
250 ml de lait
60 g de cheddar, râpé
1 cuil. à soupe de ciboulette fraîche, hachée
1 cuil. à soupe d'aneth frais, haché
10 feuilles de brik toutes prêtes
60 g de beurre, fondu
2 cuil. à café de graines de sésame ou de pavot

1 Préchauffer le four à 180 °C. Recouvrir une plaque à four de papier sulfurisé.
2 Couper les filets en lanières de 1 cm de large. Rincer les Saint-Jacques et ôter tout boyau, membrane et muscle blanc dur, en laissant le corail attaché. Décortiquer les crevettes et ôter le boyau en partant de la tête.
3 Faire fondre le beurre dans une poêle. Cuire le poisson, les noix avec le jus de citron 1 minute environ à feu moyen. Les ôter de la poêle avec une écumoire. Les transférer dans une jatte et réserver au chaud.
4 Incorporer la farine au beurre et confectionner un roux, remuer jusqu'à ce qu'il soit pâle et mousseux. Hors du feu, verser petit à petit le lait. Réchauffer et remuer jusqu'à ébullition et épaississement. Réduire le feu et laisser frémir 2 minutes. Ajouter le cheddar, la ciboulette, l'aneth, le poisson, les Saint-Jacques et les crevettes. Ôter du feu, saler et poivrer. Recouvrir de film alimentaire.
5 Superposer 2 feuilles de brik en beurrant la surface de chacune et les couper en 4 bandes égales. Couvrir les autres feuilles d'une serviette humide. Déposer 2 cuil. à soupe de la garniture aux fruits de mer à une extrémité de la pâte, rabattre les bords, puis former un rouleau. Préparer les 19 autres rouleaux de la même façon. Les ranger, fermeture en dessous, sur la plaque beurrée. Dorer avec le reste de beurre fondu, saupoudrer de graines de pavot et enfourner 20 minutes.
NOTE : La garniture peut se préparer la veille. La réfrigérer jusqu'à emploi.

CI-CONTRE : Rouleaux de fruits de mer

ESCALOPES DE POISSON ÉPICÉES

Préparation : 15 minutes
Cuisson : 15 à 20 minutes
Pour 4 personnes

☆

1 cuil. à soupe d'huile
1 oignon, haché menu
2 gousses d'ail, finement hachées
5 cm de gingembre frais, finement râpé
1 cuil. à café de coriandre moulue
1 tige de citronnelle (partie blanche), finement hachée
2 cuil. à café de concentré de tamarin
2 cuil. à café de zeste de citron, finement râpé
4 petites escalopes de poisson prélevées dans la queue (dorade royale)
Quartiers de citron vert, pour décorer

1 Préchauffer le four à 160 °C. Recouvrir une plaque à four de papier d'aluminium graissé pour éviter que le poisson n'attache.
2 Chauffer l'huile dans une poêle, cuire l'ail, l'oignon, le gingembre, la coriandre et la citronnelle 5 minutes environ à feu moyen.
3 Incorporer le tamarin, le zeste de citron et assaisonner de poivre noir. Laisser refroidir, puis badigeonner les escalopes de ce mélange. Les ranger sur la plaque. Enfourner 10 à 15 minutes : la chair doit se défaire facilement. Ne pas trop les cuire. Servir avec les quartiers de citron vert.

CURRY DE BOMBAY AU POISSON

Préparation : 15 à 20 minutes
Cuisson : 40 minutes
Pour 4 à 6 personnes

☆

60 g de ghee (beurre clarifié)
1 petit oignon, finement haché
1 gousse d'ail, écrasée
2 piments rouges séchés, hachés
1/2 cuil. à café de gingembre frais râpé
1 cuil. à soupe de coriandre moulue
1 cuil. à café de curcuma moulu
1 cuil. à café de moutarde
1/2 cuil. à café de piment en poudre

CI-DESSOUS : Escalopes de poisson épicées

315 ml de lait de coco
2 cuil. à soupe de jus de citron frais
1 poisson entier (dorade royale, brème) de 1 kg, vidé et écaillé

1 Faire fondre le ghee dans une poêle, cuire l'oignon, l'ail, avec le piment, le gingembre, la coriandre, le curcuma, la moutarde et le piment 3 minutes en remuant.
2 Verser le lait de coco et le jus de citron. Porter à ébullition, réduire le feu et laisser frémir à découvert jusqu'à épaississement.
3 Ajouter le poisson, couvrir et cuire à feu doux 20 minutes jusqu'à ce que la chair soit tendre. Le retourner une fois. Remuer la sauce de temps en temps.

DORADE ROYALE À LA THAÏLANDAISE

Préparation : 10 minutes
Cuisson : 30 minutes
Pour 4 à 6 personnes

☆

2 gousses d'ail, écrasées
1 cuil. à soupe de sauce de poisson
2 cuil. à soupe de jus de citron
1 cuil. à soupe de gingembre frais râpé
2 cuil. à soupe de sauce de piment doux
2 cuil. à soupe de coriandre fraîche, hachée
1 cuil. à soupe de vinaigre de riz
1 dorade entière de 1 kg, vidée et écaillée
2 oignons nouveaux, coupés en julienne

1 Préchauffer le four à 190 °C. Dans un pichet, bien mélanger l'ail, la sauce de poisson, le jus de citron, le gingembre, la sauce de piment, la coriandre et le vinaigre de riz.
2 Mettre la dorade sur une grande feuille d'aluminium bien graissée, le tout dans un plat à four. Arroser de marinade et ajouter les oignons.
3 Envelopper la dorade dans la papillote. Enfourner 20 à 30 minutes : la chair doit se défaire facilement. Servir sans attendre avec du riz cuit à la vapeur.
NOTES : Bien graisser le papier d'aluminium, sinon la peau du risque d'attacher. Ôter la peau, après avoir ouvert la papillote.
Cette recette se réalise aussi avec de la brème de mer ou de la perche argentée.

DORADE ROYALE
Ce gros poisson est souvent appelé « la dorade du vieil homme ». Dans certaines régions, les spécimens les plus âgés développent une sorte de protubérance sur la nuque, et le nez enfle sensiblement. Vu de profil, l'animal ressemble alors à un vieil homme.

CI-DESSUS : Dorade royale à la thaïlandaise

CURRY DE POISSON MALAIS

Préparation : 25 minutes
Cuisson : 25 minutes
Pour 4 personnes

☆☆

500 g de filets de poisson à chair blanche (lingue, roussette, colin), dépouillés
3 à 6 piments rouges moyens frais
1 oignon, haché
4 gousses d'ail
3 tiges de citronnelle (partie blanche), émincées
4 cm de gingembre frais, émincé
2 cuil. à café de pâte de crevettes
60 ml d'huile
1 cuil. à soupe de poudre de curry (voir note)
250 ml de lait de coco
1 cuil. à soupe de concentré de tamarin
1 cuil. à soupe de kecap manis
2 tomates mûres, hachées
1 cuil. à soupe de jus de citron

1 Couper le poisson en cubes. Mixer grossièrement les piments, l'oignon, l'ail, la citronnelle, le gingembre et la pâte de crevettes. Ajouter 2 cuil. à soupe d'huile pour lier le curry. Le mixer jusqu'à former une pâte souple ; racler souvent les bords du bol mixeur avec une spatule.

2 Chauffer le reste d'huile dans un wok ou une sauteuse et ajouter le curry. Cuire 3 à 4 minutes à feu doux en remuant constamment jusqu'à ce que le mélange soit très odorant. Incorporer la poudre de curry et remuer 2 autres minutes. Ajouter le lait de coco, le tamarin, le kecap manis et 250 ml d'eau. Porter à ébullition, en remuant de temps en temps, puis réduire le feu et laisser frémir 10 minutes.

3 Ajouter les cubes de poisson, les tomates et le jus de citron. Saler et poivrer. Laisser mijoter 5 minutes jusqu'à ce que la chair du poisson se défasse facilement. Servir sans attendre avec du riz cuit à la vapeur.

NOTE : La poudre de curry est constituée d'un mélange d'épices qui rehausse les fruits de mer. On la trouve dans les épiceries asiatiques. Pour un curry plus relevé, laisser les graines de piments.

CI-DESSUS : Curry de poisson malais

CURRY VERT THAÏLANDAIS AU POISSON

Préparation : 40 minutes
Cuisson : 20 minutes
Pour 4 personnes

☆☆

- 4 piments verts frais, épépinés et hachés
- 4 oignons nouveaux, hachés
- 1 petit oignon, grossièrement haché
- 2 gousses d'ail, écrasées
- 2 tiges de citronnelle (partie blanche), hachées
- 1 cuil. à soupe de racine de coriandre fraîche, hachée
- 6 cuil. à soupe de feuilles de coriandre fraîche
- 6 grains de poivre noir
- 1 cuil. à café de coriandre moulue
- 2 cuil. à café de cumin moulu
- 2 cuil. à café de zeste de citron vert, râpé
- 2 cuil. à café de pâte de crevettes
- 1 cuil. à café de curcuma moulu
- 1 cuil. à café de sel
- 3 cuil. à soupe d'huile
- 600 ml de lait de coco
- 2 feuilles de citron kaffir, séchées
- 2 cm de racine de galanga séché
- 1 cuil. à soupe de sauce de poisson
- 750 g de filets de poisson à chair blanche (cabillaud), dépouillés et coupés en cubes

1 Préparer le curry. Mixer les piments, les oignons, l'ail, la citronnelle, la racine et la moitié des feuilles, le poivre, la coriandre moulue, le cumin, le zeste, la pâte de crevettes, le curcuma, le sel et 2 cuil. à soupe d'huile, afin d'obtenir une pâte souple.

2 Chauffer le reste d'huile dans une poêle et cuire la moitié du curry 2 minutes, jusqu'à ce qu'il soit odorant. Ajouter le lait de coco, les feuilles de citron kaffir, le galanga et la sauce de poisson. Bien mélanger.

3 Incorporer le poisson, couvrir et laisser mijoter 15 minutes : la chair devient tendre et la sauce épaissit. Ajouter le reste de feuilles de coriandre. Servir avec du riz.

NOTE : Préparé la veille, ce curry est meilleur. Réfrigérer à couvert. Pour un curry plus épicé, ne pas épépiner le piment. Le surplus de curry se conserve dans un récipient hermétique 2 semaines au réfrigérateur ou 2 mois au congélateur.

GALANGA

Il existe deux variétés de galanga, qui portent des noms différents selon les pays : le grand galanga, à la peau teintée de rouge orangé, qui est consommé en tranches fraîches ou séchées, et dont la saveur est moins piquante que celle de l'autre variété, le petit galanga, vendu également séché ou en poudre. Ils sont surtout utilisés pour aromatiser les currys et les viandes mijotées.

CI-DESSUS : Curry vert thaïlandais au poisson

GOMBOS AUX CREVETTES

Incorporer la farine dans l'huile à l'aide d'une cuillère en bois, remuer jusqu'à ce qu'elle roussisse.

Ajouter les gombos, le laurier et les tomates et porter à ébullition.

Incorporer les crevettes et le roux, saler et poivrer.

PAGE CI-CONTRE : Gombos aux crevettes (en haut) ; burritos de fruits de mer

GOMBOS AUX CREVETTES

Préparation : 30 minutes
Cuisson : 50 minutes
Pour 4 personnes

☆☆

1 kg de crevettes moyennes crues
60 ml d'huile
6 tranches de bacon, finement hachées
2 cuil. à soupe 1/2 de farine
2 cuil. à soupe d'huile, en plus
2 oignons, finement hachés
1/2 cuil. à café de poivre de Cayenne
1 poivron rouge, haché
1 poivron vert, haché
16 gombos, pédoncules ôtés, coupés en deux dans le sens de la longueur
1 feuille de laurier
800 g de tomates pelées en boîte
1/2 à 1 cuil. à café de Tabasco

1 Décortiquer les crevettes en laissant la queue intacte. Ôter le boyau en partant de la tête. Couvrir et réserver.
2 Chauffer l'huile dans une grande poêle, cuire le bacon 5 minutes à feu moyen. Incorporer la farine et remuer jusqu'à ce qu'elle roussisse. Ôter de la poêle : ce roux servira à épaissir et à donner du goût aux gombos.
3 Ajouter 2 cuil. d'huile et faire revenir l'oignon, le poivre de Cayenne et les poivrons 5 minutes à feu moyen en remuant : l'oignon doit bien dorer.
4 Ajouter les gombos, le laurier et les tomates, porter à ébullition. Réduire le feu et laisser mijoter 30 minutes. Si la sauce est trop épaisse, mouiller avec de l'eau (pas plus de 250 ml).
5 Incorporer les crevettes et le roux à la sauce. Saler et poivrer, rehausser de Tabasco. Cuire 5 minutes : les crevettes doivent être roses et cuites.

BURRITOS DE FRUITS DE MER

Préparation : 45 minutes
Cuisson : 40 minutes
Pour 4 personnes

☆☆

250 g de noix de Saint-Jacques
500 g de crevettes moyens crues
500 g de filets de saumon ou de truite de mer, dépouillés
60 g de beurre
2 cuil. à soupe d'huile
2 gousses d'ail, écrasées
3 petits piments rouges, égrainés et finement hachés
4 grandes tortillas
125 ml de crème fleurette
185 ml de lait
125 ml de crème fraîche
35 g de parmesan, râpé
2 cuil. à soupe de persil frais, haché
125 g de cheddar, râpé
Sauce de piment, pour servir

1 Ôter tout boyau, membrane et muscle blanc dur des Saint-Jacques, en laissant le corail attaché. Décortiquer les crevettes et ôter le boyau en partant de la tête. Couper le saumon en petits morceaux.
2 Préchauffer le four à 160 °C. Faire fondre la moitié du beurre avec l'huile. Faire revenir l'ail et les piments 1 minute, ajouter les Saint-Jacques, les cuire 2 à 3 minutes. Les ôter de la poêle et les égoutter sur du papier absorbant. Ajouter les crevettes, les cuire 2 à 3 minutes et les égoutter sur du papier absorbant. Ajouter le saumon, le cuire 2 à 3 minutes et l'égoutter sur du papier absorbant. Réserver les fruits de mer et le saumon dans un bol.
3 Envelopper les tortillas dans du papier d'aluminium et les réchauffer au four 10 minutes. Faire fondre le reste de beurre à feu doux, incorporer la farine et cuire 1 minute, jusqu'à ce que le roux soit pâle et mousseux. Hors du feu, verser petit à petit la crème et le lait mélangés. Réchauffer en remuant jusqu'à ébullition et épaississement. Ajouter la crème fraîche, sans faire bouillir, le parmesan et le persil, verser sur les fruits de mer et le poisson et bien mélanger.
4 Napper les tortillas de ce mélange et les rouler. Les ranger dans un plat à four légèrement graissé, saupoudrer de cheddar et enfourner 15 à 20 minutes : le fromage doit être bien fondu. Servir avec la sauce de piment.

SARDINES SUR UN LIT DE LÉGUMES GRILLÉS

Préparation : 25 minutes
Cuisson : 35 minutes
Pour 4 personnes

☆

2 gros poivrons rouges
4 petites aubergines, coupées en quatre dans le sens de la longueur

Garniture
1 cuil. à soupe d'huile d'olive
1 cuil. à soupe de vinaigre balsamique
1/2 cuil. à café de cassonade
1 gousse d'ail, écrasée
1 cuil. à soupe de ciboulette fraîche, hachée
16 sardines fraîches (environ 300 g), fendues en deux et aplaties
1 tranche de pain blanc, croûte ôtée
2 cuil. à soupe de persil frais
1 gousse d'ail, écrasée
1 cuil. à café de zeste de citron râpé

CI-DESSOUS : Sardines sur un lit de légumes grillés

1 Préchauffer le four à 180 °C. Huiler un grand plat à four. Préchauffer le gril et recouvrir une grille d'une feuille de papier d'aluminium.
2 Couper les poivrons en quatre, les égrainer. Passer sous le gril jusqu'à ce que la peau noircisse et se fende. Les laisser refroidir dans un sac plastique, les peler et les couper en larges lanières. Huiler légèrement les aubergines et faire griller chaque côté 3 à 5 minutes : elles doivent ramollir.
3 Mélanger l'huile, le vinaigre, la cassonade, l'ail et la ciboulette dans un pichet et bien secouer. Arroser les poivrons et les aubergines de cette vinaigrette, bien mélanger et réserver.
4 Ranger les sardines dans le plat à four en les espaçant. Mixer le pain, le persil, l'ail et le zeste de citron. Saupoudrer les poissons de cette panure. Enfourner 10 à 15 minutes environ. Présenter les sardines sur un lit de poivrons et d'aubergines, puis servir.

ROULEAUX DE POISSON À L'ITALIENNE

Préparation : 25 minutes
Cuisson : 20 minutes
Pour 4 à 6 personnes

☆

1 grosse tomate mûre
1 cuil. à soupe de câpres en boîte, égouttées et hachées
45 g d'olives vertes farcies, hachées
3 cuil. à soupe de thym-citron frais, finement haché
30 g de Romano (fromage italien), finement râpé
2 cuil. à café de zeste de citron, finement râpé
1/4 de cuil. à café de poivre noir, fraîchement moulu
8 minces filets (environ 850 g) de poisson à chair blanche (saint-pierre, brème, perche, dorade royale), dépouillés
250 ml de vin blanc
2 cuil. à soupe de jus de citron
3 cuil. à soupe de feuilles de thym-citron frais
2 feuilles de laurier

1 Préchauffer le four à 160 °C. Inciser en croix la base de la tomate. La disposer dans une jatte en Pyrex et la couvrir d'eau bouillante. La faire blanchir 30 secondes, la plonger dans de l'eau froide, puis la peler en partant de la croix. La couper en deux et l'épépiner. Hacher grossièrement la pulpe dans un bol, puis incorporer les câpres, les olives, le thym, le fromage, le zeste de citron et le poivre noir.

2 Placer les filets, le côté dépouillé sur le dessus, sur un plan de travail. Les napper de la sauce tomate de façon uniforme, les rouler et les fermer avec des cure-dents ou des brochettes. Les ranger dans une cocotte.

3 Verser le vin et le jus de citron sur les rouleaux de poisson, ajouter le thym et le laurier, couvrir et enfourner 20 minutes jusqu'à ce que la chair du poisson se défasse facilement.

POULPES AU VIN ROUGE

Préparation: 45 minutes
Cuisson: 2 heures 20 minutes
Pour 4 personnes

☆☆

1 kg de petits poulpes
2 cuil. à soupe d'huile d'olive
180 g de petits oignons bruns au vinaigre
80 ml de vinaigre de vin rouge
185 ml de vin rouge sec
1 tomate mûre, râpée
1 feuille de laurier
1 cuil. à café de feuilles d'origan séchées

1 Préparer les poulpes. Les étêter avec un petit couteau aiguisé. Ôter les yeux en coupant un anneau de chair an partant de la base des têtes. Vider les têtes : les inciser délicatement et ôter le boyau. Bien les rincer. Couper les têtes en deux. Ôter les becs situés au centre des tentacules. Couper les tentacules en deux ou en quatre selon leur taille. Enlever la peau des têtes et des tentacules, si elle vient facilement.

2 Mettre les poulpes dans une grande poêle et les cuire à feu vif 15 à 20 minutes dans leur jus, jusqu'à évaporation totale. Ajouter l'huile, les oignons et bien mélanger. Ajouter le vinaigre, le vin, la tomate, le laurier, l'origan, 250 ml d'eau et 1/2 cuil. à café de poivre noir concassé. Porter à ébullition. Réduire le feu et laisser mijoter jusqu'à ce que la chair des poulpes soit tendre. Mouiller éventuellement avec un peu d'eau et poursuivre la cuisson. Le jus restant doit juste recouvrir les poulpes, comme une sauce.

NOTE: Les petits poulpes sont plus tendres que les gros. Le poulpe appartient à la même famille que les calmars et les seiches, qui conviennent également à cette recette.

POULPES AU VIN ROUGE

Ôter les yeux en coupant un anneau de chair en partant de la base de la tête.

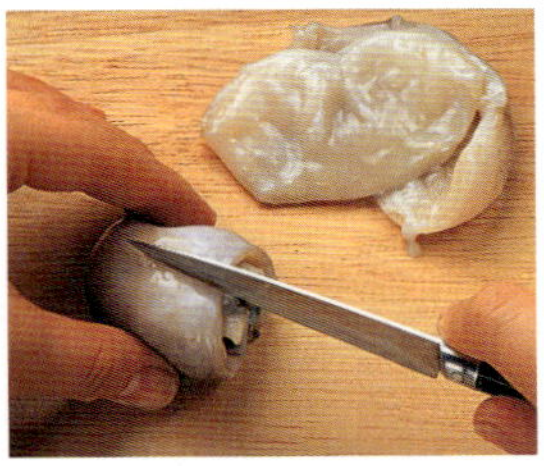

Inciser délicatement la tête et ôter le boyau.

Avec les doigts, ôter le bec situé au centre des tentacules.

Cuire les poulpes à feu vif dans leur jus jusqu'à évaporation.

CI-DESSUS : Poulpes au vin rouge

CI-DESSUS : Fruits de mer Mornay

FRUITS DE MER MORNAY

Préparation : 35 minutes
Cuisson : 35 minutes
Pour 8 à 10 personnes

☆

80 g de beurre
60 g de farine
125 ml de vin blanc sec
250 ml de crème fraîche épaisse
250 ml de lait
125 g de cheddar, râpé
2 cuil. à soupe moutarde en grains
1 cuil. à soupe de raifort, râpé
6 oignons nouveaux, hachés
80 g de chapelure
1 kg de filets de poisson à chair blanche (lotte, colin, dorade royale), dépouillés et coupés en cubes
450 g de noix de Saint-Jacques, nettoyées
400 g de petites crevettes cuites, décortiquées

Gratin
240 g de chapelure
3 cuil. à soupe de persil frais, haché
60 g de beurre, fondu
125 g de cheddar, râpé

1 Préchauffer le four à 180 °C. Beurrer un plat à gratin de 2 l de contenance.

2 Faire fondre 60 g de beurre à feu doux, incorporer la farine, remuer jusqu'à ce que le roux soit pâle et mousseux. Hors du feu, verser petit à petit le vin, la crème et le lait. Réchauffer à feu vif, remuer jusqu'à ébullition et épaississement. Saler et poivrer. Ajouter le cheddar, la moutarde, le raifort, l'oignon nouveau et la chapelure. Bien mélanger et réserver.

3 Dans une sauteuse, faire fondre le reste de beurre. Cuire à feu doux les cubes de poisson et les Saint-Jacques : ils doivent changer de couleur. Les égoutter, les mettre dans la sauce avec les crevettes. Transférer dans le plat à gratin.

4 Mélanger tous les ingrédients du gratin et en couvrir les fruits de mer et le poisson. Enfourner 35 minutes : le gratin doit être doré et la sauce bouillonner.

CIOPPINO

Préparation : 30 minutes
+ 20 minutes de trempage
Cuisson : 1 heure
Pour 4 personnes

☆☆

2 champignons chinois séchés
1 kg de filets de poisson à chair blanche (colin, dorade royale, serran, rouget), dépouillés
375 g de grosses crevettes crues
1 queue de homard crue (environ 400 g)
12 à 15 moules
60 ml d'huile d'olive
1 gros oignon, finement haché
1 poivron vert, finement haché
2 à 3 gousses d'ail, écrasées
425 g de tomates concassées en boîte
250 ml de vin blanc
250 ml de jus de tomates
250 ml de fumet de poisson
1 feuille de laurier
2 brins de persil frais
2 cuil. à café de basilic frais, haché
1 cuil. à soupe de persil frais, haché, en plus

1 Dans un bol, ébouillanter les champignons et les laisser tremper 20 minutes. Couper le poisson en petits morceaux, en retirant les arêtes.
2 Décortiquer les crevettes, en laissant la queue intacte. Ôter le boyau en commençant par la tête.
3 En partant de l'endroit où se trouvait la tête, couper le homard en deux dans le sens de la longueur à l'aide d'un couteau tranchant. Ôter la chair de la carapace et la couper en petits morceaux.
4 Gratter les moules avec une brosse dure et les ébarber. Jeter les moules abîmées et celles que l'on ne parvient pas à refermer. Bien les rincer.
5 Égoutter les champignons en les pressant bien et les hacher menu. Chauffer l'huile dans une casserole à fond épais, faire revenir l'oignon, le poivron et l'ail 5 minutes à feu moyen. Ajouter les tomates, les champignons, le vin, le jus de tomate, le fumet, le laurier, le persil et le basilic. Porter à ébullition, réduire le feu, couvrir et laisser mijoter 30 minutes.
6 Mettre le poisson et les crevettes dans une grande casserole. Verser la sauce, couvrir et laisser mijoter 10 minutes à feu doux : les crevettes doivent être roses et le poisson, cuit. Ajouter le homard et les moules, poursuivre la cuisson 4 à 5 minutes. Jeter les moules demeurées fermées. Saler, poivrer et saupoudrer de persil.

CRUMBLE AU SAUMON

Peler et couper en quatre 1 kg de pommes de terre farineuses, type charlotte. Les cuire, les égoutter et les réduire en purée. Faire fondre 60 g de beurre dans une poêle et cuire 10 oignons nouveaux finement hachés et 2 gousses d'ail, jusqu'à ce qu'ils soient tendres. Les incorporer à la purée avec 4 cuil. à soupe de lait et 415 g de saumon en boîte égoutté et effeuillé. Transférer dans un plat à four creux. Préparer le crumble : mélanger 60 g de beurre fondu avec 160 g de chapelure, 3 cuil. à soupe de cheddar râpé et du persil haché. Le répartir sur la purée. Enfourner 20 minutes à 200 °C : le crumble doit être doré et croustillant. Pour 4 à 6 personnes.

CI-DESSOUS : Cioppino

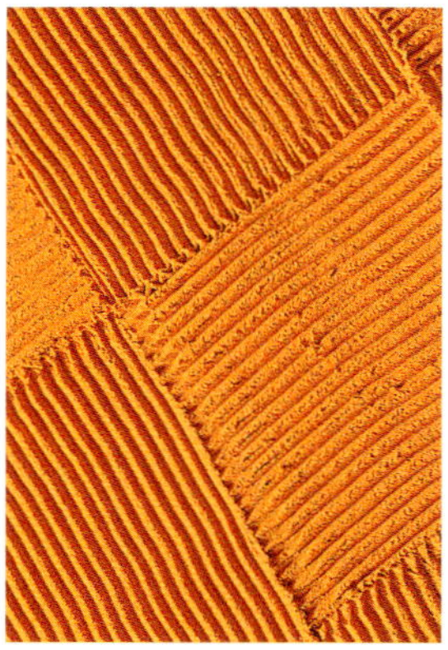

CURRY DE CREVETTES INDIEN

Préparation : 25 minutes
Cuisson : 20 minutes
Pour 4 personnes

☆

1 kg de crevettes moyennes crues
25 g de ghee (beurre clarifié) ou de beurre
1 oignon, finement haché
3 gousses d'ail, écrasées
1 cuil. à café de gingembre frais râpé
1/2 cuil. à café de poivre de Cayenne
2 cuil. à café de cumin moulu
1 cuil. à café de garam masala
1/2 cuil. à café de curcuma moulu
425 g de tomates concassées en boîte, non égouttées
80 ml de crème de coco
2 cuil. à café de piment vert, finement haché
2 cuil. à soupe de coriandre fraîche, hachée

CI-DESSUS : Curry de crevettes indien

1 Décortiquer les crevettes, en laissant la queue intacte. Ôter le boyau en partant de la tête.
2 Faire fondre le ghee ou le beurre dans une sauteuse, cuire l'oignon à feu moyen jusqu'à ce qu'il soit tendre et doré. Ajouter le gingembre et l'ail, cuire 1 minute. Ajouter le poivre, le cumin, le garam masala et le curcuma, cuire de nouveau 1 minute : le mélange doit être odorant.
3 Incorporer les crevettes et les tomates, laisser mijoter 10 à 15 minutes : les crevettes sont cuites et le jus a réduit.
4 Verser la crème de coco, puis ajouter le piment petit à petit. Réchauffer la sauce, tout en remuant. Saler. Parsemer de coriandre, puis servir.

NOTE : Des filets de poissons à chair blanche peuvent remplacer la moitié ou l'ensemble des crevettes.

CURRY DE CREVETTES THAÏLANDAIS

Préparation : 30 minutes
Cuisson : 10 minutes
Pour 4 personnes

☆

1 kg de crevettes moyennes crues
1 petit oignon, grossièrement haché
3 gousses d'ail
4 piments rouges séchés
4 grains de poivre noir
2 cuil. à soupe de citronnelle fraîche, hachée
1 cuil. à soupe de racine de coriandre fraîche, hachée
2 cuil. à café de zeste de citron vert, râpé
2 cuil. à café de graines de cumin
1 cuil. à café de paprika doux
1 cuil. à café de coriandre moulue
1 cuil. à café de sel
3 cuil. à soupe d'huile
2 cuil. à soupe de sauce de poisson
2 cm de galanga frais, finement émincé
2 feuilles de citron kaffir
500 ml de crème de coco

1 Décortiquer les crevettes, en laissant la queue intacte. Ôter le boyau en partant de la tête.
2 Préparer le curry. Mixer l'oignon, l'ail, les piments, le poivre, la citronnelle, la racine de coriandre, le zeste de citron, le cumin, le paprika, la coriandre moulue, le sel et 2 cuil. à soupe d'huile : on doit obtenir une pâte souple.
3 Chauffer le reste d'huile dans une poêle, cuire 30 secondes à feu doux la moitié du curry. Incorporer la sauce de poisson, le galanga, les feuilles de citron kaffir, la crème de coco. Bien mélanger.
4 Ajouter les crevettes et les cuire 10 minutes à découvert, jusqu'à ce qu'elles soient cuites et que la sauce ait légèrement épaissi. Servir avec du riz cuit à la vapeur.
NOTE : L'excédent de pâte au curry se conservera 2 semaines au réfrigérateur dans un récipient hermétique ou 2 mois au congélateur.

CURRY DE CREVETTES THAÏLANDAIS

Décortiquer les crevettes, en laissant la queue intacte.

Mixer oignon, ail, piments, poivre, citronnelle, racine de coriandre, zeste de citron, cumin, paprika, coriandre moulue, sel et huile.

Incorporer la sauce de poisson, le galanga, les feuilles de citron kaffir et la crème de coco.

Ajouter les crevettes et les cuire jusqu'à ce qu'elles soient roses et que la sauce ait légèrement épaissi

CI-DESSUS : Curry de crevettes thaïlandais

POISSON AU SEL

Préparation : 20 minutes
Cuisson : 30 à 40 minutes
Pour 6 personnes

✩✩

- 1 poisson entier (bar, maquereau bonite, maigre, mérou) de 1,8 kg, écaillé et vidé
- 2 citrons, coupés en rondelles
- 4 brins de thym frais
- 1 bulbe de fenouil, finement émincé
- 3 kg de gros sel
- 100 g de farine

1 Préchauffer le four à 200 °C. Laver le poisson et bien essuyer l'intérieur et l'extérieur avec du papier absorbant. Le farcir avec les rondelles de citron, le thym et le fenouil.
2 Tasser la moitié du sel au fond d'un grand plat à four et déposer le poisson dessus.
3 Le recouvrir du reste de sel, en formant une coque tout autour.
4 Mélanger la farine avec de l'eau afin d'obtenir une pâte souple. La répartir délicatement sur la croûte de sel, en ayant soin de ne pas trop déplacer le sel.
5 Enfourner 30 à 40 minutes, jusqu'à ce qu'une brochette plantée au centre ressorte chaude. Casser délicatement la croûte de sel en tapant avec le dos d'une cuillère. Retirer délicatement la peau ; s'assurer qu'il n'y a pas de sel sur la chair. Servir avec un beurre Montpellier (voir page 129).

CREVETTES AU CURRY

Préparation : 20 minutes
Cuisson : 10 minutes
Pour 4 personnes

✩

- 1 kg de crevettes moyennes crues
- 30 g de beurre
- 1 oignon, haché
- 1 gousse d'ail, écrasée
- 1 cuil. à soupe de poudre de curry
- 60 g de farine
- 500 ml de lait
- 1/4 de cuil. à café noix de muscade moulue
- 1/4 de cuil. à café de paprika

1 Décortiquer les crevettes, en laissant la queue intacte. Ôter le boyau en partant de la tête.
2 Faire fondre le beurre dans une poêle à feu doux, cuire l'oignon. Incorporer l'ail, la poudre de curry et la farine, cuire 1 minute jusqu'à ce que l'oignon soit bien imprégné de farine.
3 Hors du feu, verser petit à petit le lait, parfumer de noix de muscade et de paprika. Réchauffer et remuer jusqu'à ébullition et épaississement.
4 Ajouter les crevettes et les cuire 2 à 3 minutes à feu moyen, en remuant : elles doivent être roses.

POISSON FARCI

Préparation : 30 à 40 minutes
Cuisson : 45 minutes
Pour 4 personnes

✩

- 1 poisson entier (dorade royale, colin, bar) de 1 kg, désarêté et vidé
- 60 ml de jus de citron
- 30 g de beurre, coupé en petits morceaux

Farce

- 2 cuil. à soupe d'huile d'olive
- 1 petit oignon, finement haché
- 3 cuil. à soupe de feuilles de céleri-branche, hachées
- 2 cuil. à soupe de persil frais, haché
- 80 g de chapelure
- 1 1/2 cuil. à soupe de jus de citron
- 1 œuf, légèrement battu

1 Préchauffer le four à 180 °C. Bien essuyer le poisson, le saler et l'arroser du jus de citron. Le réserver.
2 Préparer la farce. Chauffer l'huile dans une poêle et cuire l'oignon 2 minutes à feu moyen, jusqu'à ce qu'il soit tendre. Ajouter les feuilles de céleri-branche et le persil. Poursuivre la cuisson 2 minutes, en remuant. Transférer dans un bol, ajouter la chapelure, le jus de citron et saler à volonté. Bien mélanger. Laisser refroidir légèrement et incorporer l'œuf.
3 Farcir le poisson, fermer avec des brochettes. Mettre le poisson dans un grand plat à four graissé et parsemer de morceaux de beurre. Enfourner 30 à 35 minutes ou jusqu'à ce que la chair se défasse facilement. L'épaisseur du poisson déterminera le temps de cuisson. Dresser sur un plat de service. Décorer éventuellement avec des rondelles de citron et des brins d'aneth frais.

POISSON CUIT DANS UNE CROÛTE DE SEL
Lorsqu'un poisson entier est cuit dans une croûte de sel, la chair reste très tendre, sans être trop salée. Une fois dépouillée, elle révèle toute sa saveur. Le sel retient l'humidité, tout en rehaussant le goût du poisson. Depuis la nuit des temps, le sel à la fois conserve et révèle la saveur des aliments.

PAGE CI-CONTRE : Poisson au sel (en haut) ; poisson farci

CI-DESSUS: Terrine de poisson

TERRINE DE POISSON

Préparation: 1 heure
Cuisson: 35 minutes
+ temps de refroidissement + réfrigération
Pour 8 personnes

☆☆☆

Première couche
500 g de crevettes moyennes crues, réfrigérées
2 blancs d'œuf, réfrigérés
1 pincée de noix de muscade fraîchement râpée
250 ml de crème fleurette, réfrigérée
150 g de haricots verts extra-fins

Seconde couche
250 g de filets de saumon ou de truite de mer, dépouillés, hachés
2 blancs d'œufs, réfrigérés
2 cuil. à soupe de ciboulette fraîche hachée
250 ml de crème fleurette, réfrigérée

Coulis de tomates
750 g de tomates olivettes très mûres
2 cuil. à soupe d'huile d'olive vierge extra
1 oignon, haché menu
2 cuil. à soupe de Grand Marnier (facultatif)

1 Préchauffer le four à 180 °C. Huiler un moule à cake de 1,5 l de contenance (22 x 12 cm), puis recouvrir le fond de papier sulfurisé.

2 Préparer la première couche. Décortiquer les crevettes et ôter le boyau en partant de la tête. Les mixer. Incorporer les blancs d'œufs un par un, en mixant jusqu'à obtention d'un mélange onctueux. Saler, poivrer et parfumer de noix de muscade. Verser la crème petit à petit. Ne pas trop mixer pour que la mousse ne retombe pas. La répartir au fond du moule, couvrir et réfrigérer.

3 Cuire les haricots verts dans de l'eau bouillante jusqu'à ce qu'ils soient tendres, puis les égoutter et les rafraîchir dans de l'eau froide. Les égoutter et les sécher sur du papier absorbant. Les ranger dans le sens de la longueur sur la première couche.

4 Préparer la seconde couche. Hacher menu le poisson. Incorporer les blancs un par un et mixer jusqu'à obtention d'un mélange onctueux. Ajouter la ciboulette, puis la crème petit à petit. Ne pas trop mixer. En recouvrir les haricots verts.

5 Bien couvrir la terrine de papier d'aluminium huilé et mettre dans un plat à four. Verser de l'eau froide jusqu'à la moitié des bords du moule. Enfourner 35 minutes: le centre de la terrine doit être légèrement pris. Laisser refroidir avant d'ôter l'aluminium. Couvrir de film alimentaire et réfrigérer jusqu'à ce que la terrine soit ferme. Servir à température ambiante.

6 Préparer le coulis. Inciser en croix la base des tomates. Les disposer dans une jatte en Pyrex et les couvrir d'eau bouillante. Les faire blanchir 30 secondes, les plonger dans de l'eau froide, les égoutter et les peler en partant de la croix. Les couper en deux, les épépiner avec une cuillère à café et hacher finement la pulpe. Chauffer l'huile et cuire l'oignon 2 à 3 minutes jusqu'à ce qu'il soit tendre. Incorporer la pulpe et cuire 8 minutes à feu moyen, jusqu'à réduction et épaississement; remuer souvent. Verser le Grand Marnier et réchauffer 1 minute. Laisser refroidir, puis mixer. Saler et poivrer, servir avec la terrine de poisson.

BRÈME EN CROÛTE DE TOMATES ET DE FROMAGE

Préparation : 40 minutes
Cuisson : 15 minutes
Pour 4 personnes

☆

2 tomates mûres
1 petit oignon, finement haché
1 cuil. à soupe de concentré de tomates
1/2 cuil. à café de cumin moulu
1/2 cuil. à café de coriandre moulue
Tabasco à volonté
1/4 de cuil. à café de poivre moulu
1 cuil. à soupe de jus de citron
20 g de beurre fondu
4 filets moyens de brème, dépouillés
90 g de cheddar, râpé
40 g de chapelure
Quartiers de citron, pour servir

1 Inciser en croix la base des tomates. Les disposer dans une jatte en Pyrex, les couvrir d'eau bouillante. Les faire blanchir 30 secondes, puis les plonger dans de l'eau froide. Les peler en partant de la croix. Les couper en deux, les épépiner avec une petite cuillère et hacher finement la pulpe.

2 Préchauffer le four à 180 °C. Graisser légèrement une plaque à four. Dans un bol, mélanger la pulpe avec l'oignon, le concentré de tomates, le cumin, la coriandre et le Tabasco.

3 Dans un autre bol, mélanger le poivre, le jus de citron et le beurre. Ranger les filets sur la plaque à four. Les badigeonner du beurre aromatisé et de la purée de tomates. Saupoudrer de cheddar et de chapelure mélangés. Enfourner 15 minutes : la chair doit se défaire facilement. Servir avec des quartiers de citron.

NOTE : Cette recette se réalise aussi avec de la dorade royale.

BRÈME

Ce poisson est assez répandu et sa chair tendre a un goût délicat. Il doit son nom à l'aspect brillant de sa peau. Il est disponible toute l'année et peut être grillé, ou passé au four entier, en filets, poché ou frit.

CI-DESSOUS : Brème en croûte de tomates et de fromage

TOURTEAUX FARCIS

Préparation : 30 minutes
Cuisson : 25 minutes
Pour 6 personnes

✩

6 tourteaux moyens cuits
60 g de beurre
2 gousses d'ail, finement hachées
1/2 poivron rouge, finement haché
1/2 petit poivron vert, finement haché
1 petit oignon, finement haché
1 branche de céleri, finement hachée
1/2 piment rouge frais, haché
1/4 de cuil. à café de sel de céleri
1/4 de cuil. à café de thym séché
170 ml de concentré de bisque de fruits de mer
80 g de chapelure fine

1 Tordre les pattes et les pinces des tourteaux et prélever la chair des pattes. Réserver les grosses pinces. Glisser un couteau entre la carapace et le plastron. En dégager le tour et séparer les deux parties. Retirer la chair du coffre et des alvéoles. Gratter les carapaces, puis les réserver. Émietter la chair en retirant tout fragment de carapace.
2 Faire fondre le beurre dans une poêle. Cuire l'ail, les poivrons, l'oignon, le céleri et le piment environ 5 minutes à feu moyen en remuant.
3 Ajouter le sel de céleri, le thym, la bisque et cuire 3 minutes. Incorporer la chair des crabes avec la moitié de la chapelure. Bien mélanger, saler et poivrer si nécessaire.
4 Préchauffer un four à 200 °C. Garnir les carapaces de la farce et recouvrir du reste de la chapelure. Enfourner les crabes sur une plaque environ 15 minutes : la farce doit être chaude et le dessus, doré. À la fin de la cuisson, enfourner les pinces pour les réchauffer.
NOTE : Utiliser éventuellement des miettes de crabes surgelées. Dans ce cas, cuire la garniture dans des ramequins. On peut remplacer la bisque par un consommé de poulet ou d'huîtres.

CI-DESSOUS : Tourteaux farcis

CRÊPES AUX FRUITS DE MER

Préparation : 25 minutes + 1 heure de repos
Cuisson : 30 minutes
Pour 6 personnes

✩✩

85 g de farine
250 ml de lait
1 œuf
15 g de beurre fondu
1 cuil. à café de sucre

Garniture aux fruits de mer
300 g de crevettes crues
60 g de beurre doux
4 oignons nouveaux, finement hachés, le blanc et le vert séparément
1 cuil. à café de mélange d'épices cajun (voir note)
1/2 cuil. à café de paprika doux
1 grosse tomate, hachée
125 ml de vin blanc sec
170 ml de miettes de crabe, égouttées
125 ml de crème fleurette
1 cuil. à soupe de farine
14 huîtres fraîches
2 cuil. à soupe de cheddar, râpé

1 Mettre la farine dans une jatte et creuser un puits au centre. Dans un bol, mélanger le lait, l'œuf, le beurre et le sucre. Incorporer cette préparation à la farine et former une pâte à crêpes sans grumeaux. Couvrir et laisser reposer 1 heure.
2 Préparer la garniture. Décortiquer les crevettes et ôter le boyau en partant de la tête. Les hacher. Faire fondre le beurre dans une poêle, cuire le blanc des oignons 2 minutes à feu moyen. Ajouter les épices cajun, le paprika et la tomate. Poursuivre la cuisson 3 à 4 minutes, puis verser le vin et laisser cuire jusqu'à épaississement, en remuant.
3 Incorporer les crevettes et les miettes de crabes et les cuire 2 à 3 minutes. Dans un bol, amalgamer la crème et la farine, puis verser dans la poêle. Réchauffer en remuant jusqu'à ébullition et épaississement. Ajouter les huîtres et le vert des oignons. Ôter du feu et réserver.
4 Préchauffer le four à 180 °C. Graisser un poêlon ou une poêle antiadhésive avec du papier sulfurisé huilé, puis chauffer à feu moyen. Verser une petite quantité de pâte et bien l'étaler. Laisser cuire jusqu'à ce que la crêpe cloque à la surface, puis la retourner et cuire l'autre face jusqu'à ce qu'elle soit légèrement dorée. Ôter de la poêle. Confectionner les autres crêpes. Les empiler et les couvrir d'un torchon propre.
5 Répartir la garniture sur les crêpes, les rouler et les ranger dans un plat à four légèrement graissé. Saupoudrer de cheddar et enfourner 10 minutes : le dessus doit être bien gratiné. Servir avec des quartiers ou des rondelles de citrons, verts ou jaunes, ou avec du cresson.

NOTE : Le mélange d'épices cajun se trouve dans certains supermarchés et magasins spécialisés. Se reporter à la page 143 pour confectionner soi-même ce mélange.

CRÊPES
Les crêpes sont généralement composées d'œufs, de farine et de lait et d'un peu de beurre fondu (facultatif). On ajoute souvent du sucre pour les crêpes sucrées et des herbes et des épices pour des crêpes salées. Les crêpes nature se conservent 1 mois au congélateur. Insérer une feuille de papier sulfurisé entre chaque crêpe. Les envelopper froides dans du film alimentaire ou du papier d'aluminium, ou bien les mettre dans un récipient hermétique, puis les congeler. Les décongeler au réfrigérateur avant de les utiliser.

CI-DESSUS : Crêpes aux fruits de mer

CI-DESSUS: *Flan de cabillaud fumé*

FLAN DE CABILLAUD FUMÉ

Préparation : 30 minutes
+ 20 minutes de réfrigération
Cuisson : 55 minutes
Pour 6 personnes

☆☆

Pâte

125 g de farine
60 g de beurre, coupé en dés
1 œuf, légèrement battu
1 cuil. à soupe de jus de citron

Garniture

300 g de filets de cabillaud fumé ou de haddock
3 œufs, légèrement battus
125 ml de crème fleurette
60 g de cheddar, râpé
1 cuil. à soupe d'aneth frais, haché

1 Préchauffer le four à 210 °C. Graisser un moule à tarte à fond amovible de 22 cm de diamètre.

2 Préparer la pâte. Amalgamer le beurre et la farine. Au centre, creuser un puits, ajouter l'œuf, le jus de citron et 1 à 2 cuil. à soupe d'eau. Malaxer doucement et former une boule, l'aplatir et l'envelopper dans du film alimentaire. Réfrigérer 20 minutes.

3 Abaisser la pâte entre deux feuilles de papier sulfurisé jusqu'à ce qu'elle ait la taille du moule, bords compris. Ôter la feuille du dessus et bien étaler la pâte dans le moule en insistant sur les bords. Recouvrir de papier sulfurisé et disposer dessus des haricots secs ou des grains de riz. Enfourner 10 minutes. Ôter du four, retirer le papier et les haricots (ou le riz). Enfourner de nouveau 5 minutes, jusqu'à ce que la pâte soit dorée. Réduire la chaleur à 180 °C.

4 Dans une poêle, recouvrir le cabillaud d'eau, porter à ébullition, réduire le feu et pocher le poisson 10 à 15 minutes : la chair doit se défaire facilement. L'égoutter sur du papier absorbant et le laisser refroidir.

5 Préparer la garniture. Effeuiller le poisson avec une fourchette. Bien mélanger les œufs, la crème, le fromage et l'aneth. Ajouter le poisson et mélanger. Verser sur la pâte et enfourner 40 minutes : le flan doit être ferme. Servir chaud ou froid, avec des quartiers de citron, jaunes ou verts, et d'une salade verte.

POISSON WELLINGTON

Préparation : 30 minutes
Cuisson : 1 heure 15 minutes
Pour 6 personnes

☆☆

40 g de beurre
3 oignons, finement émincés
2 x 300 g de filets (longs de 30 cm) de poisson (lotte, roussette, colin, lingue), dépouillés
1/2 cuil. à café de paprika doux
2 poivrons rouges
320 g d'aubergine, émincée en tranches de 1 cm d'épaisseur
375 g de pâte feuilletée surgelée, décongelée
35 g de chapelure
1 œuf, légèrement battu
250 g de yaourt nature
1 à 2 cuil. à soupe d'aneth frais, haché

1 Faire fondre le beurre dans une poêle et faire revenir les oignons. Couvrir et cuire à feu doux 15 minutes en remuant de temps en temps. Laisser mijoter 15 minutes à découvert, en remuant, jusqu'à ce que l'oignon soit tendre et doré. Laisser refroidir, saler et poivrer.

2 Saupoudrer les filets de poisson sur un seul côté, puis les empiler (le côté imprégné de paprika sur le dessus). Si les filets sont larges à une extrémité et fins à l'autre, les empiler tête-bêche de sorte à constituer un « pavé ».

3 Couper les poivrons en quatre, ôter les graines et les filaments blancs. Les passer sous le gril, peau au-dessus, jusqu'à ce qu'elle noircisse et se fende. Les laisser refroidir dans un sac plastique et les peler. Déposer les aubergines enduites d'huile sur une plaque à four graissée, saler et poivrer. Les passer sous le gril jusqu'à ce qu'elles soient dorées, puis griller l'autre côté.

4 Préchauffer le four à 220 °C. Abaisser la pâte sur une surface farinée en un rectangle de 35 x 25 cm (ajuster selon la taille des filets de poisson). Répartir la chapelure au centre de la pâte et sur toute la longueur, puis déposer les filets empilés dessus. Les recouvrir d'une couche d'oignons, d'une de poivrons, puis d'une d'aubergines.

5 Badigeonner les bords avec l'œuf. Refermer la pâte en pinçant les bords. Décorer avec les chutes de pâte. Dorer à l'œuf et enfourner 30 minutes. Recouvrir d'une feuille d'aluminium, si le pâté dore trop vite. Servir en tranches.

6 Dans un bol, mélanger le yaourt et l'aneth, saler et poivrer légèrement. Servir.

CI-DESSOUS : Poisson Wellington

POISSON ÉPICÉ AUX PETITS LÉGUMES

Préparation : 15 minutes + 30 minutes (marinade)
Cuisson : 45 minutes
Pour 4 personnes

★★

1 cuil. à soupe de graines de cumin
4 gousses d'ail
1 petit piment rouge frais
1 petit bouquet de coriandre, feuilles, branches et racines, grossièrement hachées
1 cuil. à café de sel
1 cuil. à soupe de jus de citron
5 cuil. à soupe d'huile d'olive
1 poisson entier de 1,5 kg ou 2 poissons de 750 g (dorade royale, serran, lotte), écaillés et vidés
2 à 3 tomates mûres
450 g de pommes de terre nouvelles, émincées
100 g d'olives vertes dénoyautées, coupées en deux

1 Dans une poêle, griller les graines de cumin à feu moyen 2 à 3 minutes. À l'aide d'un mortier et d'un pilon ou d'un moulin à épices, les réduire en une fine poudre.

2 Préparer la marinade. Mixer le cumin en poudre, l'ail, le piment, la coriandre, le sel et le jus de citron afin d'obtenir un mélange onctueux. Tout en mixant, verser 2 cuil. à soupe d'huile d'olive en filet.

3 Laver et bien essuyer le poisson avec du papier absorbant. Pratiquer 3 à 4 incisions en diagonale sur chaque côté, puis le rouler dans la marinade. Couvrir de film alimentaire et réfrigérer 30 minutes.

4 Préchauffer le four à 240 °C. Couper les tomates en tranches épaisses, puis en deux. Retirer le film alimentaire, puis disposer le poisson au milieu d'un grand plat à four. Répartir les tomates, les pommes de terre et les olives autour. Verser 60 ml d'eau et le reste d'huile d'olive sur le poisson et les légumes. Enfourner 40 minutes, jusqu'à ce que la chair se défasse facilement. Arroser souvent pendant la cuisson.

CI-DESSOUS : Poisson épicé aux petits légumes

CALMARS À LA GRECQUE

Préparation : 30 minutes
Cuisson : 35 minutes
Pour 4 à 6 personnes

☆☆

Farce
1 cuil. à soupe d'huile d'olive
2 oignons nouveaux, hachés
280 g de riz froid cuit
60 g de pignons de pin
75 g de groseilles
2 cuil. à soupe de persil frais, haché
2 cuil. à café de zeste de citron, finement râpé
1 œuf, légèrement battu

1 kg de blancs de calmar moyen

Sauce
4 grosses tomates mûres
1 cuil. à soupe d'huile d'olive
1 oignon, finement haché
1 gousse d'ail, écrasée
60 ml d'un bon vin rouge
1 cuil. à soupe d'origan frais, haché

1 Préchauffer le four à 160 °C. Préparer la farce. Dans un bol, mélanger l'huile, les oignons, le riz, les pignons, les groseilles, le persil et le zeste de citron. Incorporer l'œuf.

2 Laver les blancs de calmars et bien les essuyer sur du papier absorbant. Les farcir aux trois quarts. Les fermer avec des cure-dents ou des brochettes. Les ranger dans une cocotte.

3 Préparer la sauce. Inciser en croix la base des tomates. Les plonger 30 secondes dans un bol d'eau bouillante, puis les rafraîchir dans de l'eau froide. Les peler en partant de la croix. Hacher la pulpe. Chauffer l'huile dans une poêle, cuire l'oignon et l'ail 2 minutes à feu doux. Ajouter les tomates, le vin, l'origan et porter à ébullition. Réduire le feu, couvrir et laisser mijoter à feu doux 10 minutes.

4 Verser la sauce chaude sur les calmars et enfourner 20 minutes à couvert jusqu'à ce qu'ils soient tendres. Ôter les cure-dents avant de les découper en tranches épaisses. Les napper de la sauce, puis servir.

CI-DESSUS : Calmars à la grecque

SAUMON AU FOUR

Préparation : 10 minutes
Cuisson : 35 minutes
+ 45 minutes de pause
Pour 8 personnes

☆

1 saumon entier de 2 kg, nettoyé et vidé
2 oignons nouveaux, grossièrement hachés
3 brins d'aneth frais
1/2 citron, coupé en rondelles fines
6 grains de poivre noir
60 ml de vin blanc sec
3 feuilles de laurier

1 Préchauffer le four à 180 °C. Laver le saumon à l'eau froide et bien essuyer l'intérieur et l'extérieur, sur du papier absorbant. Le farcir avec les oignons, l'aneth, les rondelles de citron et le poivre.

2 Mettre ensemble deux grandes feuilles d'aluminium. Huiler la feuille du dessus. Y placer le saumon. L'arroser de vin et ajouter le laurier. Refermer les feuilles d'aluminium sur le poisson et bien l'envelopper.

3 Déposer la papillote dans un plat creux. Enfourner 30 minutes. Éteindre le four mais y laisser le poisson 45 minutes, porte fermée.

4 Ouvrir la papillote. Dépouiller le saumon de sa peau, le transférer sur un plat de service en le retournant délicatement, et terminer de le dépouiller. Ôter les nageoires et les arêtes visibles. Servir à température ambiante avec la sauce de son choix.

NOTES : Ne pas ouvrir l'aluminium au cours de la cuisson ni durant le temps de pause. Éventuellement, étêter le saumon. Cette recette se réalise aussi avec de la truite de mer.

Une idée de sauce simple : mélanger de petits concombres hachés avec de la ciboulette fraîche hachée, 2 cuil. à soupe de mayonnaise aux œufs entiers et un peu de moutarde.

CI-DESSUS : Saumon au four

FEUILLETÉ DE DORADE ROYALE

Préparation : 25 minutes
Cuisson : 1 heure 10 minutes
Pour 4 personnes

☆☆

2 cuil. à soupe d'huile d'olive
4 oignons, finement émincés
375 ml de fumet de poisson
875 ml de crème fleurette
1 kg de filets de dorade royale, dépouillés, coupés en gros morceaux
2 rouleaux de pâte feuilletée, décongelés
1 œuf, légèrement battu

1 Préchauffer le four à 220 °C. Chauffer l'huile dans une sauteuse, puis cuire les oignons à feu moyen 20 minutes, en remuant : ils doivent être légèrement caramélisés.

2 Verser le fumet, porter à ébullition et cuire 10 minutes jusqu'à ce qu'il se soit presque évaporé. Incorporer la crème et porter à ébullition. Réduire le feu et laisser mijoter environ 20 minutes : le jus doit réduire de moitié et épaissir.

3 Répartir la moitié de cette sauce dans deux moules à soufflé profonds de 500 ml de contenance. Ajouter le poisson, arroser du reste de sauce.

4 Découper dans la pâte deux disques légèrement plus larges que les moules. Badigeonner les bords avec un peu d'œuf, puis couvrir les moules. Dorer légèrement avec le reste d'œuf. Enfourner 30 minutes : le dessus doit être doré, croustillant et gonflé.

NOTE : Cette recette se réalise aussi avec de la brème ou du serran.

CI-DESSUS : Feuilleté de dorade royale

INDEX

Les numéros de page en *italique* renvoient aux photographies. Les numéros de page en **gras** renvoient aux notes de marges.

REMERCIEMENTS

RECETTES : Roslyn Anderson, Miles Beaufort, Anna Beaumont, Wendy Berecry, Anna Boyd, Wendy Brodhurst, Janene Brooks, Rosey Bryan, Kerrie Carr, Rebecca Clancy, Bronwyn Clark, Amanda Cooper, Anne Creber, Michelle Earl, Maria Gargas, Wendy Goggin, Jenny Grainger, Lulu Grimes, Eva Katz, Coral Kingston, Kathy Knudsen, Michelle Lawton, Barbara Lowery, Melanie McDermott, Rachel Mackey, Voula Mantzouridis, Rosemary Mellish, Beth Mitchell, Kerrie Mullins, Briget Palmer, Sally Parker, Jacki Passmore, Rosemary Penman, Justine Poole, Tracey Port, Jennene Plummer, Wendy Quisambing, Kerrie Ray, Jo Richardson, Tracy Rutherford, Maria Sampsonis, Christine Sheppard, Stephanie Souvilis, Dimitra Stais, Beverly Sutherland Smith, Alison Turner, Jody Vassallo,

PHOTOGRAPHIES : Jon Bader, Paul Clarke, Tim Cole, Joe Filshie, Andrew Furlong, Chris Jones, Andre Martin, Luis Martin, Reg Morrison, Andy Payne, Lynsday Ross, Hans Sclupp, Peter Scott

STYLISTES : Marie-Hélène Clauzon, Georgina Dolling, Kay Francis, Mary Harris, Donna Hay, Vicki Liley, Rosemary Mellish, Lucy Mortensen, Sylvia Seiff, Suzi Smith

Nous remercions les organismes et magasins suivants de nous avoir facilité la prise de photographies pour cet ouvrage :
The Bay Tree Kitchen Shop, NSW ;
Bertoli Olive Oil ;
Breville Holdings Pty Ltd, NSW ;
Chief Australia ;
MEC-Kambrook Pty Ltd, NSW ;
Orson & Blake Collectables, NSW ;
Royal Doulton Australia Pty Ltd, NSW ;
Ruby Star Traders Pty Ltd, NSW ;
Southcorp Appliances ;
Sydney Fish Market Pty Ltd, NSW ;
Villeroy & Boch Australia Pty Ltd, NSW ;
Waterford Wedgwood Australia Ltd, NSW.